Las cecas ibéricas meridionales de la Hispania Ulterior y su circulación monetaria

Acuñaciones y dispersión monetal de las ciudades ibéricas del sur peninsular

Ildefonso David Ruiz López

BAR International Series 2333
2012

Published in 2016 by
BAR Publishing, Oxford

BAR International Series 2333

Las cecas ibéricas meridionales de la Hispania Ulterior y su circulación monetaria

ISBN 978 1 4073 0916 3

© I D Ruiz López and the Publisher 2012

The author's moral rights under the 1988 UK Copyright,
Designs and Patents Act are hereby expressly asserted.

All rights reserved. No part of this work may be copied, reproduced, stored,
sold, distributed, scanned, saved in any form of digital format or transmitted
in any form digitally, without the written permission of the Publisher.

BAR Publishing is the trading name of British Archaeological Reports (Oxford) Ltd.
British Archaeological Reports was first incorporated in 1974 to publish the BAR
Series, International and British. In 1992 Hadrian Books Ltd became part of the BAR
group. This volume was originally published by Archaeopress in conjunction with
British Archaeological Reports (Oxford) Ltd / Hadrian Books Ltd, the Series principal
publisher, in 2012. This present volume is published by BAR Publishing, 2016.

Printed in England

BAR titles are available from:

        BAR Publishing
        122 Banbury Rd, Oxford, OX2 7BP, UK
EMAIL   info@barpublishing.com
PHONE +44 (0)1865 310431
FAX   +44 (0)1865 316916
        www.barpublishing.com

A mis padres, Diego y Francisca,
en gratitud por su cariño y generosidad.

"Res ardua est vetustis novitatem dare, novis authoritatem, obsoletis nitorem, obscuris lucem, fastiditis gratiam, dubiis fidem".

Plin., *nat. praef.* 15

ÍNDICE

Resumen / Abstract 8

Agradecimientos 10

Introducción 11

1. Contexto histórico y monetario 13

2. Circulación monetaria de las cecas ibéricas meridionales de la Ulterior 15
   2.1.   *Abra* 15
   2.2.   *Castulo / ka.ś.ti.l.o* 17
   2.3.   *i.l.tu.ŕ.i.ŕ. / i.l.bi.ŕ.i.ŕ. / Iliberri/ Florentia* 43
   2.4.   *Obulco / i.po.l.ka* 52
   2.5.   *Salacia/ Ke.t.o.u.i.bo.n* 70
   2.6.   *Urkesken* 74
   2.7.   *Circulación de monedas ibéricas meridionales inciertas de*
            la Ulterior 75

3. Análisis general de las cecas ibéricas meridionales de la Ulterior 77

4. Conclusiones 83

5. Bibliografía 85

Índices 95
Índice de Abreviaturas 95
Índice de Gráficas 96
Índice de Mapas 97

Resumen

En los últimos años los estudios sobre circulación monetaria han experimentado un notable incremento en España, y contamos con importantes publicaciones sobre este tema referidas al periodo de la *Hispania* republicana. Asimismo, en el sur peninsular se han llevado a cabo diversos estudios sobre la circulación monetaria, aunque, sin embargo no contamos con ningún estudio en el que se analice la circulación monetaria de un grupo de cecas tan importantes, como el de las ibéricas meridionales.

En este trabajo, basándonos en los hallazgos numismáticos que a lo largo del tiempo han sido recogidos y recopilados por numerosos investigadores, pretendemos hacer un estudio exhaustivo y lo más completo posible de la circulación monetaria de las cecas ibéricas localizadas en la provincia *Hispania Ulterior*. El fin de este trabajo no se limita a una recopilación de material numismático y a su catalogación, sino que pretendemos establecer diferentes tendencias de comportamiento de la moneda en circulación e intentar aportar soluciones a través de la numismática a algunos problemas históricos vigentes.

Pese a que contamos con la presencia de numerario con anterioridad a la llegada de los romanos a la península Ibérica, no será hasta el periodo republicano cuando se extienda el uso de la moneda en este territorio. Durante este periodo en la *Ulterior* va a circular una importante cantidad de numerario, predominando los ejemplares de origen romano. En estos momentos en *Hispania* también se produce un fenómeno de especial trascendencia, que no es otro que el de la incorporación de las ciudades hispanas a la economía monetaria: ya desde finales del s. III y sobre todo durante el s. II a. C. muchas ciudades deciden acuñar moneda. Una característica de las acuñaciones de las cecas de la *Ulterior* es que *Roma* permite que estas ciudades puedan hacer uso de ciertos elementos culturales propios, como por ejemplo la escritura, la tipología o la metrología. Debido a estos elementos podremos diferenciar las cecas asentadas en esta provincia según tengan origen fenicio, ibérico meridional o latino. En este trabajo nos vamos a ocupar del análisis de las cecas ibéricas meridionales y de su circulación monetaria. Las cecas estudiadas serán *Abra*, *Castulo*, *Iliberri*, *Obulco*, *Salacia* y *Urkesken*. Entre estas cecas podemos distinguir aquellas que se caracterizan por acuñar un amplio volumen de moneda y por tener una mayor dispersión, caso de *Castulo* u *Obulco*, y aquellas que tienen unas emisiones más reducidas y una circulación más testimonial, caso de *Abra* y *Urkesken*.

Por lo que respecta a las monedas documentadas, en todos los casos se trataría de piezas en bronce, que utilizan principalmente en sus leyendas la escritura ibérica meridional y que presentan tipologías mediterráneas, siendo mayoritarios entre los ejemplares documentados los ases y cuadrantes acuñados en el s. II a. C.

Finalmente, podemos decir que las monedas de las cecas ibéricas meridionales tuvieron una amplia circulación por toda la provincia *Ulterior*, aunque se han documentado mayores concentraciones de piezas en zonas mineras y en la parte suroriental de la península Ibérica, lugar de emisión de varias de estas cecas. Un número muy importante de piezas se ha encontrado en las cuencas mineras de Sierra Morena y Riotinto y en poblados mineros como los de El Centenillo, La Loba, Diógenes, Valderrepisa y La Bienvenida. También encontramos ejemplares ibéricos dispersos en la costa levantina, en ciertos puntos de Europa y en el Norte de África.

Abstract

In recent years, studies in Spain on currency circulation have increased considerably and there have been important publications on this topic with reference to the period of Republican *Hispania*. For southern Spain in particular several studies on currency circulation have been completed, but none have analyzed the monetary circulation of mints as important as those of the Southern Iberian.

In this monograph, based on numismatic findings that have been collected over time and compiled by many researchers, we intend to make a thorough study, as complete as possible, of the Iberian mints located in the *Hispania Ulterior* province. The purpose of this inquiry is not merely to present a collection of numismatic material and its documentation, but also to establish the different patterns of currency circulation in operation and to try to find solutions through numismatics to some historical problems that are present today.

Although we have the presence of ancient monies before the arrival of the Romans to the Iberian Peninsula, it was not until the Republican period that the use of money was extended in this area. During this period a significant volume of coinage was circulating, especially Roman copies. At that time a very important phenomenon occurred in *Hispania* – the incorporation of Spanish cities into the cash economy, when, from the end of the III and especially during the II century BC, many cities decided to coin money. A feature of the coinage of the mints of *Rome's Ulterior* is that *Rome* allows these cities to adopt certain cultural elements, such as writing, typology and metrology. Because of these elements we can distinguish those mints from this province by their Phoenician, Southern Iberian or Latin origin. In this investigation we will deal with the analysis of the Southern Iberian mints and the currency in circulation. The mints studied are those at *Abra*, *Castulo*, *Iliberri*, *Obulco*, *Salacia* and *Urkesken*. Among these mints we can distinguish those that are characterized by a large volume of currency in circulation and have a greater dispersion, such as *Obulco* or *Castulo*, and those with lower outputs and circulation, such as *Abra* and *Urkesken*.

Regarding the documented currencies, they are bronze examples in all cases. These coins are mainly those types recorded in the literature of Southern Iberia and are canonical Mediterranean forms. Among the documented pieces the majority are asses and quadrants coined in the II century BC.

Finally, we can say that the coins from the Southern Iberian mints had a wide circulation throughout the *Ulterior* province, although higher concentrations of coins have been documented in mining areas and in the southeast part of the Iberian Peninsula, the place of issue of several of these mints. Significant numbers of pieces have been found in the mining areas of Sierra Morena and Rio Tinto, and in mining towns such as El Centenillo, La Loba, Diógenes, Valderrepisa, and La Bienvenida. Iberian examples have also been found scattered along the east coast, in some parts of Europe and North Africa.

AGRADECIMIENTOS

En primer lugar, me gustaría mostrar mi más sincero agradecimiento al Ministerio de Educación, Cultura y Deportes, que, mediante la concesión de una beca-contrato predoctoral de Formación de Profesorado Universitario, me ha permitido dedicarme íntegramente a la elaboración de este trabajo. También debo agradecer el apoyo prestado por el grupo de investigación "*Arqueología e historia de la Hispania Meridional en época romana y visigoda*", del que tengo el honor de formar parte, y por su director el profesor Cristóbal González Román.

Especial agradecimiento merecen los miembros del Departamento de Historia Antigua de la Universidad de Granada, ya que sin su consejo, atención, paciencia y apoyo, mis esfuerzos en la elaboración de este trabajo no hubiesen surtido el adecuado efecto. Quisiera hacer una mención expresa a la ayuda y el apoyo prestados por profesores de este departamento como María Amalia Marín Díaz, Eva María Morales, Félix García Morá y Mauricio Pastor Muñoz, y a Ángela Navarro, cuya presencia y trabajo es vital para el funcionamiento de esta casa.

Me gustaría también expresar mi gratitud a todos los investigadores y becarios con los que he compartido mis largos años de investigaciones. Entre ellos tienen un hueco especial mis amigos Purificación Ubric, Maricruz, Juan Jesús, Linda, Alberto, Cándido, Isa, José Carlos, Antón, Pau, Jesús y tantos otros.

Mi gratitud también a todo el personal y miembros del Dipartimento di Studi sul Mondo Antico de la Universitá Roma Tre y de la Escuela Española de Historia y Arqueología en Roma (CSIC), por el acogimiento y buen trato que me dieron durante las estancias que pasé en estas instituciones. Un recuerdo muy especial para el profesor Leandro Polverini y para el director de la Escuela Española de Historia y Arqueología en Roma, Ricardo Olmos Romera.

Quisiera dar un agradecimiento muy especial a mis profesores Cristóbal González Román y Ángel Padilla Arroba por compartir conmigo sus inmensas virtudes profesionales y humanas, pues gran parte del éxito de esta investigación se debe a vuestros consejos y asesoramiento.

Por último, no puedo cerrar este capítulo de agradecimientos sin nombrar expresamente a mis padres, Diego y Francisca, a mis hermanos, Matías y Diego, a mi abuela Ángeles, a mis tíos y primos, especialmente a mi tía Caty y mi tío Ilde, a mis amigos y sobre todo a ti, Carmen, pues tú siempre has estado conmigo en los momentos más difíciles prestándome incondicionalmente tu apoyo.

A todos vosotros, mi más sincero y profundo agradecimiento…

Introducción[1]

El territorio que ocupa la *Ulterior* se vio poblado desde muy antiguo por gran cantidad de pueblos[2], aunque quizás el de los Iberos sea el que haya dejado una mayor huella en el ideario colectivo mediterráneo peninsular.

Las primeras emisiones monetarias de estos pueblos tienen lugar durante la Segunda Guerra Púnica. En el sur peninsular las dos primeras cecas ibéricas que acuñan moneda serán *Castulo* y *Obulco*, que emiten varios valores en bronce con escritura, metrología y tipologías propias. La mayoría de series emitidas por estas cecas usan la escritura ibérica meridional, si no en todas sus leyendas, sí al menos en la mayoría. Estas emisiones se desarrollan como consecuencia del ambiente bélico y del control efectivo del territorio que llevan a cabo los romanos en esta zona. Posiblemente dentro de este contexto de conflicto militar también comience sus emisiones la ceca de *Iliberri*, aunque en este caso con escritura latina y leyenda FLORENTIA[3].

Como ya veremos a lo largo de este estudio, las cecas ibéricas meridionales se localizan en lugares con una gran riqueza agrícola y mineral, en importantes centros urbanos y en excelentes vías de comunicación. Cecas como *Castulo* van a proveer de moneda de bronce a zonas tan amplias como Sierra Morena, en la que se localizaban algunas de las principales minas de plata de la Península.

Posteriormente, durante el s. II a. C., acuñarán otras ciudades ibéricas meridionales como *Abra, Iltiraka* y *Urkesken*. Ya en el s. I a. C. algunas cecas ibéricas dejan de emitir moneda, y aquellas que continúan haciéndolo cambiarán su escritura y tipología hacia modelos latinos.

Con este trabajo pretendemos analizar lo que supuso el proceso de acuñación y circulación monetaria de las cecas de origen ibérico meridional. Para ello vamos a realizar un estudio de cada una de las ciudades que emitieron moneda y de las que hemos podido documentar una circulación monetaria. Como conclusión, aportaremos un análisis de la circulación monetaria de las cecas ibéricas meridionales de la *Ulterior* durante el periodo romano-republicano, destacando la dispersión de ejemplares de cecas como *Castulo* y *Obulco*, y en menor medida de *Iliberri*, en todo el territorio peninsular, aunque también se localizan ejemplares en la zona del Norte de África y en varios puntos de Europa. Su concentración será especialmente importante en las zonas donde se asientan estas ciudades, así como en las principales cuencas mineras de la Península, como Sierra Morena (Jaén, Córdoba y Ciudad Real) y Riotinto, y en los principales campamentos romanos extremeños. Destacar también que mientras que los hallazgos de monedas de las primeras series de estas cecas son más reducidos, limitados a la zona de acuñación, en las últimas series su dispersión será más amplia y con un incremento del número de piezas, lo que indica una aceptación cada vez mayor del numerario acuñado por estas ciudades.

---

[1] Este trabajo se inserta dentro de las líneas de investigación seguidas durante la realización de mi tesis doctoral, *Circulación monetaria en el sur peninsular durante el periodo romano-republicano*, que pude desarrollar gracias a la concesión de una beca FPU por parte del Ministerio de Educación y Ciencia y al apoyo del grupo de Investigación HUM-215 "*Arqueología e Historia de la Hispania Meridional en época Romana y Visigoda*" del Departamento de Historia Antigua de la Universidad de Granada.

[2] *Cf.* M. TUÑON DE LARA, M. TARRADELL y J. MANGAS (1983).

[3] Esta primera serie de *Iliberri* es de muy difícil sistematización y su cronología es muy confusa, aunque la mayoría de los autores se inclina a pensar que se acuñó a finales del s. III a. C. o como muy tarde a inicios del s. II a. C. (*Cf.* L. VILLARONGA I GARRIGA (1994), p. 357; A. ARÉVALO GONZÁLEZ (1997), p. 204; M. P. GARCÍA-BELLIDO y C. BLÁZQUEZ CERRATO (2001), p. 378; T. FUENTES VÁZQUEZ (2002), p. 250; A. PADILLA ARROBA (2009), pp. 209-228).

1. Contexto histórico y monetario

Los iberos son un conjunto de pueblos indígenas que habitaban, según constatan los autores clásicos, en una zona que comprendía desde el sur de la península Ibérica, bordeando la costa mediterránea, hasta el sur de Francia, y que tenían una lengua y cultura material común a todos ellos. En cuanto a su cultura, es cierto que en ellos se aprecian influencias tanto autóctonas como externas, sobre todo de los colonizadores griegos y fenicios. En la zona de lo que será la provincia *Ulterior* habitaban pueblos como los bastetanos, los oretanos y los turdetanos. Por lo que respecta a su escritura, la denominada ibérica meridional, aunque algunos autores la llamen escritura turdetana o ibérica del sur, con las diferencias que ello conlleva, utiliza un alfabeto mixto, mezcla de símbolos consonánticos, silábicos y vocálicos, del que conocemos la transcripción de 27 signos, y cuyo sentido es de derecha a izquierda. Actualmente contamos para su estudio, por un lado, con las inscripciones sobre vajilla de plata y cerámicas pintadas, y por otro, con las leyendas monetales.

La forma de asentamiento ibera más importante será el *oppidum*, un tipo de ciudad de extensión variable, construida en cerros altos y rodeada de muralla, cuya población no era muy numerosa, aunque sí importante. Los ciudadanos vivían en casas de plantas rectangulares y construidas en adobe. La sociedad ibera está fuertemente jerarquizada y estratificada. Por orden de importancia tenemos, primero, las élites, nobles y guerreros, que era el grupo social más importante y el que ejercía el control político. Las actividades bélicas entre los iberos tenían una gran trascendencia, pues en muchas ocasiones constituían su forma de vida; de hecho, este pueblo obtuvo merecida fama por la ferocidad mostrada en determinados momentos, llegando, incluso sus hombres a ser reclutados para formar parte de las tropas auxiliares romanas. En el armamento ibérico destaca el uso de corazas, escudos, cascos, espadas (como el *gladius* o la *falcata*), lanzas u hondas. Por otra parte, aunque se desconocen muchos aspectos relacionados con la religión ibera, sí tenemos datos que nos permiten pensar que se trataba de una religión politeísta. Sus sacerdotes eran los encargados del culto a los dioses iberos, y tenían santuarios en donde se depositaban pequeñas estatuillas y exvotos como ofrenda a alguna divinidad. También se sabe que adoraban a toros, lobos, etc., ya fuese como dioses, por encarnar diversas fuerzas y valores o por su estrecha vinculación con el mundo mortal. Por tanto, y por analogía con otras sociedades similares, cabe pensar en una especie de casta sacerdotal que debía ocupar un lugar preeminente desde el punto de vista social. En cuanto a sus enterramientos, los iberos practicaban la incineración, y en muchos casos depositaban las cenizas en urnas que, a su vez, metían en esculturas (Dama de Baza). Otro de los sectores que se pueden documentar es el de los artesanos, que eran los encargados de producir la cerámica, trabajar el metal y realizar las armas y vestimentas, entre otras actividades. Y, por último, encontraríamos al pueblo llano, que era la mayoría de la población y que se dedicaba a la agricultura, la ganadería y la pesca, base económica de la sociedad, pero también a la explotación de minerales, actividad que atraía el interés de los pueblos colonizadores.

Las primeras emisiones de las cecas ibéricas meridionales se producen durante el desarrollo del conflicto de la Segunda Guerra Púnica. En este ambiente bélico, esta zona se va a convertir en un punto crucial, ya que posee minas de plata, sobre todo en la zona de Sierra Morena, unas excelentes vías de comunicación y grandes recursos agropecuarios. Por todo ello, tanto romanos como cartagineses, ya en sus primeros movimientos, van a intentar controlar esta zona, y uno de los primeros controles va a consistir en mantener la explotación de las minas, para así obtener metal con el que pagar las tropas. Para esta explotación se necesitan trabajadores, que cobraban un salario, y para pagar este salario surgen las primeras acuñaciones, que también estarán relacionadas con las explotaciones agrícolas de la zona. Entre las cecas ibéricas meridionales encontramos las de *Obulco* y *Abra* en la Turdetania Oriental, para Ptolomeo la zona de los túrdulos, la de *Castulo* y posiblemente la de *Iltiraka* en la Oretania y las de *Iliberri* y *Urkesken* –cuya localización, aunque no segura, podríamos situar en la actual Urci, Almería- en la Bastetania. El motivo principal por el que *Roma* va a permitir que estas ciudades emitan moneda con una escritura y una tipología autónomas será el de conseguir su consolidación como centro militar y de administración territorial, además de mantener una estructura que permita una explotación económica de la zona. Algunas de estas cecas emitirán monedas hasta época de Augusto, momento en el que *Roma* decide ordenar y unificar su sistema monetario provincial.

En cuanto a los elementos externos de estas monedas, el metal utilizado para las emisiones será, como ya sabemos, el bronce. Parece algo extraño que una zona con ricas minas de plata no acuñe en plata, sino en bronce; el motivo podría estar en una imposición por parte de los gobernadores romanos. Por lo que respecta a los valores, se acuñaron ases o unidades, múltiplos (duplos) y divisores (semises y cuadrantes), aunque los ases serán más abundantes. Por lo que se refiere a su escritura, en las primeras series se utiliza de forma frecuente la ibérica meridional; posteriormente habrá un periodo de tránsito en el que se utiliza una escritura bilingüe, parte en ibérico meridional y parte en latín (en cecas como *Obulco* esta fórmula será muy usual); ya en la primera mitad del s. I a. C. casi todas las emisiones utilizarán la escritura latina. Las leyendas en la mayoría de los casos se referirán a los topónimos de las cecas o a nombres de magistrados, y en algunos casos hay signos que podrían hacer referencia al valor. Por lo que respecta a la tipología e iconografía de estas cecas, será numerosa pero se divide fundamentalmente en dos grupos, por un lado el de la ceca de *Castulo* y sus cecas afines –*Iltiraka*, *Urkesken* e *Iliberri*- y por otro el de la ceca de *Obulco* y su ceca afín, *Abra*.

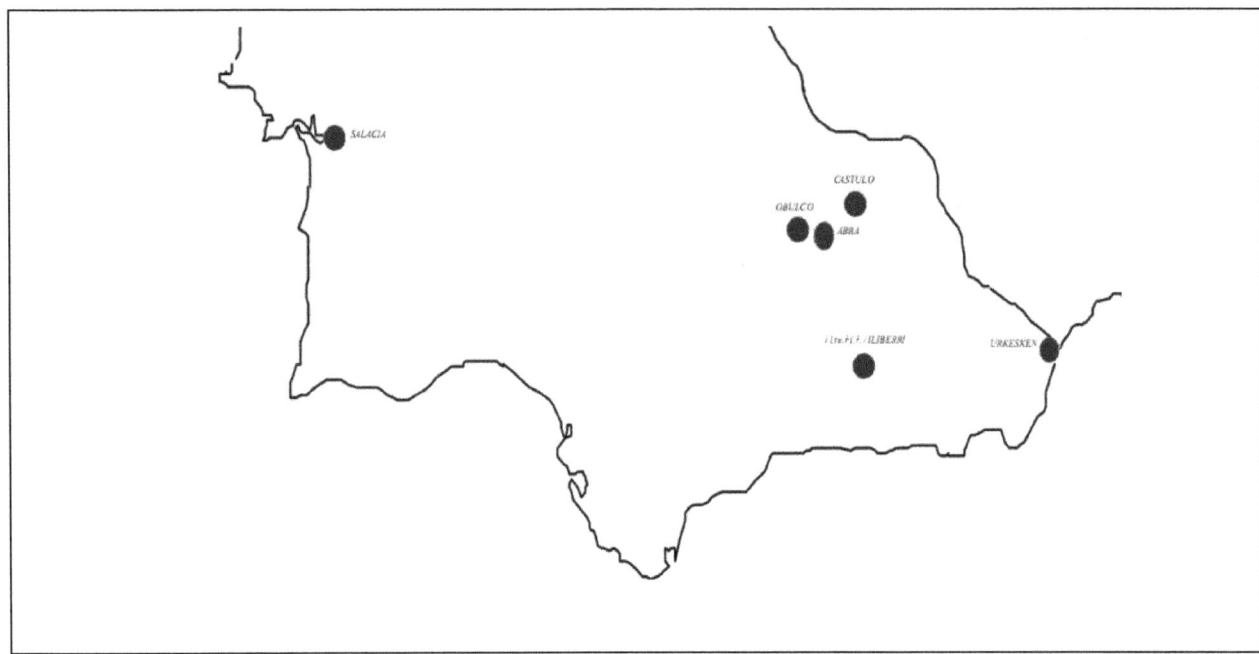

Mapa 1: Localización de las cecas ibéricas meridionales

Entre el primer grupo es frecuente la cabeza masculina con diferentes elementos en los anversos y la esfinge, toro, jabalí, jinete lancero, lobo, victoria o triquetra en los reversos, dependiendo de su valor. En el segundo grupo es frecuente la cabeza de divinidades femeninas con moño para los anversos y la espiga y el arado para los reversos. También contamos con la presencia de algunos símbolos que permiten, en muchas cecas, diferenciar emisiones, como el creciente, la mano, la palma, la estrella o el delfín. En cuanto a la metrología, debemos destacar que las primeras emisiones de moneda con escritura ibérica meridional se realizan siguiendo el patrón púnico-turdetano, aunque en algunas cecas, como *Ilturir*, se empleará el patrón romano sextantal reducido.

Con respecto al uso que tuvieron estas monedas, las primeras emisiones, como dijimos anteriormente, se utilizaron para pagar a los empleados que trabajaban en la extracción de mineral o en las explotaciones agrícolas, aunque también para el pago a las tropas y de impuestos; con el paso del tiempo, conforme se fue extendiendo la economía monetaria, las monedas serán utilizadas también para pequeñas transacciones. Un caso especial será el de la ceca de *Salacia*, que emite monedas con escritura ibérica sudlusitana pero que, al encontrarse localizada en la provincia *Ulterior*, se estudiará junto a estas cecas ibéricas meridionales. Las emisiones de esta ceca posiblemente haya que relacionarlas con las explotaciones pesqueras que había en la zona. La ceca de *Salacia* acuñará sus monedas en bronce entre mediados del s. II a. C. y mediados del s. I a. C. Emite ases y semises que presentan en anverso Cabeza de Melqart o Neptuno y en reverso atunes o delfines.

2. Circulación monetaria de las cecas ibéricas meridionales de la Ulterior

A continuación, vamos a realizar un pequeño análisis de cada una de las cecas ibéricas meridionales[4] y de su circulación monetaria –no se han hallado ejemplares de la ceca de *Iltiraka*-. Posteriormente, presentaremos un análisis general de la circulación monetaria de las cecas ibéricas meridionales.

2.1. Abra

a) Análisis de la ceca.

ABRA (Localización incierta, aunque en la provincia de Jaén). La ubicación de la ciudad es desconocida, aunque por los hallazgos monetarios podríamos situarla dentro del triángulo que forman Arjona, Baena y Torredonjimeno; más concretamente, Tovar[5] la sitúa en las proximidades de Torredonjimeno.

Fuentes: esta ciudad solamente está constatada en las fuentes numismáticas.

Fuentes numismáticas: la ciudad emite tres series de bronce con una cronología de mediados del s. II a. C.

Las monedas de esta ciudad son estudiadas por VIVES, *MonHisp.*, vol. 3, serie 10ª, ceca 2, p. 63. Lám. XCVIII.1-4; UNTERMANN, *MLH.*, pp. 340-341, A.101: *Abra*; *CNH.* (1994), pp. 355-356: *Abra*; HMHA (1997), "Las acuñaciones ibéricas meridionales, turdetanas y de *Salacia* en la *Hispania Ulterior*", p. 213: *Abra*; GARCÍA-BELLIDO y otros (2001), *Diccionario*, *s.v. Abra*; ARÉVALO GONZÁLEZ (2005), *Sylloge Nummorum Graecorum*, pp. 45 y 222-225: *Abra*.

Historia de la ciudad: aunque la localización de la ciudad es incierta, se cree que estaría situada en Torredonjimeno, donde ya desde muy antiguo se han recogido restos arqueológicos de época romana, como lápidas, inscripciones y algunas monedas. En esta zona se han hallado restos de un poblado ibérico identificado con el *oppidum* de *Tosiria*, que posteriormente junto a Martos formaría supuestamente la *Colonia Augusta Gemella Tucci*.

Historia monetaria: Abra emite tres series en bronce con una cronología de mediados del s. II a. C., aunque Collantes Vidal y García Garrido[6] en sus primeros estudios apuntaban a una cronología anterior, entre finales del s. III e inicios del s. II a. C. El valor acuñado es de duplos, pero según García Garrido y García-Bellido, de patrón púnico turdetano de 9,4 grs., que en algunos casos es superior, y según Arévalo, de patrón ibérico; Villaronga, sin embargo, piensa que el valor emitido sería de ases. En cuanto a la iconografía, similar a las primeras series de *Obulco*, presenta en anverso Cabeza femenina con moño y collar y en reverso Espiga y arado. Por lo que respecta a las leyendas, estas son diferentes en cada serie; la primera serie presenta en anverso leyenda ibérica meridional *u.e.ku.e.ki* y en reverso G22b.*k.i.o.n.i.ś*; la segunda serie presenta en anverso leyenda latina *ABRA* y en reverso leyendas ibéricas meridionales *u.e.ku.e.ki* y G22b.*k.i.o.n.i.ś* en diferentes posiciones; y la tercera serie, híbrida de *Abra* y *Obulco*, presenta en anverso leyenda latina *ABRA* y en reverso, encima la leyenda latina *ATTIAM* y debajo y retrógrada, la leyenda latina *OBVLCO*. Por último, debemos decir que la proximidad de *Obulco* permite que *Abra* presente varias reacuñaciones sobre monedas de esta ceca, e incluso la tercera serie de *Abra* está formada por monedas híbridas entre *Abra* y *Obulco*.

Bibliografía:

ARÉVALO GONZÁLEZ, A. (1997), "Las acuñaciones ibéricas meridionales, turdetanas y de *Salacia* en la *Hispania Ulterior*", en *Historia Monetaria de Hispania Antigua*, p. 213.
ARÉVALO GONZÁLEZ, A. (2005), *Sylloge Nummorum Graecorum. Volumen 2. Hispania. Ciudades del área meridional. Acuñaciones con escritura indígena*, Museo Arqueológico Nacional, Madrid, pp. 45 y 222-225.
COLLANTES VIDAL, E. (1972), "Anotaciones sobre la moneda de *Abra*", *AN* 2, pp. 139-147.
GARCÍA GARRIDO, M. (1984), "Nuevas aportaciones al estudio de las monedas de *Abra*", *AN* 14, pp. 79-89.
GARCÍA-BELLIDO, M. P. y BLÁZQUEZ CERRATO, C. (2001), *Diccionario de cecas y pueblos hispánicos. Vol. II. Catálogo de cecas y pueblos que acuñan moneda*, Madrid, *s.v. ABRA*.
RODRÍGUEZ NEILA, J. F. (1995), "Organización administrativa de las comunidades hispanas y magistraturas monetales", en GARCÍA-BELLIDO, M. P. y CENTENO, R. M. S. (eds.), *Actas del I EPNA. La moneda hispánica. Ciudad y territorio (Madrid, 1994)*, Anejos AEA XIV, Madrid, pp. 261-274.
TIR, J-30 (Madrid. 2000) *s.v. ABRA*.
TOVAR, A. (1974), *Iberische Landeskunde. Die Völker und die Städte des alten Hispanien, Band 1. Baetica*, Baden-Baden, p. 106.
UNTERMANN, J. (1975), *Monumenta Linguarum Hispanicarum I. Die Münzlegenden*, Wiesbaden, 2 vols

---

[4] La información recogida en todos los análisis de las cecas estudiadas en este trabajo procede de diferentes obras detalladas en la bibliografía de cada una de estas cecas. Prescindimos así de incorporar la referencia de la información en notas a pie de página para, de esta forma, dotar al texto de mayor claridad y cohesión.

[5] *Cf.* A. TOVAR (1974), p. 106.

[6] *Cf.* E. COLLANTES VIDAL (1972), pp. 139-147; M. GARCÍA GARRIDO (1984), pp. 79-89.

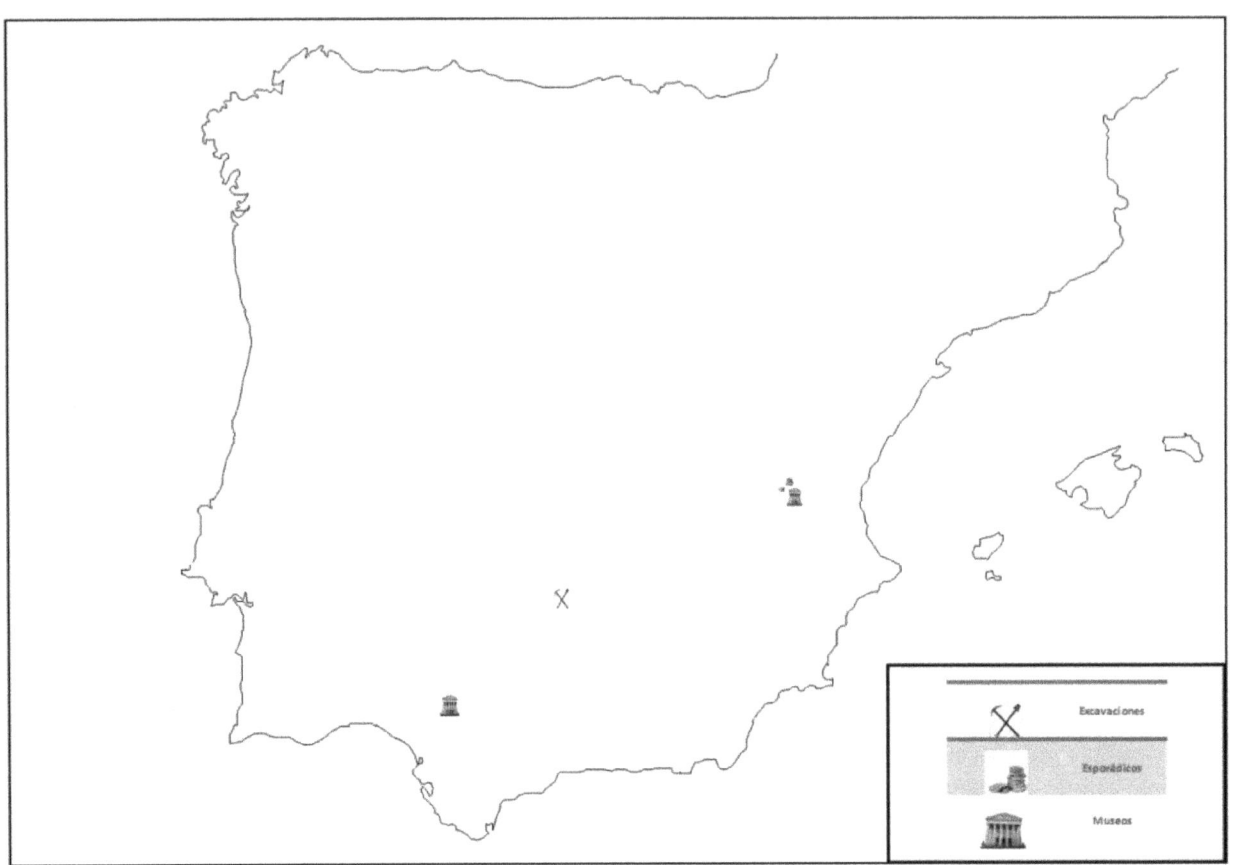

Mapa 2: Circulación monetaria de la ceca de *Abra*

VILLARONGA I GARRIGA, L. (1994), *Corpus Nummum Hispaniae ante Augusti Aetatem*, Barcelona, pp. 355-356.

b) Análisis de la circulación monetaria.

Para el estudio de la circulación monetaria de la ceca de *Abra* sólo contamos con cuatro hallazgos e idéntico número de piezas. El primer hallazgo consta de una moneda encontrada en las excavaciones realizadas en el poblado minero de Valderrepisa (Fuencaliente, Ciudad Real)[7]. Esta moneda (25% del total) pertenece a los duplos de la serie II y tiene una cronología de mediados del s. II a. C.

El segundo hallazgo de monedas de esta ceca consiste en una pieza aparecida de forma esporádica en Camporrobles (Valencia)[8] y presenta una particularidad, pues se trata de una moneda híbrida de *Obulco* y *Abra*. El anverso de esta moneda pertenece a los duplos de la serie III de *Abra* (V. 98.4), mientras que el reverso pertenece a los duplos de la serie I, grupo 2 de *Obulco* (94.2). La cronología de finales del s. III a. C. o inicios del s. II a. C. de este reverso de *Obulco* permite poder afirmar que las monedas de *Abra* tendrían al menos una cronología de mediados del s. II a. C.

Los dos últimos ejemplares los encontramos en museos y corresponden al 50% de los hallazgos con los que contamos de esta ceca. La primera pieza, localizada en la Colección numismática de la Universidad de Sevilla[9], pertenece a los duplos de la serie II, grupo I de las acuñaciones de *Abra* (V. 98.2), y aunque se desconoce el lugar exacto del hallazgo, pensamos que procedería de la provincia. La segunda pieza la hemos localizado en el Museo de Los Villares (Caudete de las Fuentes, Valencia)[10] y aunque por su mal estado de conservación desconocemos la serie a la que pertenecería, sabemos que se trataría de un duplo de mediados del s. II a. C.

De las cuatro monedas estudiadas, dos de ellas pertenecen a los duplos de la serie II (50%), una a la serie III híbrida (25%) y la última, sabemos que es un duplo aunque desconocemos su indicación de serie (25%). En cuanto a su procedencia, dos se han localizado en la zona valenciana (50%), una en la provincia de Sevilla (25%) y otra en la de Ciudad Real (25%). Por tanto, la mayoría de las piezas se han encontrado en la parte oriental de la

---

[7] *Cf.* M. FERNÁNDEZ RODRÍGUEZ y C. GARCÍA BUENO (1993), pp. 25-50. Apéndice. Monedas halladas en el yacimiento de Valderrepisa (Fuencaliente, Ciudad Real), por C. MARCOS ALONSO, pp. 42-50.

[8] *Cf.* P. P. RIPOLLÈS ALEGRE (1985), pp. 319-356; C. BLÁZQUEZ CERRATO (1992), pp. 184-185; A. ARÉVALO GONZÁLEZ (1999), Cap. VIII. Hallazgos, pp. 133-200, Hallazgo 52.

[9] *Cf.* F. CHAVES TRISTÁN (1994b), pp. 27-45.

[10] *Cf.* P. P. RIPOLLÈS ALEGRE (1982a), pp. 201-209; A. ARÉVALO GONZÁLEZ (1999), Cap. VIII. Hallazgos, pp. 133-200, Hallazgo 51.

2. CIRCULACIÓN MONETARIA DE LAS CECAS IBÉRICAS MERIDIONALES DE LA ULTERIOR

Península y en lugares próximos a Jaén, provincia en la que hemos localizado la ceca de *Abra*. Por último, podemos ver que no se han estudiado hallazgos procedentes de esta provincia, pero a través de algunas referencias poco precisas, podemos saber que se han encontrado varias monedas de *Abra* en una zona comprendida entre Arjona, Baena y Torredonjimeno, hecho que todavía permite mantener su posible localización en un lugar dentro del triángulo que formarían estos municipios.

2.2. Castulo / ka.ś.ti.l.o

a) Análisis de la ceca.

CASTULO / ka.ś.ti.l.o. / CASTVLO (Cazlona, Linares, Jaén). 38° 2'N- 3° 38'W. Ptol. 39° N- 9° 30'E. El yacimiento de la ciudad iberromana de *Castulo* podemos situarlo con toda seguridad en la actual Cazlona, a unos 7 km. de Linares (Jaén), junto al margen derecho del río Guadalimar. El yacimiento se encuentra dividido en dos sectores: el primer sector, en el que se encontró situado el antiguo *oppidum* oretano y la ciudad romana, está ubicado sobre una gran meseta casi despoblada, pues sólo encontramos dos cortijos que apenas han destruido nada del yacimiento, ya que sus cimientos son poco profundos; el segundo sector está más disperso y consta de diferentes poblados y necrópolis que rodean la ciudad de *Castulo*. En este sector debemos destacar el poblado de La Muela, en donde se encontraba el antiguo asentamiento del Bronce Final, o las necrópolis del Estacar de Robarinas, Los Patos, Molino de Caldona, Los Higuerones, Casablanca, Baños de la Muela o el Cerrillo de los Gordos, entre otras. Además, esta ciudad controló una importante zona entre los ríos Jándula y Guadalimar, a la que se ha venido denominado el *Saltus Castulonensis* y que sería muy rica en recursos mineros, pues comprendería la parte oriental de Sierra Morena. Esta ciudad fue en la antigüedad centro de un importante distrito minero, pero también contó con unos excelentes recursos agrícolas que le otorgaba su proximidad al río Guadalimar. *Castulo* gozó de una excelente posición estratégica y por ella pasaban algunas de las principales vías de comunicación del sur peninsular, como el "Camino de Aníbal" o la Vía Augusta.

Fuentes: está constatada en las fuentes literarias, epigráficas, arqueológicas y numismáticas que relacionamos a continuación:

Fuentes literarias: Cic., fam. 10.31: *Nam saltus Castulonensis, qui semper tenuit nostros tabellarios, etsi nunc frequentioribus latrociniis infestior factus est, tamen nequamquam in mora est, quanta qui locis ómnibus dispositi ab ultraque parte scrutantur tabellarius et retinent*; Caes., bell. civ. 1.38.1: *a saltu Castulonensi ad Anam duabus leogionibus*; Liv. 22.20.12: *Igitur terrestribus quoque copiis satis fideos Romanus usque ad saltum Castulonensem et progressus*; 24.41.7-8: *Castulo, urbs Hispaniae ualida ac nobilis et adel coniuncta societati Poenis, ut uxor inde Hannibali esset, at Romanos defecit*; 26.20.6: *Mago in mediterranea maxime supra Castulonensem saltum*; 27.20.3: *cum Scipio rediens iam Tarraconem saltu Castulonensi excessisset*; 28.20.8-12; Estr. 3.2.3 (Trad. García Ramón y García Blanco): El tramo superior hasta *Castalon* no es ya navegable; 3.2.10 (Trad. García Ramón y García Blanco): En *Castalon* y en otros puntos hay un tipo especial de mina, la de plomo, con el que se encuentra mezclada algo de plata; 3.2.11 (Trad. García Ramón y García Blanco): No muy lejos de *Castalon* está también la montaña donde dicen que nace el *Betis*, que llaman *Argéntea* por las minas de plata que en ella se encuentran; 3.3.2 (Trad. García Ramón y García Blanco): Las ciudades más poderosas de Oretania son *Castalon* y *Oria*; 3.4.9 (Trad. García Ramón y García Blanco): a la región de *Castalon* y *Obulcon*, por las que atraviesa la vía hacia *Corduba* y *Gadira*; 3.4.20 (Trad. García Ramón y García Blanco): Actualmente, de las provincias asignadas al pueblo y al Senado por una parte, y al Emperador romano por otra, la Bética corresponde al pueblo y se envia a ella un pretor asistido por un cuestor más un legado; han establecido su límite oriental cerca de *Castalon*; Plin., nat. 3.17: *Baeticae longitudo nunc a Castulonis oppidi fine Gadis CCL et a Murgi maritima ora XXV p. amplior*; 3.25: *Carthaginem conveniunt populi LXV exceptis insularum incolis ex colonia Accitania Gemellense, ex Libisosana cognomine Foroaugustana, quibus duabus ius Italiae datum, ex colonia Salariense, oppidani Lati veteris Castulonenses qui Caesarii Iuvenales appellantur, Saetabitani qui Augustani, Valerienses*; 3.29: *Longitudo Citerioris Hispaniae est ad finem Castulonis a Pyrenaeo DCVII p. et ora paulo amplius*; Sil., pun. 3.97-99: *at contra Cirrhaei sanguis Imilce Castalii, cui materno de nomine dicta Phoebi seruat cognomina uatis*; Ptol. 2.6.58: Καστουλῶν; Itin. Ant. 404.5.2 = 403.6 = 404.1 = 405.2: *Castulone*; St. Byz., p. 366, *s.u.*: Κασταλῶν; Ravenn. 315.14: *Catulune*.

Fuentes epigráficas: CIL. II, 335 (= CILA III.I, 89) (Cazlona, Linares, Jaén): *[Imp(eratori) Caes(ari) L(ucio) Domitio Avreliano pio felici invicto Avg(usto)] / Germanico [max(imo)] Got[h]i/[co max(imo) - - - ? trib(unicia) pot(estate) / p(atri) p(atriae) co(n)s(uli) - - - proc(onsuli) - - -] / resp(ublica) Castvl(onensis) devota / nvmini mai(e)statiq(ue) eivs / d(ecreto) d(ecurionum)*; CIL. II, 2641 (Astorga, León): *M(arcus) Valerivs [- - -] / Gal(eria) Licini[anus] / ex m(unicipio) Cas[tulonensi] <mi=CA>l<es=EC> leg(ionis) V[II] <G=C>e<m=NT>(inae) / vixit an(nos) LXXXVI / h(ic) s(itus) e(st)*; CIL. II, 3265 (= CILA III.I, 80) (Cazlona, Linares, Jaén): *Pietati Avg(ustae) / qvod Cor(nelia) C(ai) f(ilia) Mar[vllina / ara]m positvram se o[rdini] / Castvlonensiv[m / pr]omiserat in me[mori]/[a]m L(uci) Cor(neli) Marv[lli filii] / C(aius) Cor(nelius) [Bellicvs heres eivs / e]x arg(enti) libris [- - -] / editis circensibvs*; CIL. II, 3270 (= CILA III.I, 91) (Cazlona, Linares, Jaén): *Q(uinto) Torio Q(uinti) f(ilio) Cvlleoni / proc(uratori) Avg(usti) provinc(iae) Baet(icae) / qvod mvros vetvstate /*

collapsos d(e) s(ua) p(ecunia) refecit solvm / ad balinevm aedificandvm / dedit viam qvae per Castvl(onensem) / saltvm Sisaponem dvcit / adsidvis imbribvs corrvp/tam mvnivit signa Vene/ris Genitricis et Cvpidi/nis ad theatrvm posvit / HS centie(n)s qvae illi svmma / pvblice debebatvr addito / etiam epvlo popvlo remisit / mvnicipes Castvlonenses / editis per bidvvm circens(ibus) / d(ecreto) d(ecurionum); CIL. II, 3272 (= CILA III.I, 93) (Cazlona, Linares, Jaén): *[Q(uinto) Cor]nelio M(arci) f(ilio) Gal(eria) Valeriano prae[fecto) - - -] alae [- - - / - - -] praef(ecto) vexillariorvm in Trachia XV [a leg(ione) - - - / V Mace]donica a leg(ione) VIII Avgvsta a tribvnis la[ticlaviis et / minor]ibvs a praef(ecto) c(o)hortivm statvis coroni[s donato - - - / Castv]lonen(sibus) et c(o)hortis Serviae Ivvenalis [- - - et / Titia]e L(uci) f(iliae) Optatae vxori hvic c[o]lonia Patri[cia; CIL. II, 3278 (= CILA III.I, 104)* (Cazlona, Linares, Jaén): *Valeriae C(ai) f(iliae) Paetinae / Tvccitanae sacerdoti / coloniae Patriciae / Cordvbensis flaminicae / coloniae Avg(ustae) Gemellae / Tvccitanae flaminicae / sive sacerdoti mvnicipi(i) / Castvlonensis [; CIL. II, 4209* (Tarragona): *P(ublio) Cornelio / M(arci) f(ilio) Gal(eria) / Verecvndo / Castvlonens(i) / omnib(us) honor(ibus) in / re p(ublica) sva fvncto / flam(ini) p(rovinciae) H(ispaniae) c(iterioris) / p(rovincia) H(ispania) C(iterior); CIL. II, 4932 (= CILA III.II, 620)* (Linares, Jaén) (miliario): *Ti(berius) Clavdivs / Drvsi fil(ius) Caes(ar) Avg(ustus) / Germ(anicus) pontif(ex) max(imus) / trib(unicia) pot(estate) III co(n)s(ul) III / imp(erator) p(ater) p(atriae) / a Castvlone I / m(ilia) p(assuum) I*; *CILA III.I, 84* (Caznola, Linares, Jaén): *[Im]p(eratori) Caes(ari) T(ito) Aelio / [Ha]driano Antonino / [Av]g(usto) p(atri) p(atriae) pont(ifici) max(imo) tri/[bv]niciae potest(atis) XVIII / co(n)s(uli) IIII / [L(ucius)] Licinivs Abascantio / [in repvblic]a Castvlonensi VI viratv fvnctvs ex indvl/[gentia] splendidissimi ordinis qvos [is] gerendos in hono/res d[ivorv]m et d(ivinae) [d]om[vs] cen[sve]rat edi[tis] in amp[h]iteatro gladi/[atoribv]s bis spectacvlorvm die[r(um) -c.-2-4-] item in theatro / [civ(ibus) et incolis] acroamatibvs freqventer editis statv[am] / [imp(eratoris) Ant]onini Avg(usti) p(atri) p(atriae) optim maximiqve prin/[cipis ac]cepto loco a repvblica Castvlonensivm / [ob hon]orem VI viratvs / [d(ono)] d(edit); CILA III.I, 86 (= AE 1973, 281)* (Cazlona, Linares, Jaén): *[Im]p(eratori) Caes(ari) Avg(usto) / Licinio Vale[ria]/[n]o pontifici / [m]aximo [- - - / - - -] trib(unicia) [pot(estate) / - - -] co(n)s(uli) III [p(atri) p(atriae) / - - -]C[- - -] res pvblica Ca[s]/[t]vl(onensium) devota nvmi/ni maiestatiqve eivs / ex d(ecreto) d(ecurionum); CILA III.I, 99* (Cazlona, Linares, Jaén): *L(ucio) Cornelio L(uci) f(ilio) Gal(eria) / Agricolae [II]viro / mvnicipi Cazlonanensis / flamini Romae et Avg(usti) / Flavia Sperata d(e) p(ecunia) s(ua) d(onum) d(edit); CILA III.I, 100* (Cazlona, Linares, Jaén): *M(arco) Ivnio C(ai) f(ilio) / Gal(eria) Paterno / II vir(o) flamini / Romae et Avg(usti) / statvam decretam / ab decvrionibvs / C(aesariorum) I(uvenalium) Cazlonanensivm / Cornelia P(ubli) f(ilia) Severa / vxor honore vsa / inpensa sva posvit; CILA III.I, 101* (Cazlona, Linares, Jaén): *L(ucio) Corn(elio) Marvllo / qvod ordo Cazlonan(ensium) / pro liberalitate Cor(neliae) / Marvllinae matris / eivs qvod civitatem / Cazlonanensivm sta/tvis argenteis et epv/lo et circensib(us) decora(s)/set statvam ei et filio sv/o positeram se decre/verat Cor(nelia) Marvlli/[n]a honore accepto / d[e] pec(unia) sva poni ivssit / [h]oc donvm illivs / C(aius) Co[r(nelius)] Bellicvs heres eivs / d(edit) d(edicavit) edi[tis] circensib(us); CILA III.I, 114* (Cazlona, Linares, Jaén): *D(is) M(anibus) s(acrum) / M(arcus) Atrivs M(arci) f(ilius) / Gal(eria) Chrestinvs / [Cas]tvlonensis / [ann]or(um) XXXVIII / [omnibv]s honoribvs / [i(n) r(e)p(ublica) fvnctv]s h(ic) s(itus) e(st) s(it) t(ibi) t(erra) l(evis); CILA III.II, 626* (Mengíbar, Jaén) (miliario): *[Ti(berius) Clavdivs / Caes(ar) Avg(ustus) / Drvsi f(ilius) / Germ(anicus) p(ontifex) m(aximus) / trib(unicia) pot]est(ate) III c(onsul) III / imp(erator) V p(ater) p(atriae) / a Ca[st]vlone / m(ilia) p(assuum) VIII*; LOSTAL, *MilTarr.* p. 57, 51: *a Castvlone/ m(ilia) p(assuum) I*; *Vicar.* I: *Castulonem*; III: *Castulone.*

Fuentes arqueológicas: ya en siglo XIX tenemos noticias arqueológicas referentes a la ciudad ibérica de *Castulo*, pues en 1851 Pascual Madoz nos escribe sobre la existencia de unas ruinas en el cortijo de Cazlona, que podrían pertenecer al *oppidum* oretano y a la ciudad romana de *Castulo*. Este autor describe cómo este yacimiento se encuentra dividido en dos partes por el arroyo de San Ambrosio, localizándose en la parte derecha restos de lo que podría ser una fortaleza y en la izquierda, junto a la Ermita de Santa Eufemia, abundante material romano como columnas, capiteles o inscripciones. Por tanto, en *Castulo* podrían distinguirse dos sectores, uno en el que encontramos restos de lo que sería el *oppidum* oretano y la ciudad romana, y otro, extramuros, que estaría constituido por pequeños poblados de diferentes épocas y varias necrópolis, villas, alfares, talleres, canteras y un puerto fluvial dependiente de la ciudad de *Castulo*. Sin embargo, no será hasta la segunda mitad del siglo XX cuando se produzcan las primeras excavaciones sistemáticas de este yacimiento. Estas excavaciones fueron realizadas fundamentalmente entre 1969 y 1983 por el profesor J. M. Blázquez y varios grupos de arqueólogos, y fruto de las investigaciones del material recogido surgieron varios trabajos que han sido publicados en gran cantidad de libros y artículos, entre los que destacan especialmente las publicaciones en los cuadernos de Excavaciones Arqueológicas de España.

Los restos más antiguos encontrados en la zona de *Castulo* proceden del período paleolítico superior, como se desprende del hallazgo de varios objetos líticos encontrados en las terrazas del río Guadalimar. Posteriormente, durante la Edad de los Metales, más en concreto durante la cultura del Argar, tenemos constancia de varios poblados estables situados en cerros vecinos a *Castulo*. Estos primeros asentamientos, datados en el tercer milenio a. C., estarían íntimamente relacionados con la explotación de mineral en la zona, fundamentalmente de la plata extraída en las cercanas minas de Sierra Morena.

Del Bronce Final, ss. X y VIII a. C., se han hallado dos yacimientos arqueológicos situados al suroeste de la futura ciudad ibero-romana. En estos yacimientos se han encontrado restos de estructuras de muros junto con abundante material cerámico, como vasijas de mediano tamaño con pasta poco depurada, platos abiertos o cónicos, cuencos y ollas, que presentan una tipología relacionada directamente con la cultura de las Cogotas I. De finales del s. VIII a. C. se han encontrado a los pies del Cerro de La Muela los restos de lo que podría ser un santuario o palacio orientalizante. Las excavaciones realizadas han puesto al descubierto varios muros sobre los que posteriormente se levantaría un taller metalúrgico. En este lugar se ha encontrado gran cantidad de cerámicas de origen fenicio, así como restos de muros de un gran edificio, que constaría de cinco habitaciones y un amplio patio pavimentado de guijarros blancos y negros (*plebbe mosaic*) que tradicionalmente se ha asociado a un santuario o a un templo-palacio. De los ss. VII y V a. C. se han hallado cerca de este santuario restos de un par de tumbas en las que aparecen elementos típicamente orientales. En una de las tumbas tenemos constatada la presencia de un ajuar compuesto por una esfinge, un *thimiaterión* y representaciones de la diosa Hathor. Estas tumbas muestran una clara estratificación social y en ellas destaca la presencia de enterramientos de incineración típicamente orientales.

Ya a mediados del s. V a. C. comenzamos a ver la presencia de cerámicas griegas, siendo destacables las procedentes de talleres áticos con una cronología de la primera mitad del s. IV a. C. Estas cerámicas griegas, aunque no son muy numerosas ni muy valiosas, sí demuestran ciertos contactos comerciales. También encontramos cerámicas griegas procedentes de talleres áticos en las excavaciones realizadas en 1982 y 1983 en la necrópolis del Estacar de Robarinas. Ya que estas cerámicas no fueron realizadas *in situ*, pensamos que debieron ser traídas bien directamente por los mismos griegos o bien a través de intermediarios como los fenicios o los indígenas asentados en la zona costera. El motivo por el que llegaba esta cerámica griega a la zona de *Castulo* está íntimamente relacionado con la búsqueda de metales por parte de griegos y fenicios.

A partir de los ss. V y IV a. C. el antiguo núcleo urbano de influencia orientalizante experimenta un importante desarrollo económico, político, demográfico y urbanístico debido fundamentalmente a la riqueza minera de la zona. Todo el proceso de auge económico y político que experimenta la ciudad oretana de *Castulo* puede verse en las importantes tumbas monumentales excavadas en las diferentes necrópolis próximas a la ciudad, como la de los Patos, la de Molino de Caldona, la del Estacar de Robarinas, la de los Baños de la Muela, la de Casablanca, la del Estacar de Luciano o el gran túmulo de los Higuerones. En estas necrópolis se puede apreciar el uso del ritual funerario de incineración, muestra de la antigua influencia orientalizante, que también puede verse en los monumentos funerarios y religiosos. Los restos de estas necrópolis consisten en diferentes monumentos y túmulos funerarios en los que encontramos diversos elementos del ajuar personal, habiéndose documentado en algunos casos fragmentos de esculturas de animales junto a la tumba.

Pese a tener gran cantidad de restos de las necrópolis de la ciudad, pocos datos tenemos del *oppidum* oretano, ya que sobre él se asentó la ciudad romana. De la ciudad ibérica se conservan pocos restos de la primitiva muralla, ya que la inmensa mayoría de los que vemos actualmente proceden del periodo romano. También conservamos de la etapa oretana restos de capiteles, frisos o dinteles de puertas. Pese a la escasez de datos del *oppidum* oretano de *Castulo*, gracias a los aportados por los restos de las necrópolis y de la ciudad, así como por la importancia minera que tuvo la zona, debemos pensar que se trataría de uno de los mayores *oppida* de la península Ibérica, motivo que le llevaría a ser capital de la región oretana. Posteriormente, durante el periodo de pleno desarrollo del *oppidum* oretano, se produce la llegada de los cartagineses a la península Ibérica.

Durante el periodo bárquida *Castulo* fue una de las principales ciudades aliadas del bando cartaginés; es más, según las fuentes clásicas, Aníbal llegó a contraer matrimonio con la princesa castulonense Himilce. De este período cartaginés se han conservado pocos restos arqueológicos, como algunos materiales cerámicos y parte de algún muro. Durante la Segunda Guerra Púnica *Castulo* en un principio siguió siendo fiel a los cartagineses, pero ya en el año 206 a. C., tras el asedio romano de C. Escipión, la ciudad fue tomada y a partir de este momento se integra bajo la órbita romana.

De la ciudad romana de *Castulo* es de la que más restos se han conservado. Del periodo romano se conservan varios lienzos de la muralla, construida en sillares de piedra arenisca de mediano tamaño unidos sin ningún tipo de mortero. Esta muralla se asienta en algunas ocasiones sobre la oretana, construida con sillares de estilo ciclópeo. A la muralla romana se añaden algunos torreones de planta cuadrada. En la zona sur de la ciudad de *Castulo* también se han encontrado restos de murallas construidos en *opus caementicium*. A través de prospecciones geotérmicas se ha podido reconstruir el trazado urbano de la ciudad, así como constatar la existencia de un foro, de varias calles y de cuatro puertas monumentales. En la ciudad también se han encontrado restos de un templo, dedicado al culto oficial y en el que han aparecido estatuas y otros ornamentos, y de algunas *tabernae*. A través de la epigrafía (*CIL*. II, 3296) sabemos de la existencia de un anfiteatro en el que se celebraban juegos públicos, aunque actualmente no se conservan restos de éste. En *Castulo* se han encontrado varios depósitos de aguas, algunos de ellos vinculados a termas, pues la ciudad debió contar con un acueducto procedente de la zona norte. En esta misma zona se encontraría situado el teatro, del que aún son visibles algunos muros y que datamos en el s. II d. C., pues ya en el año 154 se celebraban en él competiciones de coro, único testimonio de este espectáculo en la Península. Junto a la puerta norte se encontraría situada una necrópolis de finales del imperio, en la que tenemos tanto tumbas de incineración como de inhumación. También encontramos esta dualidad de enterramientos en la cercana cámara sepulcral del Cerrillo de los Gordos, aunque en este caso las tumbas son del s. I d. C.

De finales del s. III o inicios del s. IV se conservan en la parte alta de la ciudad restos de un conjunto termal construido con gran cantidad de material reutilizado. En este conjunto termal de la villa urbana del Olivar se ha constatado la existencia del *hipocaustum* o sala de baños con aguas calientes, de unas letrinas abovedadas, de un complejo sistema de conducción de aguas y de varios patios porticados o abiertos, entre los que tenemos uno con una fuente central y con el suelo pavimentado de *opus spicatum*.

Del periodo romano se conserva gran cantidad de esculturas, inscripciones y cerámicas y varios tesorillos republicanos, entre ellos dos encontrados en la misma ciudad y cinco procedentes de la cercana mina de El Centenillo.

Tras la desaparición del imperio romano, la ciudad siguió siendo poblada, como atestigua la falta de restos de destrucción e incendio durante este periodo. Durante el periodo visigodo tenemos restos de varios enterramientos y de lo que podría ser una basílica de cinco naves decorada con pinturas. Sin embargo, a partir de este momento comienza una decadencia de la ciudad, como parece desprenderse del traslado de muchos de sus materiales a la vecina ciudad de *Beatia*. Un ejemplo de estos materiales trasladados sería una supuesta estatua de la princesa Himilce actualmente situada en la Fuente de los leones de Baeza.

Fuentes numismáticas: la ciudad emite diez series en bronce con una cronología entre el año 220 y el 45 a. C.

Las monedas de esta ciudad son estudiadas por VIVES, *MonHisp.*, vol. 2, serie 7ª, ceca 94, pp. 166-175. Lám. LXVIII.1-12; LXIX.1-12; LXX.1-14; LXXI.1-14; CLXXIII.1; Ceca 95, p. 176. Lám. LXXII.1 y Ceca 96, *Cástulo?*, p. 176. Lám. LXXII.1; GARCÍA-BELLIDO, M. P. (1982), *Las monedas de Cástulo con escritura indígena: Cástulo / ka.ś.ti.l.o.*; UNTERMANN, *MLH.*, pp. 325-328, A.97: *kaśtilo / CAST(VLO)*; *CNH.* (1994), pp. 330-340: *Kastilo / Castulo*; *HMHA* (1997), "Las acuñaciones ibéricas meridionales, turdetanas y de *Salacia* en la *Hispania Ulterior*", pp. 198-202: *kaśtilo / Castulo*; GARCÍA-BELLIDO y otros (2001), *Diccionario, s.v. ka.ś.ti.l.o. / Castvlo*; ARÉVALO GONZÁLEZ (2005), *Sylloge Nummorum Graecorum*, pp. 38-40 y 54-155: *kaśtilo / Castulo*.

Historia de la ciudad: como ya hemos comentado en el apartado de fuentes arqueológicas, los primeros restos en la zona proceden del paleolítico superior, pues ya el abate Breuil en sus prospecciones en las terrazas del río Guadalimar encontró varios objetos líticos de este periodo. Del neolítico no se han encontrado restos, aunque por las características agrícolas y climatológicas existentes en la zona suponemos que debió existir un asentamiento más o menos estable en este territorio.
Ya en la Edad de los Metales e íntimamente relacionados con la explotación minera tenemos restos de varios asentamientos estables en la zona. Los poblados más antiguos datan de la cultura del Argar, más concretamente de su segunda fase, en un periodo en el que esta cultura del área almeriense se dedica a la búsqueda y explotación de los minerales del sureste peninsular, especialmente de la plata, que se encontraba en abundancia en la zona de Sierra Morena. Ya durante el Bronce Medio la zona adquiere una cierta importancia económica, debido principalmente al control de las explotaciones mineras. Del Bronce Final, ss. X y VIII a. C., se han hallado restos de dos yacimientos en la zona suroeste y, sobre todo, de finales del s. VIII a. C tenemos constatado a los pies del Cerro de la Muela la existencia de un gran edificio que se ha interpretado como un santuario o templo-palacio, que ejercería funciones tanto rituales como económicas. Este gran edificio, al igual que varias tumbas procedentes de los ss. VII y V a. C., presenta claras características orientalizantes, lo que nos hace pensar que ya desde los primeros momentos de las colonizaciones existirían relaciones con la cultura fenicia. Es más, pensamos que la construcción de este santuario no sólo sería fruto de la influencia oriental sobre una población indígena, sino más bien de la presencia en la zona de fenicios o, en su defecto, de tartesios, pues no olvidemos que éstos muchas veces actuaban como intermediarios en las relaciones comerciales entre la civilización fenicia y los demás pueblos del sur peninsular. El motivo por el que encontramos la presencia oriental en la zona de *Castulo* está claramente relacionado con la explotación de la riqueza minera, por lo que posiblemente estos poblados se encontrarían situados en el área más oriental, controlada por la cultura tartésica. Ya de mediados del s. V a. C. y la primera mitad del s. IV a. C. se han hallado restos de cerámicas griegas, por lo que pensamos que esta zona también podría tener contacto con los colonizadores griegos. Sin embargo, en este caso estimamos que, más que por colonizadores griegos, las cerámicas podrían haber llegado a la zona a través de intermediarios como los fenicios o los pueblos indígenas asentados en la costa del sur peninsular, que también buscaban metales con los que poder comerciar con griegos y fenicios.

Los contactos con los pueblos colonizadores y con los tartesios durante el periodo orientalizante van a permitir que en la zona se establezcan las bases de una sociedad urbana, en la que se van a producir importantes transformaciones económicas y sociales. Si ya durante los ss. VII y VI a. C. encontramos en este territorio varios poblados encargados de la comercialización del mineral de Sierra Morena, ya a partir del s. V a. C., y con más fuerza en el s. IV a. C., asistimos a la consolidación de un primer gran asentamiento urbano. También asistimos en esta etapa a un importante desarrollo demográfico, económico, político y cultural. Este nuevo *oppidum* será de los más importantes en la zona ibérica de la Alta Andalucía, lo cual le permite ser capital de la Oretania. Durante este periodo la ciudad ocupará un extenso territorio y se rodeará de un sistema defensivo consistente en grandes murallas ciclópeas. En estos momentos ya existía en *Castulo* una importante estratificación social, en la que sobresale una élite que había conseguido una enorme riqueza gracias a los beneficios obtenidos de la

2. CIRCULACIÓN MONETARIA DE LAS CECAS IBÉRICAS MERIDIONALES DE LA ULTERIOR

comercialización de los metales. Por lo que respecta a las relaciones comerciales, durante esta etapa continuarán los contactos con los fenicios y con la zona costera, que estarán centrados en la exportación de metales. Gracias a la gran cantidad de necrópolis encontradas de este periodo conocemos perfectamente la religión y los rituales funerarios practicados en esta ciudad. Entre las principales necrópolis de *Castulo* tenemos las de los Patos, Molino de Caldona, Estacar de Robarinas, Baños de la Muela, Casablanca, Estacar de Luciano y el gran túmulo de los Higuerones. En cuanto a la religión practicada en la ciudad de *Castulo*, ésta sería una mezcla entre las creencias de los pueblos antiguos de la Península y las religiones orientales. El ritual funerario consiste en la cremación de cadáveres y su enterramiento en diferentes tipos de monumentos sepulcrales junto a su ajuar y varias ofrendas.

El desarrollo histórico del *oppidum* oretano de *Castulo* se verá bruscamente interrumpido por la llegada de los cartagineses, especialmente durante la etapa bárquida. De este momento tenemos las primeras informaciones históricas aportadas por la literatura clásica. Así, Tito Livio sitúa a este *oppidum* dentro de los sucesos acontecidos entre el 214 y 212 a. C. durante la Segunda Guerra Púnica. *Castulo* desde un primer momento fue una ciudad adicta al bando cartaginés, y muestra de ello sería el casamiento de Aníbal con la princesa Himilce de *Castulo*. Himilce era una mujer oretana perteneciente a la aristocracia castulonense. El casamiento de Aníbal con esta princesa hay que entenderlo como parte de un pacto de alianza entre los cartagineses y la sociedad oretana, pues pese a que ésta dio al general un hijo, Aníbal apenas estuvo con ella más tiempo del que duró la ceremonia religiosa. La alianza con *Castulo* aportó a los cartagineses gran cantidad de mineral, especialmente de plata, que ayudó a la financiación de la Segunda Guerra Púnica, pero también fue importante para los bárquidas por la posición estratégica con la que contaba *Castulo* y por el aporte al ejército cartaginés de tropas auxiliares indígenas con gran tradición guerrera.

En el contexto de la Segunda Guerra Púnica la ciudad de *Castulo*, por su excelente posición estratégica, se va a ver inmersa en los continuos avances y retrocesos del frente de guerra. Ya desde la llegada del ejército romano a la Península, sus generales intentan apoderarse de las regiones mineras, y entre éstas destaca especialmente la zona de Cartagena y la de *Castulo*, pues consiguiendo el control de estas zonas, *Roma* contaría con metal para pagar a sus tropas, además de quitarles a los cartagineses una de sus principales bases de aprovisionamiento. En este contexto, *Castulo* pasa a manos de los romanos en el año 214 a. C. (Liv. 14, 41, 7), aunque posteriormente, tras la muerte de los hermanos Escipión, vuelve de nuevo a manos cartaginesas (Liv. 19, 1-2). En *Castulo* el nuevo general Publio Cornelio Escipión venció a las tropas cartaginesas dirigidas por Magón y en el invierno de 208 a. C. acampó en sus proximidades. Finalmente, en el año 206 a. C. y tras la batalla de *Iliturgi*, la ciudad cae definitivamente bajo el poder romano, comenzando a partir de este momento su andadura romana.

La forma por la que *Castulo* se incorporó al mundo romano fue mediante un pacto de alianza o *foedus*. Tras la toma de *Iliturgi* las noticias llegan a *Castulo* y, ante el temor de la destrucción total de la ciudad por parte de Escipión, un miembro de la aristocracia, un tal Cerdubelo, decide hacer un pacto secreto con los romanos por el cual entregaba la ciudad y a los cartagineses que se habían refugiado en ella. Tras este pacto *Roma* se hizo con el control de la ciudad e impuso un gobierno formado seguramente por algún jefecillo indígena, aunque bajo la tutela de un magistrado romano, que estaría protegido por una guarnición.

Tras la organización provincial realizada en *Hispania* por Catón en el año 197, la ciudad se encuadra dentro de la provincia *Ulterior*. Inmediatamente, *Castulo* se convirtió en un objetivo de *Roma* para la explotación de los importantes recursos agrícolas y mineros que posee. Como el sistema financiero romano buscaba el máximo de rentas posibles para el senado, pronto se instituyó un sistema de arrendamiento, por el que se dejaban las explotaciones en manos de *publicani* a cambio de unas rentas. De este modo *Roma* no tenía por qué preocuparse del control y la defensa de las zonas conquistadas, y por ello las minas de la zona de *Castulo* estuvieron en manos de sociedades de publicanos, por lo que pronto comienza a llegar a la ciudad gran cantidad de contingentes itálicos. La llegada de los publicanos junto a la presencia de la guarnición en la ciudad, provoca que la ciudad sea romanizada muy rápidamente. Así, ya desde el periodo republicano encontramos en *Castulo* vínculos de clientelismo entre las élites indígenas y los ciudadanos romanos. En la epigrafía de *Castulo* encontramos representadas algunas de las principales familias romanas como los Cornelios, los Flavios, los Clodios o los Valerios, que se van hacer con el control de muchos mecanismos de la ciudad. Como ya hemos dicho anteriormente, la ciudad estará bajo el control de un gobierno local encabezado por un *praefectus ad praesidium praefiquiendum*, que será supervisado por el pretor provincial y ayudado en sus funciones por la guarnición legionaria romana asentada en la ciudad. Esta guarnición, que no era muy numerosa aunque en ocasiones recibía tropas de refuerzo, además de ayudar en sus funciones al *praefectus* era la encargada del control de la riqueza minera, explotada directa o indirectamente por *Roma*, de proteger las importantes rutas estratégicas y de luchar contra el bandolerismo que era endémico en la zona, siendo especialmente importante en el famoso *Saltus Castulonensis*.

En el año 97 a. C. la ciudad de *Castulo* se vio involucrada en un conflicto bélico, en un momento en que las tropas romanas dirigidas por el pretor Didio, que tenía como tribuno militar a Sertorio, invernaban en esta ciudad. Tras cometer los romanos varios excesos, los castulonenses, ayudados por otros indígenas, los atacaron. Sin embargo, Sertorio consigue, en una maniobra magistral, reorganizar el ejército romano y recuperar tanto la ciudad de *Castulo* como las restantes ciudades sublevadas.

Con las proscripciones a las empresas de los *equites* itálicos y *publicani*, decretadas por Sila en el año 81 ó 79 a. C., muchos de ellos debieron dejar sus propiedades de *Castulo*, aunque otros se convirtieron en sociedades y pudieron seguir manteniendo sus derechos de explotación.

Ya en la segunda mitad del s. I a. C. el *oppidum* de *Castulo* adquiere el estatuto privilegiado del *ius latii*, promoción que hay que vincular con Julio César, como consecuencia de la lealtad y apoyo prestado al bando cesariano. Por tanto, Plinio (Plin. *nat*. 3.25), en su relación de los *oppida* de *Hispania* con derecho latino, se refiere a *Castulo* de la siguiente forma: *"oppidani Lati veteris Castulonenses qui Caesarii Iuvenales appellantur,..."*. Posiblemente con Augusto este *oppidum* llegase a ser *municipium* de derecho latino. Con la nueva administración provincial realizada durante el principado la ciudad pasa a integrarse dentro de la provincia imperial de la *Tarraconensis*, ya que si se hubiese integrado dentro de la *Baetica* hubiera estado bajo el control del senado, mientras que perteneciendo a la *Tarraconensis* el emperador se garantizaba el control de las importantes riquezas de la zona. Durante el altoimperio la ciudad siguió gozando de una enorme prosperidad económica y social proporcionada gracias a las explotaciones mineras, que se plasma en la política urbanística desarrollada durante este momento.

Por lo que respecta a la sociedad existente durante este periodo en *Castulo*, además de las capas superiores formadas por los ciudadanos romanos y la aristocracia indígena romanizada, en esta ciudad encontramos gran cantidad de población libre que trabaja por un sueldo en las minas, así como un importante número de esclavos que también servirá como mano de obra para la explotación minera.

Ya a partir del s. III d. C. asistimos en *Castulo* a un periodo de crisis, acentuado especialmente por el declive en las explotaciones mineras, que, aunque continúan siendo explotadas, tenían un bajo rendimiento. Si a este declive económico unimos el impacto de las invasiones bárbaras y un vacío del poder, tenemos como resultado un periodo de crisis del que *Castulo* no se recuperará. A pesar de ello, ya en el s. IV la ciudad será sede episcopal cristiana y mandará al concilio de *Iliberis* a su obispo Secundino, siguiendo presente en los sucesivos concilios episcopales hasta el siglo VII, cuando la ciudad mande al obispo Venerio al XII Concilio de Toledo.

Posteriormente, durante el periodo visigodo la ciudad continuará siendo poblada, como demuestra el hallazgo de una basílica y varios enterramientos de este periodo, pero poco a poco va perdiendo importancia a favor de la cercana *Beatia*, como puede verse con el traslado de muchos materiales de los antiguos edificios castulonense a Baeza.

En cuanto a la economía de la ciudad, ésta desde un principio se basó en los excelentes recursos mineros y agropecuarios que le aportaba su territorio. En primer lugar, *Castulo* fue centro del importante distrito minero argentífero de Sierra Morena oriental, y ya desde la Edad de los Metales explotó y comercializó con la plata de la región; no debemos olvidar que ya Ptolomeo (Ptol. 26.38.7) y Plinio (Plin. *nat*. 33.96) nos hablan de la célebre mina de *Baebelo*, próxima a *Castulo*, que rentaba a Aníbal unas trescientas libras diarias de plata. En segundo lugar, su proximidad al río Guadalimar otorgó a la ciudad una enorme vega de suelos muy ricos para el cultivo, además de permitirle poseer un importante embarcadero desde el que poder comerciar con los productos agrícolas y mineros. Además, su ubicación en lo alto de una meseta le otorgó una importante posición defensiva que le permitía controlar una importante zona, lo que le llevará a lo largo de la historia a ser fortaleza defensiva ibérica, cartaginesa, romana, musulmana y cristiana. Por último, *Castulo* gozó de unas excelentes vías de comunicación, pues al encontrarse situada entre la Meseta y la *Baetica* permitía el paso de importantes rutas de comunicación en la antigüedad, como el "Camino de Aníbal" y la Vía Augusta, además de otras vías menores que la comunicaban con el *Portus Magnus*, *Sisapo* u *Oretum*.

Historia monetaria: *Castulo* emite diez series en bronce con una cronología entre el año 220 y el 45 a. C. Debido a la cantidad de series y grupos que emite esta ceca, consideramos adecuado presentarlas en un breve esquema, para cuya elaboración se han utilizado la obra de M. P. García-Bellido *Las monedas de Cástulo con escritura indígena*[11] y la de M. P. García-Bellido y C. Blázquez *Diccionario de cecas y pueblos hispánicos*[12].

Series con escritura ibérica meridional

Serie I (Cr. 220-206 a. C.)

Duplo (V. 68.1; *CNH*. 330.1; *NAH*. 258; UNTERMANN, *MLH*. 97.1.1-1.2; G-B, *Las monedas de Cástulo*, serie I, duplos nº 1-18; G-B, *Diccionario*, 1ª em., nº 1)
Anv. Cabeza masculina diademada con ínfulas colgando a derecha. Gráfila lineal.
Rev. Esfinge masculina alada tocada con mitra o *klaft* marchando hacia la derecha; bajo las patas, en campo, leyenda ibérica meridional retrógrada *ka.ś.ti.l.o*.

Mitad (V. 68.2; *CNH*. 331.2; UNTERMANN, *MLH*. 97.1.1-1.3; G-B, *Las monedas de Cástulo*, serie I, grupo I, divisores nº 668-679 y 691; G-B, *Diccionario*, 1ª em., nº 2)
Anv. Cabeza masculina diademada con ínfulas colgando a derecha. Gráfila de puntos.
Rev. Toro parado a derecha; encima, creciente; bajo las patas, en arco, leyenda ibérica meridional retrógrada *ka.ś.ti.l.o*. Gráfila lineal.

---

[11] *Cf*. M. P. GARCÍA-BELLIDO (1982), pp. 225-282;
[12] *Cf*. M. P. GARCÍA-BELLIDO y C. BLÁZQUEZ CERRATO (2001), vol. II, pp. 226-233.

2. CIRCULACIÓN MONETARIA DE LAS CECAS IBÉRICAS MERIDIONALES DE LA ULTERIOR

Mitad (V. 69.5; *CNH.* 331.5; UNTERMANN, *MLH.* 97.1.7-1.9; G-B, *Las monedas de Cástulo*, serie I, grupo II, divisores nº 680-690; G-B, *Diccionario*, 1ª em., nº 2)
Anv. Cabeza masculina diademada con ínfulas colgando a derecha. Gráfila de puntos. Estilo más tosco.
Rev. Toro parado a derecha; encima, creciente; bajo las patas, en arco, leyenda ibérica meridional retrógrada *ka.ś.ti.l.o*. Gráfila lineal.

Serie II (Cr. 220-206 a. C.)

Duplo (V. 68.3 y 6; *CNH.* 331.7; UNTERMANN, *MLH.* 97.1.7-1.9; G-B, *Las monedas de Cástulo*, serie II, duplos nº 19-41; G-B, *Diccionario*, 2ª em., nº 3)
Anv. Cabeza masculina diademada con ínfulas colgando a derecha. Gráfila de puntos.
Rev. Esfinge masculina alada tocada con mitra marchando hacia la derecha; delante, estrella; bajo las patas, en campo, leyenda ibérica meridional *ka.ś.ti.l.o*.

Unidad (V. 69.11; *CNH.* 335.33; UNTERMANN, *MLH.* 97.1.1-1.3; G-B, *Las monedas de Cástulo*, series I-II, grupo I, unidades nº 42-45; G-B, *Diccionario*, 2ª em., nº 4)
Anv. Cabeza masculina diademada con ínfulas colgando a derecha; delante, creciente.
Rev. Esfinge alada tocada con *uraeus* marchando hacia la derecha; delante, estrella; bajo las patas, en campo, leyenda ibérica meridional retrógrada *ka.ś.ti.l.o*.

Unidad (V. 70.2; *CNH.* 331.8; UNTERMANN, *MLH.* 97.1.7-1.9; G-B, *Las monedas de Cástulo*, series I-II, grupo II, unidades nº 46-52; G-B, *Diccionario*, 2ª em., nº 5)
Anv. Cabeza femenina de Tanit laureada a derecha.
Rev. Esfinge alada marchando hacia la derecha; delante, estrella; debajo, en exergo, leyenda ibérica meridional *ka.ś.ti.l.o*.

Mitad (V. 68.5; *CNH.* 331.3; UNTERMANN, *MLH.* 97.1.1-1.3; G-B, *Las monedas de Cástulo*, serie II, grupo II, divisores nº 692-705; G-B, *Diccionario*, 2ª em., nº 6)
Anv. Cabeza masculina diademada con ínfulas colgando a derecha. Gráfila de puntos.
Rev. Toro parado a derecha; encima, creciente; debajo, en exergo, leyenda ibérica meridional retrógrada *ka.ś.ti.l.o*.

Mitad (V. 68.4; *CNH.* 331.6; UNTERMANN, *MLH.* 97.1.7-1.9; G-B, *Las monedas de Cástulo*, serie II, grupo III, divisores nº 706-714; G-B, *Diccionario*, 2ª em., nº 6)
Anv. Cabeza masculina diademada con ínfulas colgando y collar de tres filas a derecha. Gráfila de puntos.
Rev. Toro parado a derecha; encima, creciente; debajo, en exergo, leyenda ibérica meridional retrógrada *ka.ś.ti.l.o*.

Cuarto (No en V.; *CNH.* 331.4; UNTERMANN, *MLH.* 97.1.1-1.3; No en G-B, *Las monedas de Cástulo*; G-B, *Diccionario*, 2ª em., nº 7)
Anv. Cabeza masculina diademada con ínfulas colgando a derecha. Gráfila de puntos.
Rev. Jabalí a derecha; encima, estrella; debajo, en exergo, leyenda ibérica meridional retrógrada *ka.ś.ti.l.o*.

Serie III (Cr. 195-179 a. C.)

As (V. 68.8 y 11; *CNH.* 332.9 y 10; *NAH.* 332; UNTERMANN, *MLH.* 97.2.4; G-B, *Las monedas de Cástulo*, serie III, ases nº 53-165; G-B, *Diccionario*, 3ª em., nº 8)
Anv. Cabeza masculina diademada con ínfulas colgando a derecha. Gráfila de cuerda.
Rev. Esfinge alada marchando hacia la derecha o hacia la izquierda; delante, estrella; entre las patas delanteras, signo ibérico *ko*; debajo, en exergo, leyenda ibérica meridional *ka.ś.ti.l.o*.

Semis (V. 68.9; *CNH.* 332.11; *NAH.* 333; UNTERMANN, *MLH.* 97.1.7; G-B, *Las monedas de Cástulo*, serie III, grupo I, semises nº 715-747; G-B, *Diccionario*, 3ª em., nº 9)
Anv. Cabeza masculina diademada con ínfulas colgando a derecha. Gráfila de puntos o de cuerda.
Rev. Toro parado a derecha; encima, creciente; debajo, en exergo, leyenda ibérica meridional *ka.ś.ti.l.o*. Gráfila de puntos o de cuerda.

Semis (V. 68.12; *CNH.* 332.12; UNTERMANN, *MLH.* 97.3.6; G-B, *Las monedas de Cástulo*, serie III, grupo II, semises nº 748-821; G-B, *Diccionario*, 3ª em., nº 10)
Anv. Cabeza masculina diademada con ínfulas colgando a derecha; delante, *S*. Gráfila de puntos.
Rev. Toro parado a derecha; encima, creciente; delante, signo ibérico *ś*; debajo, en exergo, leyenda ibérica meridional *ka.ś.ti.l.o*.

Cuadrante (No en V.; *CNH.* 332.13; No en UNTERMANN; G-B, *Las monedas de Cástulo*, serie III, cuadrantes nº 1023-1024; G-B, *Diccionario*, 3ª em., nº 11)
Anv. Cabeza masculina diademada con ínfulas colgando a derecha; delante, *S*. Gráfila de puntos.
Rev. Jabalí saltando a derecha; encima, signo ibérico *ś*; debajo, en exergo, leyenda ibérica meridional *ka.ś.ti.l.o*.

Serie IV. Serie paralela (Cr. 179-165 a. C.)

Serie IV.A

As (V. 69.1-3 y 72.1; *CNH.* 333.23 y 334.24-27; UNTERMANN, *MLH.* 97.1.7-1.9; G-B, *Las monedas de Cástulo*, serie IV, grupos I y II, ases nº 166-228; G-B, *Diccionario*, 4ª em., A, nº 12)
Anv. Cabeza masculina diademada con ínfulas colgando a derecha. Gráfila de puntos.
Rev. Esfinge alada marchando hacia la derecha; delante, estrella con número de puntas variable; debajo, en campo, en cartela o en exergo, leyenda ibérica meridional *ka.ś.ti.l.o*.

Semis (V. 68.7 y 69.4; *CNH.* 334.28; UNTERMANN, *MLH.* 97.1.7-1.9; G-B, *Las monedas de Cástulo*, serie IV, semises nº 822-840; G-B, *Diccionario*, 4ª em., A, nº 13)
Anv. Cabeza masculina diademada con ínfulas colgando a derecha.

Rev. Toro marchando a derecha; encima, creciente; debajo, en campo, leyenda ibérica meridional *ka.ś.ti.l.o*.

Cuadrante (V. 68.10; *CNH.* 334.29; UNTERMANN, *MLH.* 97.1.7-1.9; G-B, *Las monedas de Cástulo*, serie IV, cuadrantes n° 1025-1029; G-B, *Diccionario*, 4ª em., A, n° 14)
Anv. Cabeza masculina diademada con ínfulas colgando a derecha. Gráfila de puntos.
Rev. Jabalí corriendo a derecha; debajo, en exergo, leyenda ibérica meridional *ka.ś.ti.l.o*.

Serie IV.B (Aunque G-B, en *Las monedas de Cástulo* clasifica estas monedas como de la serie V, posteriormente la autora ordena las series IV y V como paralelas, por lo que la serie IV pasa a IV.A y la serie V a IV.B)

As (V. 69.6; *CNH.* 334.30 y 31; *NAH.* 334; UNTERMANN, *MLH.* 97.1.3; G-B, *Las monedas de Cástulo*, serie V, ases n° 229-250; G-B, *Diccionario*, 4ª em., B, n° 15)
Anv. Cabeza masculina diademada con ínfulas colgando a derecha; delante, delfín. Gráfila de puntos.
Rev. Esfinge alada marchando hacia la derecha; delante, estrella; debajo, en exergo, leyenda ibérica meridional *ka.ś.ti.l.o* con caracteres muy pequeños. Gráfila lineal.

Semis (V. 70.3; *CNH.* 336.42-43; UNTERMANN, *MLH.* 97.1.3; G-B, *Las monedas de Cástulo*, serie V, semises n° 841-863; G-B, *Diccionario*, 4ª em., B, n° 16)
Anv. Cabeza masculina diademada con ínfulas colgando a derecha; delante, palma. Gráfila lineal o de puntos.
Rev. Toro parado a derecha; encima, creciente; debajo, en exergo, leyenda ibérica meridional *ka.ś.ti.l.o*.

Cuadrante (V. 69.7; *CNH.* 337.48; *NAH.* 339; UNTERMANN, *MLH.* 97.1.3; G-B, *Las monedas de Cástulo*, serie V, cuadrantes n° 1030-1061 (estos cuadrantes pertenecen tanto a la serie IV.B como a la V.B, ya que, por la similitud de sus tipos, G-B no llega a diferenciarlos); G-B, *Diccionario*, 4ª em., B, n° 17)
Anv. Cabeza masculina diademada con ínfulas colgando a derecha; en campo, creciente. Gráfila de puntos.
Rev. Jabalí parado a derecha; encima, estrella; debajo, en exergo, leyenda ibérica meridional *ka.ś.ti.l.o*.

Serie V. Serie paralela (Cr. 165-80 a. C.)

Serie V.A

As (V. 70.8-10; *CNH.* 335.38 y 336.39-41; *NAH.* 337; UNTERMANN, *MLH.* 97.1.3; G-B, *Las monedas de Cástulo*, serie VIa, grupos I-V, ases n° 251-526; G-B, *Diccionario*, 5ª em., A, n° 18)
Anv. Cabeza masculina diademada con ínfulas colgando a derecha; delante, mano. Gráfila de puntos gruesos.
Rev. Esfinge alada tocada con casco marchando hacia la derecha; delante, estrella; debajo, en exergo, leyenda ibérica meridional *ka.ś.ti.l.o* con caracteres muy pequeños. Gráfila lineal.

Semis (V. 70.5; *CNH.* 336.44; No en UNTERMANN; G-B, *Las monedas de Cástulo*, serie VIa, semises, grupo I, n° 980-988; G-B, *Diccionario*, 5ª em., A, n° 19)
Anv. Cabeza masculina diademada con ínfulas colgando a derecha; delante, palma; encima, signo ibérico *bi*.
Rev. Toro marchando a derecha; encima, creciente; delante, signo ibérico *21a*; debajo, en exergo, leyenda ibérica meridional *ka.ś.ti.l.o*.

Semis (V. 70.6; *CNH.* 336.45; UNTERMANN, *MLH.* 97.4.10; G-B, *Las monedas de Cástulo*, serie VIa, semises, grupo II, n° 989-1022; G-B, *Diccionario*, 5ª em., A, n° 20)
Anv. Cabeza masculina diademada con ínfulas colgando a derecha; delante, palma.
Rev. Toro marchando a derecha; encima, creciente; delante, signo ibérico *ka*; debajo, en exergo, leyenda ibérica meridional *ka.ś.ti.l.o*.

Semis (No en V.; *CNH.* 336.46; No en UNTERMANN; No en G-B, *Las monedas de Cástulo*; G-B, *Diccionario*, 5ª em., A, n° 21)
Anv. Cabeza masculina diademada con ínfulas colgando a derecha; delante, palma; encima, signo ibérico *ka*.
Rev. Toro marchando a derecha; encima, creciente; delante, signo ibérico *21a*; debajo, en exergo, leyenda ibérica meridional *ka.ś.ti.l.o*.

Cuadrante (V. 70.4; *CNH.* 337.49; No en UNTERMANN; G-B, *Las monedas de Cástulo*, serie VIa, cuadrantes n° 1066-1068; G-B, *Diccionario*, 5ª em., A, n° 22)
Anv. Cabeza masculina diademada con ínfulas colgando a derecha; delante, signo ibérico *21a*.
Rev. Jabalí corriendo a derecha; encima, estrella; debajo, en exergo, leyenda ibérica meridional *ka.ś.ti.l.o*.

Cuadrante (No en V.; *CNH.* 337.50; No en UNTERMANN; G-B, *Las monedas de Cástulo*, serie VIa, cuadrantes n° 1069; G-B, *Diccionario*, 5ª em., A, n° 23)
Anv. Cabeza masculina diademada con ínfulas colgando a derecha; delante, signo ibérico *21a*.
Rev. Jabalí corriendo a derecha; encima, signo ibérico *bi*; debajo, en exergo, leyenda ibérica meridional *ka.ś.ti.l.o*.

Cuadrante (No en V.; *CNH.* 337.51; No en UNTERMANN; G-B, *Las monedas de Cástulo*, serie VIa, cuadrantes n° 1070; G-B, *Diccionario*, 5ª em., A, n° 24)
Anv. Cabeza masculina diademada con ínfulas colgando a derecha; delante, signo ibérico *21a*; detrás, signo ibérico *bi*.
Rev. Jabalí corriendo a derecha; encima, signo ibérico *21a*; debajo, en exergo, leyenda ibérica meridional *ka.ś.ti.l.o*.

Cuadrante (No en V.; *CNH.* 337.47; UNTERMANN, *MLH.* 97.1.3; No en G-B, *Las monedas de Cástulo*; G-B, *Diccionario*, 5ª em., A, n° 25)
Anv. Cabeza masculina diademada con ínfulas colgando a derecha; delante, clava.

2. CIRCULACIÓN MONETARIA DE LAS CECAS IBÉRICAS MERIDIONALES DE LA ULTERIOR

Rev. Jabalí corriendo a derecha; debajo, en exergo, leyenda ibérica meridional *ka.ś.ti.l.o.*

Serie V.B

As (V. 69.8, 10 y 12; *CNH.* 335.32 y 34; UNTERMANN, *MLH.* 97.1.9; G-B, *Las monedas de Cástulo*, serie VIb, grupos I, III y IV, ases n° 527-570 y 611-667; G-B, *Diccionario*, 5ª em., B, n° 26)
Anv. Cabeza masculina diademada con ínfulas colgando a derecha; delante, creciente. Gráfila de puntos.
Rev. Esfinge alada tocada con casco marchando hacia la derecha; delante, estrella; debajo, en exergo, leyenda ibérica meridional *ka.ś.ti.l.o.* Gráfila lineal.

As (V. 70.1; *CNH.* 335.36; UNTERMANN, *MLH.* 97.1.9; G-B, *Las monedas de Cástulo*, serie VIb, grupos II, ases n° 571-610; G-B, *Diccionario*, 5ª em., B, n° 27)
Anv. Cabeza masculina diademada con ínfulas colgando a derecha; delante, creciente con estrella dentro. Gráfila de puntos.
Rev. Esfinge alada tocada con casco marchando hacia la derecha; delante, estrella; debajo, en exergo, leyenda ibérica meridional *ka.ś.ti.l.o.* Gráfila lineal.

As (No en V.; *CNH.* 335.37; UNTERMANN, *MLH.* 97.1.9; No en G-B, *Las monedas de Cástulo*; G-B, *Diccionario*, 5ª em., B, n° 28)
Anv. Cabeza masculina diademada con ínfulas colgando a derecha; delante, creciente; debajo, estrella. Gráfila de puntos.
Rev. Esfinge alada tocada con casco marchando hacia la derecha; delante, estrella; debajo, en exergo, leyenda ibérica meridional *ka.ś.ti.l.o.* Gráfila de puntos.

Semis (V. 70.7 y 11; *CNH.* 337.52-53 y 338.55; UNTERMANN, *MLH.* 97.4.11; G-B, *Las monedas de Cástulo*, serie VIb, grupo I, semises n° 864-937; G-B, *Diccionario*, 5ª em., B, n° 29)
Anv. Cabeza masculina diademada con ínfulas colgando a derecha; delante, signo ibérico *ka*.
Rev. Toro marchando a derecha; encima, *L* en ocasiones invertida y creciente; debajo, en exergo o en cartela, leyenda ibérica meridional *ka.ś.ti.l.o.*

Semis (V. 70.12; *CNH.* 337.54; UNTERMANN, *MLH.* 97.4.11; G-B, *Las monedas de Cástulo*, serie VIb, grupo II, semises n° 938-979; G-B, *Diccionario*, 5ª em., B, n° 29)
Anv. Cabeza masculina diademada con ínfulas colgando a derecha; delante, signo ibérico *ka*. De estilo más tosco.
Rev. Toro marchando a derecha; encima, *L* y creciente; debajo, en exergo, leyenda ibérica meridional *ka.ś.ti.l.o.*

Cuadrante (V. 69.7; *CNH.* 337.48; UNTERMANN, *MLH.* 97.1.8; G-B, *Las monedas de Cástulo*, serie VIb, grupo I, cuadrantes n° 1030-1061 (estos cuadrantes pertenecen tanto a la serie IV.B como a la V.B, ya que, por la similitud de sus tipos, G-B no llega a diferenciarlos); G-B, *Diccionario*, 5ª em., B, n° 30)
Anv. Cabeza masculina diademada con ínfulas colgando a derecha.
Rev. Jabalí parado a derecha; encima, estrella; debajo, en exergo, leyenda ibérica meridional *ka.ś.ti.l.o.*

Cuadrante (V. 69.9; *CNH.* 335.35; UNTERMANN, *MLH.* 97.1.8; G-B, *Las monedas de Cástulo*, serie VIb, grupo II, cuadrantes n° 1062-1065; G-B, *Diccionario*, 5ª em., B, n° 31)
Anv. Cabeza masculina diademada con ínfulas colgando a derecha; delante, creciente. Gráfila de puntos.
Rev. Jabalí parado a derecha; debajo, en exergo, leyenda ibérica meridional *ka.ś.ti.l.o.*

Serie con escritura bilingüe (ibérica meridional-latina)

Serie VI (Cr. 90-70 a. C.)

Semis (V. 71.2 y 4; *CNH.* 332.15 y 333.16; *NAH.* 336; UNTERMANN, *MLH.* 97.6.13; G-B, *Diccionario*, 6ª em., n° 32)
Anv. Cabeza masculina laureada con ínfulas colgando a derecha; delante, leyenda externa *VOC·ST·F*; detrás, leyenda externa *CN*.
Rev. Toro parado a derecha; encima, *CN* en ocasiones con la *N* invertida y creciente; delante, leyenda interna *FVL·CNF*; en exergo, leyenda ibérica meridional *ka.ś.ti.l.o.*

Semis (No en V.; *CNH.* 333.17-18; NAVASCUÉS, *MAN* 417; UNTERMANN, *MLH.* 97.6.13; G-B, *Diccionario*, 6ª em., n° 33)
Anv. Cabeza masculina laureada con ínfulas colgando a derecha; delante, leyenda externa *VOC·ST·F*; detrás, leyenda externa *CN*.
Rev. Toro parado a derecha; encima, *CN* y creciente; delante, *FVL·CN* invertida; en exergo, leyenda ibérica meridional *ka.ś.ti.l.o.*

Semis (No en V.; *CNH.* 333.19; UNTERMANN, *MLH.* 97.6.13; G-B, *Diccionario*, 6ª em., n° 34)
Anv. Cabeza masculina laureada con ínfulas colgando a derecha; delante, leyenda externa *VOC·ST*; detrás, leyenda externa *CN*.
Rev. Toro parado sobre línea a derecha; encima, creciente. De estilo tosco.

Semis (No en V.; *CNH.* 339.69; No en UNTERMANN; G-B, *Diccionario*, 6ª em., n° 35)
Anv. Cabeza masculina laureada a izquierda.
Rev. Toro a derecha; encima, *CN* y creciente.

Cuadrante (V. 71.3; *CNH.* 333.21; UNTERMANN, *MLH.* 97.6.13; G-B, *Diccionario*, 6ª em. n° 36)
Anv. Cabeza masculina laureada con ínfulas colgando a derecha; delante, leyenda externa *VOC·ST·F*; detrás, leyenda externa *CN*.
Rev. Jabalí parado a derecha; encima, *CN·FVL*; delante, leyenda interna *CNF*; debajo, en exergo, leyenda ibérica meridional *ka.ś.ti.l.o.*

LAS CECAS IBÉRICAS MERIDIONALES DE LA ULTERIOR Y SU CIRCULACIÓN MONETARIA

Series con escritura latina

Serie VII (Cr. 80-45 a. C.)

As (V. 70.13; *CNH.* 332.14; *NAH.* 335; UNTERMANN, *MLH.* 97.5.12; G-B, *Diccionario*, 7ª em., nº 37)
Anv. Cabeza masculina diademada con ínfulas colgando a derecha; delante, leyenda externa *ISCER*; detrás, *SACAL*.
Rev. Esfinge alada con casco marchando hacia la derecha; delante, *CAST*; debajo, en exergo, *SOCED*.

Semis (V. 71.7; *CNH.* 333.22; No en UNTERMANN; G-B, *Diccionario*, 7ª em., nº 38)
Anv. Cabeza masculina laureada a derecha; delante, leyenda externa *M·VAL*.
Rev. Toro parado sobre línea a derecha; encima, creciente; delante, leyenda externa *C·COR*.

Serie VIII (Cr. 80-45 a. C.)

As (V. 70.14 y 71.1; *CNH.* 338.56; *NAH.* 833; UNTERMANN, *MLH.* 97.5.12; G-B, *Diccionario*, 8ª em., nº 39)
Anv. Cabeza masculina diademada con ínfulas colgando a derecha; delante, leyenda externa *M·ISC*; detrás, leyenda externa *C·AEL*.
Rev. Esfinge alada con casco sobre línea marchando hacia la derecha; encima, en arco, leyenda externa *M·FVL*.

Semis (V. 71.6; *CNH.* 338.57; No en UNTERMANN; G-B, *Diccionario*, 8ª em., nº 40)
Anv. Cabeza masculina laureada con ínfulas colgando a derecha; delante, leyenda externa *M·PO* que continúa por detrás en *PILLI M·F*.
Rev. Toro parado sobre línea a derecha; alrededor, leyenda externa *P·COE / STA / RE·F*.

Cuadrante (V. 71.5; *CNH.* 338.58; No en UNTERMANN; G-B, *Diccionario*, 8ª em. nº 41)
Anv. Cabeza masculina laureada con ínfulas colgando a derecha; delante, leyenda externa *AP·CLO*.
Rev. Jabalí parado a derecha; encima, *C·AVF*; debajo, en exergo, *A·POS*.

Serie IX (Cr. 80-45 a. C.)

As (V. 71.14; *CNH.* 339.70 y 71; *NAH.* 835; No en UNTERMANN; G-B, *Diccionario*, 9ª em., nº 42)
Anv. Cabeza masculina a izquierda; delante, leyenda externa *L·Q(C)VL·F*; detrás, leyenda externa o interna *Q·ISC·F*.
Rev. Rapto de Europa a derecha; debajo, leyenda externa *M·C·F*.

Semis (V. 71.8 y 9; *CNH.* 338.59 y 60; *NAH.* 834; No en UNTERMANN; G-B, *Diccionario*, 9ª em., nº 43)
Anv. Cabeza masculina a derecha o a izquierda; delante, leyenda externa *M·BAL·F*.
Rev. Toro parado sobre línea a derecha; encima, *M·Q·F*.

Semis (V. 71.10; *CNH.* 338.61; No en UNTERMANN; G-B, *Diccionario*, 9ª em., nº 43)
Anv. Cabeza masculina a derecha; delante, leyenda externa invertida *M·BAL·F*.
Rev. Toro parado a derecha; encima, *M·Q·F*.

Semis (V. 71.11 y 13; *CNH.* 339.63 y 65; No en UNTERMANN; G-B, *Diccionario*, 9ª em., nº 44)
Anv. Cabeza masculina a derecha o a izquierda; delante, leyenda externa *M·BAL·F*.
Rev. Toro parado a derecha o a izquierda; encima, creciente.

Semis (No en V.; *CNH.* 338.62 y 339.64; No en UNTERMANN; G-B, *Diccionario*, 9ª em., nº 44)
Anv. Cabeza masculina a derecha; delante, leyenda externa *M·BAL·F* en ocasiones invertida.
Rev. Toro parado a derecha o a izquierda; encima, creciente.

Semis (V. 71.12; *CNH.* 339.67; No en UNTERMANN; G-B, *Diccionario*, 9ª em., nº 44)
Anv. Cabeza masculina a izquierda; anepígrafa.
Rev. Toro parado a izquierda; encima, creciente.

Semis (No en V.; *CNH.* 339.66; No en UNTERMANN; G-B, *Diccionario*, 9ª em., nº 45)
Anv. Cabeza masculina a izquierda; delante, leyenda externa *M·BAP·F*.
Rev. Toro parado a derecha; encima, creciente.

Serie X (Cr. 80-45 a. C.)

Semis (V. 173.1; *CNH.* 339.68; No en UNTERMANN; G-B, *Diccionario*, 10ª em., nº 46)
Anv. Cabeza masculina diademada con bucles a derecha; delante, leyenda interna *M·VIRIL*; detrás, leyenda externa *M·BA*.
Rev. Toro parado a derecha.

Imitaciones de *Castulo* (Cr. Segunda mitad del s. I a. C.)

Anv. Cabeza masculina diademada con ínfulas colgando a derecha.
Rev. Toro a derecha; encima, creciente.
Ref.: No en V.; *CNH.* 340.72: No en UNTERMANN; G-B, Diccionario, imitaciones, nº 47.

Anv. Cabeza masculina a derecha o a izquierda.
Rev. Toro a derecha o a izquierda; encima, creciente.
Ref.: V. 70.7; *CNH.* 340.73-74: No en UNTERMANN; G-B, *Diccionario*, imitaciones, nº 48.

Resumiendo las series de *Castulo*, diremos que emite diez series monetales, siendo la cuarta y la quinta series dobles o paralelas, con una cronología que irá desde finales del s. III (220 a. C.) hasta mediados del s. I a. C. (45 a. C.). Las primeras cinco series presentan escritura ibérica meridional en la que sólo aparece el topónimo de la ciudad *ka.ś.ti.l.o.*; la sexta serie tendrá escritura bilingüe, con el topónimo ibérico meridional *ka.ś.ti.l.o.*

2. CIRCULACIÓN MONETARIA DE LAS CECAS IBÉRICAS MERIDIONALES DE LA ULTERIOR

en los reversos de los semises y cuadrantes y los nombres de los magistrados en escritura latina, que serán *VOC·ST·F CN* y *CN·FVL·CNF* en anverso y reverso respectivamente; las últimas series sólo presentan escritura latina y entre las leyendas encontramos el topónimo de la ciudad *CAST* o nombres de magistrados como *ISCER SACAL*, *M·VAL*, *C·COR*, *M·ISC*, *C·AEL*, *M·FVL*, *M·POPILLI M·F*, *P·COE STARE F*, *C·AVF*, *AP·CLO*, *L·QVL·F*, *Q·ISC·F* o *M·BAL·F*. En cuanto a los valores, la ciudad emitirá duplos -en sus primeras emisiones-, ases, semises y cuadrantes, con patrón púnico-turdetano o romano que verán reducido su peso conforme avanzan las emisiones. En cuanto a la iconografía, en la mayoría de los anversos aparece Cabeza masculina diademada con ínfulas colgando y diferentes símbolos, mientras que los reversos variarán dependiendo del valor emitido: así, los duplos y ases presentan Esfinge con diferentes símbolos, a excepción de los de la novena serie, en los que aparece el rapto de Europa, y en la mayoría de las series el topónimo de la ciudad, los semises presentan Toro en diferentes posiciones, en muchas ocasiones con creciente encima, y la leyenda del topónimo o magistrado y, por último, los cuadrantes presentan Jabalí, en varias ocasiones con estrella encima, y la leyenda del topónimo o del magistrado.

Además de estas series emitidas por la ciudad de *Castulo*, las monedas de esta ceca fueron imitadas en toda Andalucía y en Extremadura. Entre las imitaciones más comunes encontramos aquellas que presentan en anverso Cabeza masculina diademada con ínfulas colgando a derecha y en reverso Toro a derecha y encima creciente. Otra iconografía muy frecuente en imitaciones es la que presenta en anverso Cabeza masculina a derecha o izquierda y en reverso Toro a derecha o izquierda y encima creciente. También encontramos gran cantidad de reacuñaciones sobre monedas de *Castulo*, especialmente de las últimas series.

Por último, encontramos dos plomos monetiformes atribuidos a esta ceca, que presentan ambos la misma iconografía, aunque uno de ellos es de estilo más tosco. Estos plomos presentan en anverso Cabeza masculina a derecha y en reverso Toro parado a derecha y encima creciente, por lo que encontramos similitudes con los semises de la serie séptima. El plomo con mejor estilo parece presentar indicios de la leyenda del topónimo y de alguna letra como símbolo. El plomo de peor arte fue hallado en Cazlona (Linares, Jaén).

Bibliografía:

ABAD VARELA, M. (1995), "Nuevos hallazgos monetarios de superficie en *Cástulo*", *ETF. Serie II, Historia Antigua* 8, pp. 321-330.
ALMENDRAL LUCAS, J. M. (2002), "Caminos antiguos entre *Cástulo* y Córdoba", *Revista de obras públicas* 3421, pp. 53-62.
ARÉVALO GONZÁLEZ, A. (1997), "Las acuñaciones ibéricas meridionales, turdetanas y de *Salacia* en la *Hispania Ulterior*", en *Historia Monetaria de Hispania Antigua*, pp. 198-202.
ARÉVALO GONZÁLEZ, A. (2005), *Sylloge Nummorum Graecorum. Volumen 2. Hispania. Ciudades del área meridional. Acuñaciones con escritura indígena*, Museo Arqueológico Nacional, Madrid, pp. 38-40 y 54-155.
BLÁZQUEZ MARTÍNEZ, J. M. (1975), "*Castulo* I", *AAH* VIII, Madrid.
BLÁZQUEZ MARTÍNEZ, J. M. (1979), "*Castulo* II", *EAE* 105, Madrid.
BLÁZQUEZ MARTÍNEZ, J. M. y ARCE MARTÍNEZ, J. (1978), "Monedas del Bajo Imperio en *Castulo*", *Numisma* 28, pp. 359-397.
BLÁZQUEZ MARTÍNEZ, J. M., CONTRERAS DE LA PAZ, R. y URRUELA QUESADA, J. J. (1984), "*Castulo* IV", *EAE* 131, Madrid.
BLÁZQUEZ MARTÍNEZ, J. M. y GARCÍA-GELABERT PÉREZ, M. P. (1987), "El iberismo en la ciudad de *Castulo*", en *Los asentamientos ibéricos ante la romanización (Madrid, 1986)*, Madrid, pp. 43-54.
BLÁZQUEZ MARTÍNEZ, J. M. y GARCÍA-GELABERT PÉREZ, M. P. (1992), "Secuencia histórica de *Castulo* (Linares, Jaén)", en *Estudio de arqueológica ibérica y romana. Homenaje a Enrique Pla Ballester*, Valencia, pp. 391-396.
BLÁZQUEZ MARTÍNEZ, J. M. y GARCÍA-GELABERT PÉREZ, M. P. (1993), "*Castulo* en Bajo Imperio", en *Actas del I Coloquio de Historia Antigua de Andalucía (Córdoba, 1988)*, Córdoba, vol. II, pp. 289-304.
BLÁZQUEZ MARTÍNEZ, J. M. y GARCÍA-GELABERT PÉREZ, M. P. (1994a), *Cástulo, ciudad ibero-romana*, Madrid.
BLÁZQUEZ MARTÍNEZ, J. M. y GARCÍA-GELABERT PÉREZ, M. P. (1994b), "La importancia de *Castulo* (Linares) en la Alta Andalucía", en *Actas del II Congreso de Historia de Andalucía. Historia Antigua (Córdoba, 1991)*, Córdoba, pp. 331-343.
BLÁZQUEZ MARTÍNEZ, J. M. y GARCÍA-GELABERT PÉREZ, M. P. (1999), *Cástulo (Jaén, España). II. El conjunto arquitectónico del Olivar*, BAR International Series 789, Oxford.
BLÁZQUEZ MARTÍNEZ, J. M., GARCÍA-GELABERT PÉREZ, M. P. y ARENAS, J (1987), "La Edad de Bronce en *Castulo*, Linares. Resultado de una prospección", *TP* 44, pp. 289-302.
BLÁZQUEZ MARTÍNEZ, J. M., GARCÍA-GELABERT PÉREZ, M. P. y LÓPEZ PARDO, F. (1985), "*Castulo* V", *EAE* 140, Madrid.
BLÁZQUEZ MARTÍNEZ, J. M., GARCÍA-GELABERT PÉREZ, M. P. y LÓPEZ PARDO, F. (1984), "Evolución del patrón de asentamiento de *Castulo*. Fases iniciales", *Arqueología Espacial* 4, pp. 241-252.
BLÁZQUEZ MARTÍNEZ, J. M. y VALIENTE MAYAS, S. (1981), "*Castulo* III", *EAE* 117, Madrid.
CASARIEGO, A., CORES, G. y PLIEGO, F. (1987), *Catálogo de plomos monetiformes de la Hispania antigua*, Madrid, p. 114.
CHAVES TRISTÁN, F. (1987-1988), "Aspectos de la circulación monetaria de dos cuencas mineras andaluzas: Riotinto y *Cástulo* (Sierra Morena)", *Habis* 18-19, pp. 613-637.

CHAVES TRISTÁN, F. (1996), *Los Tesoros en el Sur de Hispania. Conjuntos de denarios y objetos de plata durante los siglos II y I a. C.*, Sevilla, pp. 130-137: Torres o Cazlona (1628), pp. 238-243: *Cástulo* (1978) y en la cercana mina de El Centenillo en el que han aparecido cinco tesorillos de denarios romanos republicanos (1896, Junio 1911, Primavera 1911, 1920 y 1929).
COLLANTES PÉREZ-ARDÁ, E. (1978), "Hallazgo de denarios romanos de *Cástulo* (Jaén)", *Numisma* 150-155, pp. 19-24.
CONTRERAS DE LA PAZ, R. (1999), *Historia biográfica de la antigua Cástulo. Familias y personajes. Entorno histórico, político, administrativo, militar, familiar, lingüístico, religioso, social, económico y cultural*, Córdoba.
CORREA, J. A. (1983), "Ibérico: *CAST(I)LO, IBOLC(A)*. Latín: *CASTULO, OBULCO*", *Habis* 14, pp. 107-113.
FORNELL MUÑOZ, A. (1996), "Las vías romanas entre *Castulo* y *Acci*", *FlorIlib* 7, pp. 125-140.
GARCÍA-BELLIDO, M. P. (1976), "Las series más antiguas de *Cástulo*", *Numisma* 128-143, pp. 97-110.
GARCÍA-BELLIDO, M. P. (1982), *Las monedas de Cástulo con escritura indígena. Historia numismática de una ciudad minera*, Barcelona.
GARCÍA-BELLIDO, M. P. (1986), "Nuevos documentos sobre minería y agricultura romanas en *Hispania*: testimonios monetales", *AEA* 59, pp. 13-46.
GARCÍA-BELLIDO, M. P. y BLÁZQUEZ CERRATO, C. (2001), *Diccionario de cecas y pueblos hispánicos. Vol. II. Catálogo de cecas y pueblos que acuñan moneda*, Madrid, s.v. *ka.ś.ti.l.o. / CASTVLO*.
GARCÍA-GELABERT PÉREZ, M. P. (1987), "Evolución socio-política de *Cástulo*: Sociedad en Jefatura", *Lucentum* 6, pp. 29-42.
GARCÍA-GELABERT PÉREZ, M. P. (1991), "El yacimiento arqueológico de *Castulo*", *Antigüedad y cristianismo* 8, pp. 289-304.
GONZÁLEZ ROMÁN, C. (1983), *Cástulo y la romanización de la Oretania*, Linares.
GONZÁLEZ ROMÁN, C. (1991), *Corpus de Inscripciones Latinas de Andalucía. Vol. III. Jaén (2 tomos)*, Sevilla.
HOZ, J. DE (1980), "Crónica de lingüística y epigrafía prerromanas de la península Ibérica: 1979", *Zephyrus* XXX-XXXI, pp. 299-323.
MARTÍNEZ DE MAZAS, J. (1788), *Descripción del sitio y ruinas de Cástulo y noticias de esta antigua ciudad en el reyno de Jaén*, Madrid.
ORTEGA CABEZUDO, M. C. (2005), "Recuperación y sistematización de un registro arqueológico: las necrópolis iberas e ibero-romanas de *Cástulo*", *Saguntum* 37, pp. 59-71.
PASTOR MUÑOZ, M. (1984-1985), "Aproximación al estudio de la sociedad romana de *Cástulo* a través de la documentación epigráfica", *Zephyrus* XXXVII-XXXVIII, pp. 341-348.
PASTOR MUÑOZ, M. y PACHÓN ROMERO, J. A. (1982), "La religión romana en *Cástulo* a través de su epigrafía", en HIGUERAS MALDONADO, J. (coord.), *Actas del I CAEC (Jaén, 1981)*, pp. 339-349.
RUANO RUIZ, E. y LUCAS PELLICER, M. R. (1990), "Sobre la arquitectura ibérica de *Cástulo* (Jaén): reconstrucción de una fachada monumental", *AEA* 63, pp. 43-64.
TIR, J-30 (Madrid. 2000) s.v. *CASTVLO*.
TORNERO RASCÓN, A. (1998), "Restos arqueológicos hallados en el área de influencia de *Cástulo*", en MANGAS MANJARES, J. y ALVAR EZQUERRA, J. (coords.), *Homenaje a José María Blázquez*, Madrid, vol. 5, pp. 393-398.
UNTERMANN, J. (1975), *Monumenta Linguarum Hispanicarum I. Die Münzlegenden*, Wiesbaden, 2 vols.
VILLARONGA I GARRIGA, L. (1994), *Corpus Nummum Hispaniae ante Augusti Aetatem*, Barcelona, pp. 330-340.

b) Análisis de la circulación monetaria.

Para el estudio de la circulación monetaria de la ceca de *Castulo* contamos con doscientos veintiséis hallazgos y un total de mil doscientas sesenta y nueve monedas. De estas piezas, ciento veintitrés proceden de tesorillos (9,69%), ciento ochenta y nueve han sido encontradas en excavaciones (14,89%), cuatrocientas noventa y cuatro han sido halladas de forma esporádica (38,93%) y cuatrocientas sesenta y tres han sido localizadas en museos (36,49%).

Como hemos dicho, contamos con ciento veintitrés monedas procedentes de tesorillos. De las dos primeras series no se ha documentado ningún ejemplar. A los ases de la serie III, emitida entre 195 y 179 a. C., pertenece una moneda encontrada en un tesorillo descubierto en El Saucejo (Sevilla)[13], en el que, además de esta pieza tenemos tres ejemplares de *Carmo*, uno de *Urso* y cuatro romanos. En la misma provincia de Sevilla se han localizado otros dos hallazgos: en el primero contamos con cinco ases de la serie III en un atesoramiento descubierto en el término municipal de Écija[14], del que también formarían parte nueve monedas romanas y una de *Carmo*; el segundo tesorillo contendría dos ases de la serie IX, emitida entre 80 y 45 a. C., ha sido encontrado en Montemolín (Marchena)[15], y está compuesto además por ocho monedas de *Urso*, dos de *Gadir*, dos de *Obulco*, una de *Acinipo*, una de *Laelia*, una de *Onuba* y una de *Emerita*. En los dos tesorillos hallados en Cabezo de Alcalá de Azaila (Teruel)[16] se han encontrado tres monedas de esta ceca.

---

[13] *Cf.* L. VILLARONGA I GARRIGA (1980a), pp. 175-179.
[14] *Cf.* F. CHAVES TRISTÁN y M. P. GARCÍA-BELLIDO (1980), pp. 171-174; M. P. GARCÍA-BELLIDO (1982), pp. 129-131, Hallazgo 41.
[15] *Cf.* F. CHAVES TRISTÁN (1989), pp. 113-132; F. CHAVES TRISTÁN (1994a), pp. 375-389.
[16] J. CABRÉ (1921), pp. 25-33; P. BELTRÁN (1945), pp. 135-179; G. K. JENKINS (1965), pp. 219-224; J. M. DE NAVASCUÉS (1971), vol. II, *Ciclo Andaluz: grupo Bástulo-Turdetano y Tesoros de Azaila, Salvacañete y Cerro de la Miranda*; J. ROMAGOSA (1971), pp. 71-78; M. BELTRÁN LLORIS (1976), pp. 314-371; L. VILLARONGA I GARRIGA (1977a), pp. 93-125; M. BELTRÁN LLORIS (1978), pp. 93-125; M. P. GARCÍA-BELLIDO (1982), p. 126, Hallazgo 32.

2. CIRCULACIÓN MONETARIA DE LAS CECAS IBÉRICAS MERIDIONALES DE LA ULTERIOR

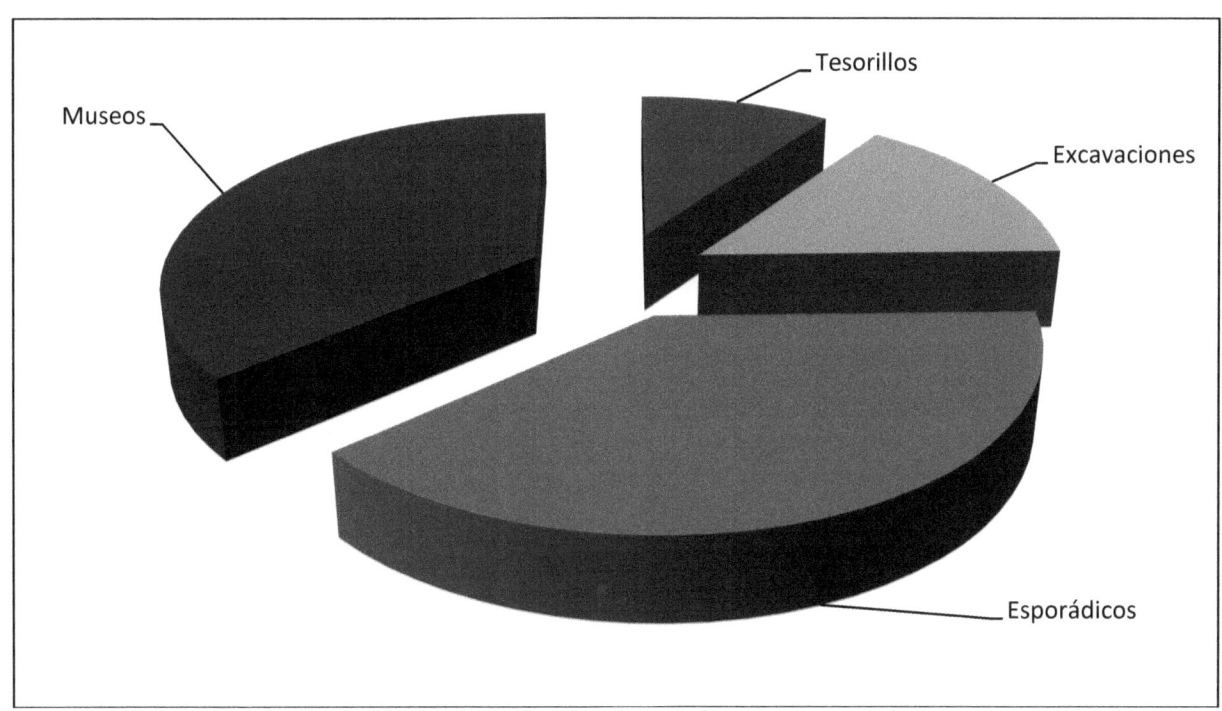

Gráfica 1: Distribución de los ejemplares de *Castulo* por tipo de hallazgo

De ellas, una, correspondiente al lote II, pertenece a los semises de la serie III y las otras dos, correspondientes al lote I, pertenecen a los ases de la serie IV.A., emitida entre 179 y 165 a. C. A los cuadrantes de la serie IV.B, emitida también entre 179 y 165 a. C., corresponde una pieza procedente del tesorillo de Iniesta (Cuenca)[17], que apareció junto a un cuadrante de *a.r.s.e*, un sextante de *Saetabi* y dos ejemplares frustros. En la provincia de Jaén, en Castellones de Ceal (Hinojares)[18] se encontró en una vasija de barro gran cantidad de monedas de *Castulo*, entre las que habría dos ases de la serie V.A., emitida entre 165 y 80 a. C. El resto de ejemplares, de los que desconocemos el número total, así como el valor y la serie de cada uno de ellos, se mezclaron con las monedas del Instituto de Estudios Giennenses. Fuera de la Península, en Graçac (Lika, Croacia)[19] se localizaron otras tres monedas de la serie V.A junto a ocho *Aes Signatum*, muchos ases romanos, ciento veintisiete piezas de *Cartago*, doscientas tres de *Numidia* y nueve de Egipto. En la necrópolis púnica de *Baria* (Villaricos, Almería)[20] se localizó en 1983 un pequeño depósito compuesto de diecinueve monedas ibéricas, todas pertenecientes a la ceca de *Castulo*. Cerca de este tesorillo se encontró también una moneda de *Gadir* que presenta un mal estado de conservación. Entre las monedas de *Castulo* encontramos tres semises de la serie V.A, diez semises de la serie V.B, emitida entre 165 y 80 a. C., otros cinco semises también de la serie V.B pero con un estilo más tosco y dos semises sin indicación de serie. En Riotinto (Huelva)[21], en un lugar denominado "Las Arenillas" o "El Cerro del Moro", se hallaron ochenta y nueve monedas junto a una gema, un trozo de plata y un pendiente de oro. Todas las monedas estaban muy deterioradas, pues se hallaron muy cerca de la superficie. De estas piezas tenemos dos denarios romanos, un ejemplar de *Bailo* y ochenta y seis monedas de *Castulo*. Entre las monedas de *Castulo* encontramos un semis de la serie VIII, emitida entre 80 y 45 a. C., y ochenta y cinco semis de imitación del tipo Cabeza masculina a derecha en anverso y Toro a derecha con creciente encima en reverso, acuñados en la segunda mitad del s. I a. C. Todas estas monedas, y en especial las de imitación, presentan muy mala conservación, pues al encontrarse muy cerca de la superficie el ataque de la tierra las había corroído mucho. Finalmente, contamos con dos hallazgos de los que desconocemos la indicación de serie de las monedas que los componen. Así, en La Huerta (Málaga)[22] se ha documentado el hallazgo de un tesorillo compuesto por unas mil monedas, entre las que abundan los ejemplares de cecas hispanas como *Malaka*, *Castulo*, *Irippo*, *Laelia*, *Osset* y *Carteia*, junto a ases, denarios y divisores romano-republicanos. El otro hallazgo procede de un atesoramiento descubierto en Turaszowká, cerca de Krosno (Polonia)[23]. En este tesoro se han encontrado, además de una pieza de *Castulo* de la que desconocemos su indicación de serie, otra de *Carmo*, otra de *Gadir*, varias bajoimperiales y algunas modernas y contemporáneas. Por la heterogeneidad de este hallazgo y porque durante la Segunda Guerra Mundial (éste fue descubierto en los años 30) las monedas que lo componían fueron mezcladas con otras del museo en el que se conservaban, dudamos mucho de su autenticidad.

---

[17] *Cf.* P. P. RIPOLLÈS ALEGRE (1980b), pp. 119-126.
[18] *Cf.* C. FERNÁNDEZ-CHICARRO (1955b), pp. 89-99; M. P. GARCÍA-BELLIDO (1982), p. 106, Hallazgo 14.
[19] *Cf.* M. H. CRAWFORD (1969), nº 145; M. THOMPSON (1973), nº 569; M. H. CRAWFORD (1978), pp. 1-11; M. P. GARCÍA-BELLIDO (1982), pp. 128-129, Hallazgo 40.
[20] *Cf.* Mª J. ALMAGRO GORBEA (1983), p. 14; Mª. J. ALMAGRO GORBEA (1986b), pp. 331-353.

[21] *Cf.* F. CHAVES TRISTÁN (1986), pp. 863-872.
[22] *Cf.* F. MELERO GARCÍA (2001), pp. 457-467.
[23] *Cf.* L. MORAWIECKI (1984), pp. 43-57.

Mapa 3: Tesorillos con presencia de ejemplares de la ceca de *Castulo*

Se ha podido documentar un mayor número de hallazgos y monedas, más concretamente cuarenta y nueve hallazgos y ciento ochenta y nueve ejemplares, procedentes de excavaciones. Así, en las campañas realizadas por el Marqués de Cerralbo a principios del siglo XX en la ciudad ibérica romana de *Arcobriga* (Monreal de Ariza, Zaragoza)[24] se encontraron ciento doce monedas junto a abundante material cerámico y objetos de vidrio y bronce. Entre el material numismático encontramos algunas monedas republicanas, varias ibéricas del norte, algunas romanas provinciales y algunas imperiales, además de tres monedas de *Castulo* y una de *Sks*. Entre las monedas castulonenses tenemos un duplo de la serie II, acuñada entre 220 y 206 a. C., un as de la serie IV.A y un as de la serie V.A. A los duplos de la serie II también pertenecerá una moneda encontrada en las excavaciones realizadas por J. M. Blázquez, C. Domergue y P. Sillières en la mina y la villa minera de La Loba (Fuenteobejuna, Córdoba)[25]. En estas excavaciones también se localizaron trece ases de la serie V.A, seis ases de la serie V.B, un semis de la serie V.B, dos semises de la serie V.B con estilo más tosco, tres ases de la serie V.A ó V.B y tres ases sin indicación de serie. En el *Catalogue des mines et des fonderies antiques de la Peninsule Ibérique*[26] de C. Domergue encontramos otro as procedente de esta mina de La Loba del que desconocemos su indicación de serie, aunque pertenecería a las emisiones más antiguas, series III ó II.

En las excavaciones realizadas por A. Ramos Folqués y R. Ramos Fernández en el yacimiento de La Alcudia (Elche, Alicante)[27] han aparecido varias monedas, entre las que tenemos una unidad de la serie II localizada en el estrato D, aunque es discutible la pertenencia a esta serie, y un as de la serie IV.B localizado en el estrato E. En las excavaciones practicadas en este mismo yacimiento en las campañas de 1940-48[28] por A. Ramos Folqués se encontró un as de *Castulo* sin indicación de serie, y en la

---

[24] *Cf.* J. M. VIDAL BARDÁN (1981b), pp. 67-76; P. P. RIPOLLÈS ALEGRE (1982a), pp. 61-62; C. BLÁZQUEZ CERRATO (1992), pp. 41-44.
[25] *Cf.* F. CHAVES TRISTÁN y P. OTERO MORÁN (2002), pp. 220-223.
[26] *Cf.* C. DOMERGUE (1987), vol. I, CO55, p. 136, Feuille 879, n° 2.
[27] *Cf.* R. RAMOS FERNÁNDEZ (1975), p. 146; A. RAMOS FOLQUÉS y R. RAMOS FERNÁNDEZ (1976); M. P. GARCÍA-BELLIDO (1982), pp. 119-120, Hallazgo 24 y pp. 120-124, Hallazgo 25; P. P. RIPOLLÈS ALEGRE (1982a), pp. 99-102.
[28] *Cf.* A. RAMOS FOLQUÉS (1955), pp. 107-133.

2. CIRCULACIÓN MONETARIA DE LAS CECAS IBÉRICAS MERIDIONALES DE LA ULTERIOR

realizada en 1952[29] en la zona de la necrópolis un ejemplar también sin indicación de serie. Entre los materiales extraídos de las excavaciones realizadas en Villaricos (Almería)[30] por L. Siret, depositados en el Museo Arqueológico Nacional y estudiados por J. M. Vidal, tenemos siete monedas de *Castulo* de las que una pertenece a las unidades de la serie II, cuatro a los ases de la serie V.A, una a los ases de la serie V.B y otra es un semis sin indicación de serie.

En las campañas realizadas en el campamento romano de Cáceres el Viejo[31] se localizaron cincuenta y seis monedas de esta ceca, de las que tres pertenecen a las mitades de la serie II, doce a los ases de la serie III, cuatro a los semises de la serie III, ocho a los ases de la serie IV.A, tres a los semises de la serie IV.A, doce a los ases de la serie V.A, dos a los semises de la serie V.A, una a los semises de la serie V.A que encima tienen signo ibérico *bi*, dos a los ases de la serie V.B, una a los semises de la serie V.B, dos a los semises de la serie V.B con estilo más tosco y de seis monedas, un as, un semis, un cuadrante y tres monedas inciertas, desconocemos su indicación de serie. A los ases de la serie III pertenecen varios ejemplares encontrados en diferentes excavaciones: uno en Alarcos (Ciudad Real)[32], uno en el yacimiento de Cabezo Agudo (La Unión, Murcia)[33], actualmente en el Museo Arqueológico de Murcia, los doce anteriormente vistos en Cáceres el Viejo, uno en la Cueva y Collado de los Jardines (Santa Elena, Jaén)[34], uno en el Cortijo de Santillán (término municipal de Mollina, Málaga)[35], procedente de las campañas de 1982, y dos en el poblado de la mina de Diógenes (Ciudad Real).

En las excavaciones realizadas en la Cueva y Collado de los Jardines, además de la moneda vista anteriormente, han aparecido un as de la serie V.A y un as de la serie V.B entre otras monedas romanas. En las excavaciones efectuadas por C. Domergue en el antiguo poblado minero de Diógenes I[36], además de varios ejemplares de cecas ibéricas del norte y algunos de *Obulco*, han aparecido catorce monedas de *Castulo*: un semis de la serie IV.B, cinco ases de la serie V.A, seis ases sin indicación de serie y los dos ases de la serie III vistos anteriormente. A los semises de la serie III corresponde un ejemplar hallado en la necrópolis ibérica excavada por el Marqués de Cerralbo en 1911 en la zona de Luzaga (Guadalajara)[37].

Durante las excavaciones llevadas a cabo entre 1976 y 1985 en Braga (Porto, Portugal)[38] se localizaron varias monedas romanas e hispanorromanas entre las que hay un as de *Castulo* de la serie III ó IV.A. Procedentes de las campañas arqueológicas realizadas entre 1916 y 1917 por Quintero y Atauri en la zona de extramuros de la ciudad de Cádiz[39] tenemos dos ases de la serie IV.A. También a la serie IV.A pertenece una moneda encontrada en superficie durante las excavaciones efectuadas en el yacimiento minero de La Bienvenida (Almodóvar del Campo, Ciudad Real)[40]. En este mismo lugar se han encontrado tres ases de la serie V.A. También pertenecen a la serie IV.A un ejemplar descubierto entre los restos de la antigua ciudad de *Numancia* (Soria)[41] y otro procedente de las excavaciones realizadas en la huerta gaditana de Villa Antonia[42]. En la finca de Castillejo de la Orden (Alcántara, Cáceres)[43] se localizó gran cantidad de materiales arqueológicos, entre ellos una placa de bronce con una *deditio* fechada en el año 104 a. C., varios fragmentos de cerámica y numerosas monedas de época republicana e imperial, entre las que encontramos un as de la serie V.A. En la vecina provincia de Badajoz, concretamente en el asentamiento de Castrejón de Capote (Higuera la Real)[44], se hallaron varias monedas junto a otros restos. Entre estas monedas tenemos un as de la serie V.A de *Castulo* y seis ases sin indicación de serie. También a la serie V.A pertenece una moneda encontrada en unas excavaciones arqueológicas llevadas a cabo en el yacimiento romano del Cerro de la Mora (Moraleda de Zafayona, Granada)[45] y otra pieza procedente de los trabajos realizados por L. Pericot en el poblado ibérico de Xarpolar (Vall de Gallinera, Alicante)[46]. A los semises de la serie V.A pertenecen dos monedas halladas en el yacimiento gaditano de *Baelo Claudia* (Bolonia)[47] durante las excavaciones realizadas por P. Paris entre 1917 y 1921, en las que también se encontró un semis de

---

[29] *Cf.* A. RAMOS FOLQUÉS (1956) pp. 102-113.
[30] *Cf.* J. M. VIDAL BARDÁN (1981a), pp. 15-23.
[31] *Cf.* A. SCHULTEN (1928), pp. 12 y ss.; A. SCHULTEN (1930), pp. 54 y ss.; A. SCHULTEN (1932), pp. 346 y ss.; M. BELTRÁN LLORIS (1973-1974), pp. 255-310; H. J. HILDEBRANT (1984), pp. 257-297; C. BLÁZQUEZ CERRATO (2002), pp. 60-68.
[32] *Cf.* A. CANTO GARCÍA (1985), pp. 209-218.
[33] *Cf.* A. FERNÁNDEZ DE AVILÉS (1942), pp. 148-150; F. MATEU Y LLOPIS (1943), pp. 221-238, nº 49; F. MATEU Y LLOPIS (1947-1948), pp. 55-95, nº 230; F. MATEU Y LLOPIS (1951), nº 358; M. P. GARCÍA-BELLIDO (1982), pp. 115-119, Hallazgo 22; P. P. RIPOLLÈS ALEGRE (1982a), p. 73.
[34] *Cf.* J. CABRÉ y I. CALVO (1918), p. 57; M. P. GARCÍA-BELLIDO (1982), p. 107, Hallazgo 16.
[35] *Cf.* R. PUERTAS TRICAS, M. C. SOLANO, J. RODRÍGUEZ VIDAL y J. MACHADO PAVÍA (1986), pp. 61-174.
[36] *Cf.* C. DOMERGUE (1967), pp. 29-81; M. P. GARCÍA-BELLIDO (1982), hallazgo 18, pp. 110-114.
[37] *Cf.* J. M. VIDAL BARDÁN (1981b) pp. 67-76.
[38] *Cf.* R. M. S. CENTENO (1987), Hallazgo 10, moneda 5; C. BLÁZQUEZ CERRATO (1992), pp. 51-54; M. M. ZABALETA ESTÉVEZ (2000), pp. 395-399; M. I. VILA FRANCO (2005), pp. 17-82.
[39] *Cf.* P. QUINTERO Y ATAURI (1918); M. P. GARCÍA-BELLIDO (1982), pp. 103-104, Hallazgo 7; C. ALFARO ASINS (1988), Hallazgos Monetales, pp. 87-124. Hallazgo, nº 31.3.
[40] *Cf.* A. ARÉVALO GONZÁLEZ (1995b), pp. 129-137.
[41] *Cf.* A. SCHULTEN (1929), p. 250; M. P. GARCÍA-BELLIDO (1982), p. 127, Hallazgo 34.
[42] *Cf.* C. ALFARO ASINS (1988), Hallazgos Monetales, pp. 87-124. Hallazgo, nº 31.1.
[43] *Cf.* R. LÓPEZ MELERO, J. L. SANCHEZ ABAL y S. GARCÍA JIMÉNEZ (1984), pp. 265-323; S. GARCÍA JIMÉNEZ (1989), pp. 139-142; C. BLÁZQUEZ CERRATO (1992), pp. 59-61; C. BLÁZQUEZ CERRATO (2002), pp. 69-70.
[44] *Cf.* L. BERROCAL RANGEL (1988a), pp. 19-23; L. BERROCAL RANGEL y A. CANTO GARCÍA (1990), pp. 67-77; L. BERROCAL RANGEL (1991), pp. 331-345; C. BLÁZQUEZ CERRATO (2002), pp. 71-72.
[45] *Cf.* J. M. ROMÁN PUNZÓN (2006), p. 200.
[46] *Cf.* L. PERICOT (1928), pp. 157-162; M. P. GARCÍA-BELLIDO (1982), p. 124, Hallazgo 26.
[47] *Cf.* J. P. BOST, F. CHAVES, G. DEPEYROT, J. HIERNARD y J. C. RICHARD (1987), pp. 101-108; C. BLÁZQUEZ CERRATO (1992), pp. 44-51.

la serie IX; una pieza descubierta en unas excavaciones de urgencia realizadas entre 1983 y 1984 en la gaditana Plaza de Asdrúbal[48], en las que también se halló un semis de la serie VI, emitida entre 90 y 70 a. C.; y otro ejemplar procedente del yacimiento romano de Valderrepisa (Fuencaliente, Ciudad Real)[49]. A los semises de la serie V.B pertenece un ejemplar localizado en las excavaciones realizadas en 1991 en el conjunto arquitectónico del Olivar de *Castulo* (Linares, Jaén)[50], en las que también se hallaron dos semises sin indicación de serie. En el yacimiento de Castellones del Ceal (Hinojares, Jaén)[51], durante la campaña arqueológica de 1989 se localizaron cinco monedas de *Castulo* de la serie V.A ó V.B.

Durante las excavaciones realizadas en la ciudad antigua de *Carteia* (Cortijo de El Rocadillo, San Roque, Cádiz)[52] se han recogido alrededor de doscientas veinte monedas, entre las que contamos con dos piezas de la ceca de *Castulo*, un semis de la serie VI y un semis sin indicación de serie. En las campañas efectuadas en el yacimiento de *Conimbriga* (Portugal)[53] se encontraron otros dos semises de la serie VI, además de un semis de la serie IX y dos monedas, un semis y un cuadrante, sin indicación de serie. También se ha localizado un semis de la serie VI en el poblado ibérico de La Balaguera (Pobla Tornesa, Castellón)[54], otro en la Regiao da Batalha (Portugal)[55], otro en Torres Vedras (Portugal)[56] y otro en las excavaciones realizadas en la Villa de los Robles (Jaén)[57]. En las campañas realizadas en el yacimiento de *Clunia* (Peñalba de Castro, Burgos)[58] se halló gran cantidad de monedas, entre las que tenemos un semis de *Castulo* de la serie VIII.

En el yacimiento gaditano de La Algaida[59] aparecieron, en las excavaciones realizadas entre 1978-1983 en el Pinar de Monte, muchas monedas hispanas y romano-republicanas. Entre las noventa monedas localizadas, en las que abundan las monedas gaditanas y romanas, encontramos nueve ejemplares procedentes de la ceca de *Castulo* y, aunque desconocemos el valor y el grupo exacto al que pertenecerían, contamos con tres monedas de la serie I ó II, dos monedas de la serie III, una de la serie V y tres de la serie VI.B.

En el distrito minero de Linares, en el término de Baeza (Jaén)[60], H. Sandars excavó la rica mina de Los Palazuelos, célebre Mina de la Plata de Aníbal, en la que aparecieron varias monedas republicanas e imperiales, dos de ellas, sin indicación de serie, pertenecientes a la ceca de *Castulo*. En la necrópolis romana de *Valentia*, situada en la calle Virgen de la Misericordia[61], se hallaron durante las excavaciones de 1993 restos de cerámica y de huesos y un cuadrante de *a.r.s.e* y un as de *Castulo* del tipo Cabeza a derecha y Esfinge a derecha, con una cronología del s. I ó II a. C. Varias monedas de esta ceca con escritura ibérica se descubrieron durante los trabajos arqueológicos realizados en las cuevas existentes en las proximidades de Castellar de Santisteban (Jaén)[62], junto a otras monedas de la ceca de *k.e.l.s.e* y varios objetos de influencia fenicia, griega, ibérica y romana. También se encontraron varias monedas de *Castulo* en las excavaciones realizadas en 1972 en el yacimiento de Castro de Segovia (Elvas, Portugal)[63].

Durante los trabajos efectuados por C. Domergue en el centro de fundición de El Cerro del Plomo (mina de El Centenillo, Jaén)[64] se encontraron dos ases de *Castulo* muy desgastados de los que no podemos concretar su indicación de serie. Con motivo de las excavaciones realizadas por el Instituto Arqueológico Alemán de Madrid en las ruinas romanas de la Dehesa de la Mulva (Villanueva del Río y Minas, Sevilla)[65] aparecieron ciento noventa y cuatro monedas, muchas de ellas imperiales, que se encuentran depositadas en el Museo Arqueológico de Sevilla. Dentro de las hispanas tenemos una moneda dudosa de *Castulo* sin indicación de serie. En las excavaciones realizadas por el padre Manuel Sotomayor en la huerta de la Facultad de Teología de Granada[66] se encontró gran cantidad de fragmentos cerámicos, de tégulas y de ladrillos en lo que podría haber sido un horno romano. Junto a estos materiales aparecieron algunos clavos, una plomada, restos de huesos y una moneda ibero-romana que parece ser de *Castulo*.

---

[48] *Cf.* F. J. BLANCO JIMÉNEZ (1987), Actividades Sistemáticas, pp. 531-539.

[49] *Cf.* M. FERNÁNDEZ RODRÍGUEZ y C. GARCÍA BUENO (1993), pp. 25-50. Apéndice. Monedas halladas en el yacimiento de Valderrepisa (Fuencaliente, Ciudad Real), por C. MARCOS ALONSO, pp. 42-50.

[50] *Cf.* J. M. BLÁZQUEZ MARTÍNEZ y M. P. GARCÍA-GELABERT PÉREZ (1999), Anexo II: F. CHAVES TRISTÁN y F. J. VELASCO CARRILLO DE ALBORNOZ (1999), Catálogo de monedas halladas en la campaña de 1991 de excavación arqueológica del conjunto arquitectónico del Olivar de *Cástulo*, p. 172.

[51] *Cf.* T. CHAPA y J. PEREIRA (1991), vol. II, pp. 165-170; C. MARCOS ALONSO (1996), pp. 199-222 (ACIDRRPI).

[52] *Cf.* F. CHAVES TRISTÁN (1982), pp. 287-309; C. BLÁZQUEZ CERRATO (1992), pp. 54-59.

[53] *Cf.* I. PEREIRA, J. P. BOST y J. HIERNARD (1974); C. BLÁZQUEZ CERRATO (1992), pp. 62-71, forma parte del Anexo II: Inventario de Monedas descubiertas por Vergilio Correa (M. Castro Hipólito); A. ARÉVALO GONZÁLEZ (1999), Cap. VIII. Hallazgos, pp. 133-200, Hallazgo 4.

[54] *Cf.* F. JORDÁ CERDÁ (1952), pp. 293-294; F. MATEU Y LLOPIS (1953a), pp. 225-264, nº 489; F. JORDÁ CERDÁ (1955), pp. 107-111; M. P. GARCÍA-BELLIDO (1982), pp. 125-126, Hallazgo 31; P. P. RIPOLLÈS ALEGRE (1982a), p. 65.

[55] *Cf.* J. DA SILVA RUIVO (1995), pp. 155-160.

[56] *Cf.* J. DA SILVA RUIVO (1995), pp. 155-160.

[57] *Cf.* A. PADILLA ARROBA (2007), p. 183.

[58] *Cf.* J. M. GURT ESPARRAGUERA (1985); C. BLÁZQUEZ CERRATO (1992), pp. 71-85.

[59] *Cf.* J. R. CORZO SÁNCHEZ (1995), pp. 81-90.

[60] *Cf.* H. W. SANDARS (1924), pp. 123-145; M. P. GARCÍA-BELLIDO (1982), p. 106, Hallazgo 15.

[61] *Cf.* M. GOZALBES FERNÁNDEZ DE PALENCIA (1997) pp. 197-212.

[62] *Cf.* M. SANJUÁN MORENO y D. JIMÉNEZ DE CISNEROS HERVÁS (1916), pp. 170-209; M. P. GARCÍA-BELLIDO (1982), p. 115, Hallazgo 19.

[63] *Cf.* T. JÚDICE GAMITO (1981), pp. 33-43; C. BLÁZQUEZ CERRATO (2002), p. 73.

[64] *Cf.* C. DOMERGUE (1971), pp. 267-363; M. P. GARCÍA-BELLIDO (1982), pp. 107-110, Hallazgo 17; F. CHAVES TRISTÁN y P. OTERO MORÁN (2002), pp. 193-194.

[65] *Cf.* C. FERNÁNDEZ-CHICARRO y A. OLIVELLA (1964), pp. 29-31; C. BLÁZQUEZ CERRATO (1992), pp. 85-87.

[66] *Cf.* M. SOTOMAYOR MURO (1964-1965), pp. 193-199.

2. CIRCULACIÓN MONETARIA DE LAS CECAS IBÉRICAS MERIDIONALES DE LA ULTERIOR

Durante las excavaciones realizadas entre 1903 y 1904 por Fernández López en la antigua ciudad de *Italica* (Santiponce, Sevilla)[67] aparecieron entre los restos de la necrópolis un as republicano y varias monedas hispanas, entre las que encontramos un as de *Castulo*. En el yacimiento arqueológico de "Los Molinillos" (Benalmádena-Costa, Málaga)[68] se encontraron setenta y cinco monedas que en su mayoría están contextualizadas estratigráficamente junto a elementos cerámicos. Entre ellas encontramos un cuadrante de *Castulo* de las emisiones del siglo II a. C. En la zona de la necrópolis romana de la ciudad de Cádiz[69] se han encontrado en diferentes excavaciones varias monedas de la ceca de *Castulo*. Una de ellas procede de los trabajos realizados en la zona denominada Punta de Vaca con motivo de la Exposición Marítima Nacional; en esta misma zona, en el área de Astilleros, apareció en el año 1915 otra moneda de *Castulo* junto a otras piezas gaditanas en el interior de una urna; y ya en las excavaciones realizadas entre 1915 y 1917 en esta misma zona aparecieron otros dos ases de *Castulo* en el interior de urnas cinerarias junto a treinta piezas gaditanas.

Por último, en las excavaciones realizadas en el yacimiento africano de *Tamuda* (Tetuán, Marruecos)[70] entre 1921 y 1922 por Montalbán, encontramos una moneda de *Castulo* sin indicación de serie junto a otras monedas hispanas, romanas, númidas, egipcias y algunas de la Mauritania Occidental.

La mayoría de los hallazgos analizados se ha encontrado de forma esporádica o casual, pues de los doscientos veintiséis hallazgos estudiados ciento veinticinco pertenecen a hallazgos esporádicos. Como sucedía en el apartado anterior, las mayores concentraciones de este tipo de hallazgos las tenemos en las provincias andaluzas de Jaén, Córdoba, Granada, Málaga y Huelva, en la zona de Murcia y en las provincias extremeñas de Cáceres y Badajoz.

Pese a que la ceca de *Castulo* se encuentra localizada en Jaén, contamos por desgracia con pocos hallazgos en esta provincia, pues aunque tenemos muchas noticias de monedas aparecidas en el yacimiento de *Castulo* (Cazlona, Linares) y en otras zonas cercanas, éstas no han podido ser estudiadas, ya que se encuentran depositadas en colecciones privadas o pertenecen a fondos de museos jiennenses no catalogados. Muchas de las monedas localizadas en la provincia de Jaén proceden de la zona de Sierra Morena; en concreto en la zona de la mina de El Centenillo y sus alrededores se han podido documentar gran cantidad de ejemplares castulonenses. Así, en La Teja (El Centenillo)[71] se han hallado según C. Domergue un duplo de la serie II y un as de la serie VII, acuñada entre 80 y 45 a. C. También informa Domergue del hallazgo de dos mitades de la serie II en esta zona, una de ellas en la propia mina de El Centenillo[72] y otra en la de La Fabriquilla[73]. También en El Centenillo, en el centro de fundición de El Cerro del Plomo[74], se han localizado dos ases de la serie IX, un plomo monetiforme que presenta en anverso Cabeza masculina y leyenda *S.C.* y en reverso Caballo e idéntica leyenda, y dos monedas sin indicación de serie. Otras siete monedas de *Castulo*, cinco con leyenda ibérica y dos con leyenda latina *M.C.F.*, se hallaron también en El Cerro del Plomo, según una información transmitida por M. López Payer, M. Soria Lerma y J. Peña Jiménez en su obra *La minería hispano-romana en el término municipal de Baños de la Encina (Jaén)*[75].

En la zona de la importante fundición romana de plomo argentífero de Fuente Espí (La Carolina)[76] se han localizado entre diversos materiales varios precintos o sellos de plomo con la marca *S.C.* y monedas antiguas, entre las que se encontraron dieciséis ejemplares de *Castulo*. De ellos, uno pertenece a los ases de la serie IV.A, cinco a los ases de la serie IX, dos a los semises de la serie IX y de las ocho monedas restantes no conocemos su indicación de serie, aunque sí sabemos que una presenta escritura ibérica meridional y las otras siete escritura latina.

Entre los restos de la antigua ciudad de *Castulo* (Linares)[77] se han hallado casualmente cuatro monedas de esta ceca, además de cinco hispánicas, treinta y cinco romanas imperiales y alguna árabe y medieval.

En el Cerro de la Gineta (Alcalá la Real)[78] también se produjo un hallazgo superficial de monedas de *Castulo* según una información de A. Hinojosa Pareja, aunque por desgracia no conocemos el número de ejemplares encontrados. Pero el mayor hallazgo de monedas de esta ceca en la provincia de Jaén se ha producido en Cazorla[79], donde hemos encontrado treinta y nueve monedas de esta ceca junto a una de *Cartagonova* y cuatro ibéricas de la *Citerior*. Entre las monedas de *Castulo* tenemos una mitad de la serie II, un as de la serie III, un semis de la serie III, un cuadrante de la serie III, tres ases de la serie

---

[67] *Cf.* M. FERNÁNDEZ LÓPEZ (1904), pp. 104-119; A. GARCÍA Y BELLIDO (1985), p. 81; C. BLÁZQUEZ CERRATO (1992), pp. 88-93.
[68] *Cf.* S. CORZO PÉREZ, G. PINEDA DE LAS INFANTAS BEATO, R. DORADO CANTERO, M. VILA OBLITAS y J. L. PUERTO FERNÁNDEZ. (2006), pp. 341-358.
[69] *Cf.* F. J. BLANCO JIMÉNEZ (1987), Actividades Sistemáticas, pp. 531-539.
[70] *Cf.* E. GOZALBES CRAVIOTO (2005), pp. 325-342.
[71] *Cf.* C. DOMERGUE (1987), vol. I, J12, p. 274, nº 14.
[72] *Cf.* C. DOMERGUE (1987), vol. I, J12, p. 273, nº 11.
[73] *Cf.* C. DOMERGUE (1987), vol. I, J12, p. 273, nº 14.
[74] *Cf.* M. LÓPEZ PAYER, M. SORIA LERMA y J. PEÑA JIMÉNEZ (1983), pp. 18 y 26; C. DOMERGUE (1987), vol. I, J12, p. 274, nº 13; F. CHAVES TRISTÁN y P. OTERO MORÁN (2002), pp. 193-194.
[75] *Cf.* M. LÓPEZ PAYER, M. SORIA LERMA y J. PEÑA JIMÉNEZ (1983), pp. 18 y 26.
[76] *Cf.* C. DOMERGUE (1971), p. 351, nota 60; M. P. GARCÍA-BELLIDO (1982), p. 133, nota 92; C. DOMERGUE (1987), vol. I, J20, p. 282, nº 10-17; C. BLÁZQUEZ CERRATO (1992), p. 211; A. ARÉVALO GONZÁLEZ (1999), Cap. VIII. Hallazgos, pp. 133-200, Hallazgo 42.
[77] *Cf.* Hallazgos en *Cástulo*, *Oretania* 4, año II, 1960, p. 183.
[78] *Cf.* T. FUENTES VÁZQUEZ (2002), pp. 159-202, Hallazgo XIII, p. 175.
[79] *Cf.* B. MORA SERRANO (1991), pp. 33-42.

IV.A, un semis de la serie IV.A, un cuadrante de la serie IV.B ó V.B, once ases de la serie V.A, dos ases de la serie V.B, un semis de la serie V.B, ocho semises de la serie VI y ocho monedas, cuatro ases, dos semises, un cuadrante y un ejemplar posiblemente bilingüe, sin indicación de serie.

En la provincia de Córdoba también tenemos una importante presencia de monedas castulonenses, siendo especialmente intensa en la zona de Sierra Morena y en la campiña. Así, en la mina de La Loba (Fuenteobejuna)[80] se han localizado un semis de la serie I, acuñada entre 220 y 206 a. C., un semis de la serie IV.A, dos ases de la serie V.A, un as de la serie V.B, un semis de la serie V.B, otro semis de la serie V.B pero de estilo más tosco y un semis de la serie VI. En esta misma mina también se encontraron esporádicamente, según nos informan Vaquerizo y otros investigadores[81], dos ases de la serie V.A. Otros dos ases de la misma serie se han localizado en la mina de La Lagunilla[82]. En la fundición de El Ochavillo (Sierra de Córdoba)[83] se halló un as de la serie III que se conserva en el Museo Arqueológico Provincial de la capital. En la misma ciudad de Córdoba[84] apareció de forma esporádica un semis de la serie IV.B. En la zona de Monturque[85] se han hallado varias monedas de *Castulo*, entre las que tenemos un as de la serie V.A aparecido en Isla de la Moza, un semis de la serie VI aparecido en la calle Padre Curiel de esta localidad, y una moneda híbrida *Castulo-Obulco* y tres semises sin indicación de serie procedentes del yacimiento de La Herradora. En la mina y fundición de El Francés (Almodóvar del Río)[86] se localizó un as de la serie V.B, que se conserva en el Museo Arqueológico Provincial de Córdoba. En la mina de Cerro Muriano[87] se han encontrado un as de la serie VII y un semis de imitación de *Castulo*, ambos conservados en el Museo Arqueológico Provincial de Córdoba. Sin indicación de serie se han encontrado dos ases de esta ceca en Castro del Río[88], dos ases y un semis en El Higuerón (Nueva Carteya)[89], las tres piezas con leyenda ibérica, un semis también con leyenda ibérica en Llano Medina (Doña Mencía)[90] y un número indeterminado de piezas descubierto en Torre Alta (Priego)[91].

En la provincia de Granada se han hallado veinte ejemplares en el yacimiento de Pinos Puente (Cerro de los Infantes)[92], de los que tres pertenecen a los ases de la serie III, dos a los semises de la serie III, dos a los ases de la serie IV.A, uno a los semises de la serie IV.A, uno a los ases de la serie IV.B, cinco a los ases de la serie V.A, dos a los semises de la serie V.B, dos a los ases de la serie IX y dos a los semises sin indicación de serie. En este yacimiento también se han encontrado otras dos monedas sin indicación de serie ni valor, una documentada por Gómez Moreno[93] y otra por I. de la Torre y T. Fuentes[94]. En la zona de Guadix han aparecido varias monedas de la ceca de *Castulo*, entre las que tenemos siete procedentes de la Colección Vallecillos[95]: un semis de la serie III, un semis de la serie VI y cinco monedas, cuatro ases y un semis, sin indicación de serie. También en Guadix Gómez Moreno[96] halló dos ases de la serie V.A. A la Colección Monteagudo de Guadix[97] pertenece un as sin indicación de serie con caracteres ibéricos y cronología del s. I a. C. En el yacimiento del Cerro de la Mora (Moraleda de Zafayona)[98] se han encontrado un as de la serie IV.A y un semis de la serie V.B. Sin indicación de serie tenemos un bronce localizado en Brácana[99], un as hallado superficialmente en el yacimiento de Cortijo de las Monjas (Puerto Lope)[100] según una información de A. Hinojosa Pareja, una moneda en Galera?[101] de la que no conocemos su valor y un as en Montefrío[102].

En la provincia de Málaga también encontramos varias monedas de *Castulo*. La más antigua de ellas procede de la Alcazaba[103] y pertenece a los ases de la serie III. En el

---

[80] *Cf.* M. MORA SERRANO y J. C. VERA (1995), pp. 25-32; F. CHAVES TRISTÁN y P. OTERO MORÁN (2002), pp. 171-172.
[81] *Cf.* D. VAQUERIZO, J. F. MURILLO, J. R. CARRILLO, M. F. MORENO, A. LEÓN, M. D. LUNA y A. Mª ZAMORANO (1994), pp. 194-205 (La circulación monetaria en el *territorium* de *Mellaria*); F. CHAVES TRISTÁN y P. OTERO MORÁN (2002), pp. 171-172.
[82] *Cf.* C. DOMERGUE (1987), vol. I, CO58, p. 140, Feuille 900, nº 1-2; A. ARÉVALO GONZÁLEZ (1996), pp. 51-82.
[83] *Cf.* A. ARÉVALO GONZÁLEZ (1996), pp. 51-82.
[84] *Cf.* P. VIDAL GONZÁLEZ (1989), pp. 343-361.
[85] *Cf.* R. GIL FERNÁNDEZ (1996), pp. 333-404; R. GIL FERNÁNDEZ (1997), pp. 587-678; R. GIL FERNÁNDEZ (2001).
[86] *Cf.* A. ARÉVALO GONZÁLEZ (1996), pp. 51-82.
[87] *Cf.* A. ARÉVALO GONZÁLEZ (1996), pp. 51-82.
[88] *Cf.* N. SANTOS GENER (1952-1953), p. 174; C. BLÁZQUEZ CERRATO (1992), pp. 186-187.
[89] *Cf.* J. BERNIER LUQUE *ET ALII* (1981), pp. 97-99.
[90] *Cf.* J. BERNIER LUQUE *ET ALII* (1981), p. 98.
[91] *Cf.* D. VAQUERIZO GIL, J. F. MURILLO REDONDO y F. QUESADA SANZ (1991), pp. 3-17; A. ARÉVALO GONZÁLEZ (1999), Cap. VIII. Hallazgos, pp. 133-200, Hallazgo 33.
[92] *Cf.* P. RODRÍGUEZ OLIVA y F. PEREGRÍN PARDO (1980), pp. 187-200; C. BLÁZQUEZ CERRATO (1992), pp. 195-198.
[93] *Cf.* M. GÓMEZ MORENO (1907b), p. 182; M. GÓMEZ MORENO (1949), p. 398; T. FUENTES VÁZQUEZ (2002), pp. 159-202, Hallazgo V, p. 163.
[94] *Cf.* I. DE LA TORRE CASTELLANO y T. FUENTES VÁZQUEZ (2004), vol. II. Actividades sistemáticas y puntuales, pp. 151-157.
[95] *Cf.* A. PADILLA ARROBA (2003) (en preparación).
[96] *Cf.* M. GÓMEZ MORENO (1907a); M. GÓMEZ MORENO (1949), p. 395, nota 1; T. FUENTES VÁZQUEZ (2002), pp. 159-202, Hallazgo VI, p. 163.
[97] *Cf.* A. PADILLA ARROBA (2004) (en preparación).
[98] *Cf.* T. FUENTES VÁZQUEZ (2002), pp. 159-202, Hallazgo IX, pp. 168-170.
[99] *Cf.* J. EGUARAS IBÁÑEZ (1950-1951), p. 185; M. P. GARCÍA-BELLIDO (1982), p. 105, Hallazgo 11; A. ARÉVALO GONZÁLEZ (1999), Cap. VIII. Hallazgos, pp. 133-200, Hallazgo 45.
[100] *Cf.* T. FUENTES VÁZQUEZ (2002), pp. 159-202, Hallazgo XII, pp. 174-175.
[101] *Cf.* I. DE LA TORRE CASTELLANO y T. FUENTES VÁZQUEZ (2004), vol. II. Actividades sistemáticas y puntuales, pp. 151-157.
[102] *Cf.* F. MATEU Y LLOPIS (1971), pp. 177-208, nº 1352; M. P. GARCÍA-BELLIDO (1982), p. 105, Hallazgo 10.
[103] *Cf.* B. MORA SERRANO y D. SEDEÑO FERRER (1989-1990), pp. 159-170.

2. CIRCULACIÓN MONETARIA DE LAS CECAS IBÉRICAS MERIDIONALES DE LA ULTERIOR

yacimiento del Cerro del Aljibe (Coín)[104] se ha documentado un semis de esta serie III. En Antequera[105] se encontró un as de la serie V.A. En Sierra de Yeguas (Cortijo El Puntal)[106] se localizó un semis de la serie V.B de estilo tosco y un as de la serie IX. Ya sin indicación de serie tenemos varios hallazgos en esta provincia: una moneda localizada en el yacimiento de *Acinipo* (Ronda la Vieja)[107], un bronce sin mayor precisión en la Villa de la Estación (Antequera)[108] y un número indeterminado de piezas en los yacimientos[109] de Cerro Alto I, Cerro Las Retamas, Cerro Toizares, El Bermejal, El Canal, El Nacimiento I, El Nacimiento II, Fuente Abad, La Esperilla, La Huertecilla, La Viñuela, Los Peñoncillos, Peñón Negro y Sierra del Castillo.

En la zona de la ría de Huelva[110] se localizó un semis de la serie V.B con buen estilo, y en la zona minera, veinte en Riotinto[111] y diecisiete en Sotiel Coronada[112], todas ellas sin indicación de valor y serie.

En el resto de Andalucía se ha encontrado un menor número de ejemplares de esta ceca. Así, en la provincia de Sevilla se ha localizado un as de la serie III en Osuna[113], un as de la serie IV.A en la propia ciudad de Sevilla[114], un cuadrante de la serie IV.B en Alcalá de Guadaíra[115], un semis de la serie V.B en Carmona[116], un cuadrante de la serie VIII en Santiponce[117], diez monedas de *Castulo* u *Obulco* entre los restos de *Italica*[118], también en Santiponce, y un semis sin indicación de serie de *Castulo* u *Obulco* en la localidad de las Cabezas de San Juan[119]. En la provincia de Cádiz se han hallado un semis de la serie VIII en Jerez de la Frontera[120], un semis sin indicación de serie en el Campo de Gibraltar[121] y tres monedas en la zona de Vejer de la Frontera[122], de las que hay un as y un semis o cuadrante en la Campiña de Patría y un as en Cerro Patría. En Almería sólo se ha encontrado tres ases de la serie V.A en el Cerro del Castillo (Vélez-Blanco)[123], un plomo monetiforme copia de las monedas de la serie V.A en Muela del Ajo (Tíjola)[124] y un as con leyenda ibérica, pero sin indicación de serie, en Cidavieja (El Ejido)[125].

En la provincia de Murcia[126] se encontraron ochenta y cinco monedas de *Castulo* que actualmente están depositadas en la colección Apostólica Vaticana. Entre ellas tenemos una mitad de la serie II, tres ases de la serie III, cuatro semises de la serie III, un as de la serie IV.B, un semis de la serie IV.B, veintitrés ases de la serie V.A, seis ases de la serie V.B, trece semises de la serie V.B, quince semises de la serie VI, dos ases de la serie VII, un semis de la serie VII, un as de la serie VIII, cinco ases de la serie IX, un semis de la serie IX, un semis de la serie IX con creciente en vez de leyenda latina *M.Q.F.* y siete ases sin indicación de serie. En esta región también se ha hallado un as sin mayor precisión que hoy se conserva en el Museo de Soler de Tarrasa (Barcelona)[127].

En el resto de la costa mediterránea han aparecido en Alicante un as de la serie IV.A en el yacimiento de Xarpolar (Vall de Gallinera)[128], un semis de la serie VI en Alcoy[129] y un número indeterminado de monedas en la zona de La Alcudia (Elche)[130]. En la provincia de Valencia se han localizado un duplo de la serie II según una información de Escrig Núñez[131], dos semises de la serie VI pertenecientes a colecciones particulares[132] y un as sin indicación de serie según una noticia de Mateu y Llopis[133], todas ellas en la ciudad de *Sagunto*. En los Villares (Caudete de las Fuentes) se han encontrado tres hallazgos diferentes: en el primero, aportado por Martínez García[134], tenemos un semis de la serie III, un as de la serie IV.A y un as de la serie V.B; en el segundo, recogido por Ripollès[135], tenemos un as de la serie IV.A, dos ases de la serie V.A, un as de la serie V.B y dos monedas, un as y un semis, sin indicación de serie, todas

---

[104] *Cf.* B. MORA SERRANO, J. FERNÁNDEZ RUIZ y J. GONZÁLEZ MARTÍN (2002), pp. 223-242.
[105] *Cf.* E. SERRANO y R. ATENCIA (1980), pp. 167-185.
[106] *Cf.* B. MORA SERRANO (1993), pp. 183-198.
[107] *Cf.* C. FERNÁNDEZ-CHICARRO (1955a), p. 158; C. BLÁZQUEZ CERRATO (1992), pp. 229-230.
[108] *Cf.* M. ROMERO PÉREZ (2001), pp. 603-626.
[109] *Cf.* F. MELERO GARCÍA (2001), pp. 457-467.
[110] *Cf.* A. GARCÍA Y BELLIDO (1957a), p. 116; M. P. GARCÍA-BELLIDO (1982), p. 103, Hallazgo 6.
[111] *Cf.* F. CHAVES TRISTÁN y P. OTERO MORÁN (2002), pp. 184-186.
[112] *Cf.* F. CHAVES TRISTÁN y P. OTERO MORÁN (2002), pp. 182-185.
[113] *Cf.* P. VIDAL GONZÁLEZ (1989), pp. 343-361.
[114] *Cf.* P. VIDAL GONZÁLEZ (1989), pp. 343-361.
[115] *Cf.* P. VIDAL GONZÁLEZ (1989), pp. 343-361.
[116] *Cf.* P. VIDAL GONZÁLEZ (1989), pp. 343-361.
[117] *Cf.* P. VIDAL GONZÁLEZ (1989), pp. 343-361.
[118] *Cf.* F. CHAVES TRISTÁN (1979), pp. 77-86; A. ARÉVALO GONZÁLEZ (1999), Cap. VIII. Hallazgos, pp. 133-200, Hallazgo 11.
[119] *Cf.* B. MORA SERRANO (2007), pp. 211-236.
[120] *Cf.* P. VIDAL GONZÁLEZ (1989), pp. 343-361.
[121] *Cf.* L. A. DEL CASTILLO NAVARRO (1999), pp. 57-68.
[122] *Cf.* F. CHAVES TRISTÁN, E. GARCÍA VARGAS y E. FERRER ALBELDA (2000), pp. 1463-1486.
[123] *Cf.* F. MUÑOZ MUÑOZ y C. MARTÍNEZ LÓPEZ (1987), pp. 159-173.
[124] *Cf.* C. ALFARO ASINS (2000), vol. 1, pp. 433-437.
[125] *Cf.* M. D. MOLINA GARRIDO (1986).
[126] *Cf.* P. P. RIPOLLÈS ALEGRE (1982a), pp. 116-121; P. P. RIPOLLÈS ALEGRE (1982b), pp. 87-118+ 36 Láms; C. BLÁZQUEZ CERRATO (1992), pp. 218-225.
[127] *Cf.* F. MATEU Y LLOPIS (1945-1946), pp. 233-276, nº 142; M. P. GARCÍA-BELLIDO (1982), p. 115, Hallazgo 21.
[128] *Cf.* C. VISEDO MOLTO (1959), pp. 73-74; F. MATEU Y LLOPIS (1967), pp. 45-73, nº 1225; E. A. LLOBREGAT CONESA (1972), p. 138; P. P. RIPOLLÈS ALEGRE (1982a), p. 171.
[129] *Cf.* E. A. LLOBREGAT CONESA (1973-1974), pp. 91-104; M. TARRADELL (1974), pp. 243-267; P. P. RIPOLLÈS ALEGRE (1982a), pp. 59-60.
[130] *Cf.* A. IBARRA MANZONI (1879), p. 147; A. RAMOS FOLQUÉS (1959), p. 136.
[131] *Cf.* E. ESCRIG NÚÑEZ (1966), pp. 11-12; P. P. RIPOLLÈS ALEGRE (1982a), pp. 137-138.
[132] *Cf.* P. P. RIPOLLÈS ALEGRE y M. M. LLORENS (2002) p. 524, nº 101 (Apéndice II. Nuevos hallazgos de monedas de cecas foráneas en el territorio de *Arse-Saguntum*).
[133] *Cf.* F. MATEU Y LLOPIS (1971), pp. 177-208, nº 1368; M. P. GARCÍA-BELLIDO (1982), p. 124, Hallazgo 30.
[134] *Cf.* J. M. MARTÍNEZ GARCÍA y C. CAMPS GARCÍA (1985), pp. 33-48.
[135] *Cf.* P. P. RIPOLLÈS ALEGRE (1979), pp. 131-133; P. P. RIPOLLÈS ALEGRE (1980a), pp. 112-116; P. P. RIPOLLÈS ALEGRE (1982a), p.170.

ellas pertenecientes a las colecciones particulares de R. y F. Gabaldón; y en el tercer hallazgo se documenta una moneda de *Castulo* u *Obulco* encontrada por Pla Ballester[136] junto a otra de *a.r.s.e.* Además, de la provincia de Valencia proceden dos ases de la serie V.A, uno de Los Corrales de Utiel[137] y otro de la Cova dels Estudiants (Naquera)[138], un as de la serie V.B de La Vereda (Camporrobles)[139] y un semis de la serie VIII hallado en El Molón[140], también en Camporrobles. En la provincia de Castellón sólo se ha localizado un hallazgo, en Segorbe[141], en el que encontramos una moneda que pertenece a los semis de la serie VI y que forma parte del monetario de Pascual Fornés. En la provincia de Barcelona se ha hallado un semis de la serie III en Moya[142], un as de la serie V.A en Sabadell[143], conservado en el museo local, un semis de la serie V.B y un as sin indicación de serie en El Penedés[144], una moneda con escritura latina pero sin indicación de serie en Burriac (Cabrera de Mar)[145] y un as sin indicación de serie en Granollers[146], conservado en el museo local. En la provincia de Gerona sólo se han localizado dos ases de la serie V.A en el yacimiento de *Rhode*[147]. Y, por último, en la isla de Menorca, concretamente en Mahón, se ha documentado el hallazgo de un as del que desconocemos su indicación de serie[148].

En la provincia de Cáceres, en el yacimiento de Villasviejas del Tamuja, tenemos documentados varios hallazgos. A colecciones particulares[149] pertenecen un as de la serie III, dos semises de la serie III, un as de la serie IV.B, un as de la serie V.A, un semis de la serie VI y cincuenta y una monedas, diecinueve ases del tipo Esfinge y treinta y dos semises del tipo Toro, todas ellas sin indicación de serie. También de este yacimiento procede un conjunto de monedas pertenecientes a colecciones particulares y de las que nos informa Miguel G. de Figuerola[150]: un as de la serie IV.A, tres ases de la serie V.A, un semis de la serie V.A, un semis de la serie VIII y cuatro semises sin indicación de serie. A colecciones particulares según información de P. Otero Morán[151], también pertenecen diecisiete monedas de *Castulo* halladas en este yacimiento, entre las cuales habría un semis de la serie VI, un semis de la serie VIII y de las restantes quince monedas no tenemos indicación de valor, aunque la autora imagina que una pertenece a la serie I, dos a la serie III, seis a la serie V.A, una a la serie V.B y cinco son inclasificables. Muchas de estas monedas, al pertenecer a colecciones particulares, han podido ser estudiada por varios investigadores, por lo que podríamos habernos referido a alguna de ellas en más de una ocasión. En Cerrón del Tamuja (Botija)[152] se encontraron otras dos monedas de esta ceca sin indicación de valor y serie. En el yacimiento de El Castillejo (Santiago del Campo, Cáceres)[153] se han hallado quince monedas de *Castulo*, de las que dos podrían ser ases de la serie III, ocho son ases sin indicación de serie y las piezas restantes, de las que desconocemos su valor, podrían ser de la serie V.A ó V.B. En El Coto (Fregenal de la Sierra)[154] Berrocal Rangel localizó un semis muy desgastado que probablemente corresponda a las cecas de *Obulco* o *Castulo*. En el municipio de Gata[155] apareció un bronce ilegible de *Castulo* del que desconocemos su indicación de serie.

En Badajoz, en el yacimiento de Hornachuelos (Ribera del Fresno)[156] se han localizado veintiocho monedas de *Castulo*, de las que una pertenece a los ases de la serie IV.A, ocho a los ases de la serie V.A, una a los ases de la serie V.B, cinco a los ases de la serie V.B pero con estrella dentro del creciente, una a los semises de la serie VI, una a los ases de la serie VIII, una a los ases de la serie IX, una a los semises de la serie IX, cuatro a los semises de la serie IX con la leyenda del anverso a veces invertida, cuatro a los semises de imitación y un as sin

---

[136] *Cf.* E. PLA BALLESTER (1961), p. 236; P. P. RIPOLLÈS ALEGRE (1980a), p. 51; P. P. RIPOLLÈS ALEGRE (1982a), p. 170.

[137] *Cf.* F. MATEU Y LLOPIS (1953b), n° 628; M. P. GARCÍA-BELLIDO (1982), p. 124, Hallazgo 28; P. P. RIPOLLÈS ALEGRE (1982a), p. 88.

[138] *Cf.* F. MATEU Y LLOPIS (1958b) pp. 173-191, n° 973; J. DONAT ZOPO (1959), p. 210; M. P. GARCÍA-BELLIDO (1982), p. 124, Hallazgo 29; P. P. RIPOLLÈS ALEGRE (1982a), p. 88.

[139] *Cf.* P. P. RIPOLLÈS ALEGRE y R. GÓMEZ GARCÍA (1978), p. 212; P. P. RIPOLLÈS ALEGRE (1980a), p. 110; P. P. RIPOLLÈS ALEGRE (1982a), p. 168.

[140] *Cf.* P. P. RIPOLLÈS ALEGRE y R. GÓMEZ GARCÍA (1978), p. 210-211 y 214; F. MATEU Y LLOPIS (1979), pp. 121-148, n° 1590; P. P. RIPOLLÈS ALEGRE (1980a), pp. 110-111; P. P. RIPOLLÈS ALEGRE (1982a), p. 114.

[141] *Cf.* P. P. RIPOLLÈS ALEGRE y F. ARASA GIL (1996), pp. 405-418.

[142] *Cf.* F. MATEU Y LLOPIS (1951), n° 347; M. P. GARCÍA-BELLIDO (1982), p. 128, Hallazgo 38; P. P. RIPOLLÈS ALEGRE (1982a), pp. 112-113.

[143] *Cf.* F. MATEU Y LLOPIS (1945-1946), pp. 233-276, n° 128; M. P. GARCÍA-BELLIDO (1982), p. 127, Hallazgo 36; P. P. RIPOLLÈS ALEGRE (1982a), p. 137.

[144] *Cf.* N. RAFEL (1979), pp. 15-20; P. P. RIPOLLÈS ALEGRE (1982a), p. 125.

[145] *Cf.* M. RIBAS BERTRÁN y J. LLADO FONT (1977-1978), pp. 172 y 176; P. P. RIPOLLÈS ALEGRE (1982a), pp. 70-72.

[146] *Cf.* F. MATEU Y LLOPIS (1945-1946), pp. 221-238, n° 54; M. P. GARCÍA-BELLIDO (1982), p. 127, Hallazgo 37; P. P. RIPOLLÈS ALEGRE (1982a), pp. 97-98.

[147] *Cf.* J. M. GURT ESPARRAGUERA (1977), p. 105; J. M. GURT ESPARRAGUERA (1979), pp. 39-44; P. P. RIPOLLÈS ALEGRE (1982a), pp. 135-136.

[148] *Cf.* F. MATEU Y LLOPIS (1956), n° 859; M. P. GARCÍA-BELLIDO (1982), p. 128, Hallazgo 39; P. P. RIPOLLÈS ALEGRE (1982a), p. 109.

[149] *Cf.* J. L. SÁNCHEZ ABAL y S. GARCÍA JIMÉNEZ (1988), pp. 153 y 158; J. L. SÁNCHEZ ABAL y J. ESTEBAN ORTEGA (1988), pp. 1017-1031; S. GARCÍA JIMÉNEZ (1989), pp. 139-142; C.

BLÁZQUEZ CERRATO (1995), pp. 243-258; A. M. MARTÍN BRAVO (1995), pp. 139-142; C. BLÁZQUEZ CERRATO (2002), pp. 159-162.

[150] *Cf.* C. BLÁZQUEZ CERRATO (2002), pp. 159-162.

[151] *Cf.* A. ARÉVALO GONZÁLEZ (1999), Cap. VIII. Hallazgos, pp. 133-200, Hallazgo 7a.

[152] *Cf.* F. CHAVES TRISTÁN y P. OTERO MORÁN (2002), pp. 184-186.

[153] *Cf.* A. ARÉVALO GONZÁLEZ (1995a), p. 42; C. BLÁZQUEZ CERRATO (2002), pp. 150-151; F. CHAVES TRISTÁN y P. OTERO MORÁN (2002), pp. 196-198.

[154] *Cf.* L. BERROCAL RANGEL (1988b); A. ARÉVALO GONZÁLEZ (1999), Cap. VIII. Hallazgos, pp. 133-200, Hallazgo 9.

[155] *Cf.* J. MALUQUER DE MOTES (1959), pp. 149-151; M. P. GARCÍA-BELLIDO (1982), p. 96, Hallazgo 3; C. BLÁZQUEZ CERRATO (1992), pp. 211-212.

[156] *Cf.* F. J. JIMÉNEZ ÁVILA (1990); M. P. GARCÍA-BELLIDO (1993), p. 88; C. BLÁZQUEZ CERRATO (2002), pp. 135-140.

2. CIRCULACIÓN MONETARIA DE LAS CECAS IBÉRICAS MERIDIONALES DE LA ULTERIOR

indicación de serie de finales del s. II a. C. En Arroyo del Campo (Don Benito)[157] apareció un semis de la serie IV.B. En Cogolludo (Orellana la Vieja)[158] se han encontrado un as de la serie V.A, dos semises de la serie VI y un semis de la serie VIII. Otro semis de la serie VI apareció en la pedanía de Rueca (Don Benito)[159]. De Castrejón de Capote (Higuera la Real)[160] procede un as de *Castulo* sin indicación de serie.

En Portugal se han localizado, en el yacimiento de Chões de Alpompé (Santarém)[161] un as de la serie IV.B, y seis monedas, cinco ases y un semis, sin indicación de serie; en Monte Figueiro (Algarve)[162] un as de la serie V.A; y en el Poblado de Pedrao (Setúbal)[163] un semis de la serie V.B.

Menos numerosos son los hallazgos de monedas de *Castulo* localizados en el interior de la península Ibérica. Así, en la provincia de Albacete se han hallado un as de la serie III, dos ases de la serie IV.A y un as de la serie V.A en el municipio de Lezuza[164] y una moneda sin indicación de serie en Ossa de Montiel[165]. En la vecina provincia de Ciudad Real, en Valdepeñas[166], se localizó un as de la serie VII. En Cuenca, en Motilla del Palancar[167] se han encontrado dos ases sin indicación de serie, uno de los cuales estaba roto. En el yacimiento de Cabeza de Alcalá de Azaila (Teruel)[168] se han localizado sueltos un as y un cuadrante sin indicación de serie. En la provincia de Zaragoza se han hallado un as sin indicación de serie en el yacimiento de *Bilbilis* (Cerro Bámbola, Calatayud)[169] y ocho monedas sin indicación de serie, entre las que tenemos tres ases y un semis con leyenda indígena y un as y tres semises con leyenda latina, en el yacimiento arqueológico de Valdeherrera[170]. En la provincia de Huesca[171] se hallaron dos ases de *Castulo*

sin mayor precisión. Otro as también sin indicación de serie se ha documentado en la provincia de Lérida, en Solsona[172]. En la ciudad antigua de *Numancia*[173] también apareció un as de *Castulo* sin indicación de serie. En el yacimiento de Lancia (Villasabariego, León)[174] se localizaron varias monedas antiguas, entre las que hay una pieza de *Castulo* sin mayor precisión, que se conserva en el Museo Arqueológico de León. Ya en la costa gallega, de la provincia de Pontevedra[175] procede un as de la serie IX.

Contamos con muy pocos hallazgos esporádicos extrapeninsulares de monedas de la ceca de *Castulo*. Entre los cinco hallazgos estudiados tenemos un número indeterminado de monedas halladas en la zona de Ceuta[176], todas ellas de carácter indígena y pertenecientes a la colección Encinas. En la ciudad de Melilla[177] se ha encontrado igualmente un número indeterminado de monedas en el Fuerte de Camellos. Finalmente, los tres hallazgos restantes proceden de la zona de Marruecos: en el yacimiento de *Tamuda* (Tetuán)[178] se han encontrado dos ases de la serie V.B que aparecieron de forma esporádica en las excavaciones de 1942 realizadas por P. Quintero Atauri; en la zona de Cazaza[179], cerca de la antigua *Rusadir*, se halló un as sin indicación de serie; y en el yacimiento de *Lixus* (Larache)[180] también se localizaron dos ases sin indicación de serie.

También contamos con un importante número de monedas, cuatrocientas setenta y tres, procedentes de museos. Todas estas monedas aparecen en cuarenta y un museos y la mayoría tienen una procedencia local o regional. Así, en la Cámara Municipal de Oporto (Portugal)[181] tenemos dieciocho ejemplares de *Castulo*, de los que dos pertenecen a los duplos de la serie I, dos a los semises de la serie III, tres a los ases de la serie IV.A, uno a los semises de la serie IV.B, cinco a los ases de la serie V.A, uno a los ases de la serie V.B, dos a los

---

[157] *Cf.* C. BLÁZQUEZ CERRATO (1989-1990), pp. 211-228; C. BLÁZQUEZ CERRATO (2002), p. 119
[158] *Cf.* C. BLÁZQUEZ CERRATO (2002), pp. 130-131.
[159] *Cf.* C. BLÁZQUEZ CERRATO (1989-1990), pp. 211-228; C. BLÁZQUEZ CERRATO (2002), pp. 147-148.
[160] *Cf.* L. BERROCAL RANGEL (1988a), pp. 19-23; L. BERROCAL RANGEL y A. CANTO GARCÍA (1990), pp. 67-77; L. BERROCAL RANGEL (1991), pp. 331-345; C. BLÁZQUEZ CERRATO (2002), pp. 71-72.
[161] *Cf.* J. RUIVO (1999), pp. 101-110.
[162] *Cf.* J. DA SILVA RUIVO (1995), pp. 155-160.
[163] *Cf.* C. TAVARES DA SILVA, J. SOARES y M. FARINHA DOS SANTOS (1973 a y b), pp. 7-13 y 245-305; M. P. GARCÍA-BELLIDO (1982), pp. 101-102, Hallazgo 5; C. ALFARO ASINS (1988), Hallazgos Monetales, pp. 87-124. Hallazgo, nº 14.
[164] *Cf.* J. SÁNCHEZ JIMÉNEZ (1962), pp. 108 y ss.; C. BLÁZQUEZ CERRATO (1992), p. 215.
[165] *Cf.* J. SÁNCHEZ JIMÉNEZ (1945), pp. 91-94; F. MATEU Y LLOPIS (1945-1946), pp. 233-276, nº 147; M. P. GARCÍA-BELLIDO (1982), p. 115, Hallazgo 20.
[166] *Cf.* P. VIDAL GONZÁLEZ (1989), pp. 343-361.
[167] *Cf.* F. MATEU Y LLOPIS (1945-1946), pp. 233-276, nº 156; M. P. GARCÍA-BELLIDO (1982), p. 124, Hallazgo 27.
[168] *Cf.* M. BELTRÁN LLORIS (1976), pp. 316-318 y 345; P. P. RIPOLLÈS ALEGRE (1982a), p. 63.
[169] *Cf.* F. MATEU Y LLOPIS (1945-1946), pp. 233-276, nº 161; P. P. RIPOLLÈS ALEGRE (1982a), p. 68.
[170] *Cf.* F. BURILLO MOZOTA y M. OSTALÉ (1983-1984), pp. 287-309; C. BLÁZQUEZ CERRATO (1992), pp. 235-237.
[171] *Cf.* E. COLLANTES VIDAL (1979), vol. I, p. 117-124; E. COLLANTES PÉREZ-ARDA (1979), vol. II, pp. 163-169; C. BLÁZQUEZ CERRATO (1992), pp. 213-214.

[172] *Cf.* F. MATEU Y LLOPIS (1951), nº 387; M. P. GARCÍA-BELLIDO (1982), p. 127, Hallazgo 35; P. P. RIPOLLÈS ALEGRE (1982a), p. 145.
[173] *Cf.* F. MATEU Y LLOPIS (1953a), pp. 225-264, nº 573; M. P. GARCÍA-BELLIDO (1982), pp. 126-127, Hallazgo 33.
[174] *Cf.* M. GÓMEZ MORENO (1925), p. 54; F. JORDÁ CERDÁ (1962), p. 22; C. ALFARO ASINS (1985), pp. 137-149; R. M. S. CENTENO (1987), Hallazgo 62, moneda nº 7; C. BLÁZQUEZ CERRATO (2002), p. 75.
[175] *Cf.* F. MATEU Y LLOPIS (1953b), p. 93, nº 624; I. PEREIRA, J. P. BOST y J. HIERNARD (1974); R. M. S. CENTENO (1987), Hallazgo 137.
[176] *Cf.* C. POSAC MON (1957), pp. 309-315; C. POSAC MON (1958), pp. 117-127; C. POSAC MON (1962), pp. 193-199; C. BLÁZQUEZ CERRATO (1992), p. 198.
[177] *Cf.* L. SOTO-JIMÉNEZ Y ARANAZ (1978), p. 63; E. GOZALBES CRAVIOTO (1987), pp. 108-109; E. GOZALBES CRAVIOTO (1991), pp. 71-82 y 174-175.
[178] *Cf.* P. QUINTERO Y ATAURI (1942), pp. 63-70; F. MATEU Y LLOPIS (1949), p. 28; M. P. GARCÍA-BELLIDO (1982), p. 105, Hallazgo 9.
[179] *Cf.* L. SOTO-JIMÉNEZ Y ARANAZ (1978), p. 63; E. GOZALBES CRAVIOTO (1991), pp. 71-82 y 174-175.
[180] *Cf.* P. QUINTERO Y ATAURI (1942), pp. 63-70; F. MATEU Y LLOPIS (1949), p. 28; M. P. GARCÍA-BELLIDO (1982), p. 105, Hallazgo 8.
[181] *Cf.* R. M. S. CENTENO (1987), Gabinete de numismática da Cámara Municipal, nº 35-52.

semises de la serie VI, uno a los semises de la serie VII y otro a los ases de la serie IX. En el Museo Arqueológico Municipal de Elche (Alicante)[182] se han hallado otras dieciocho monedas de esta ceca, de las que una pertenece a los duplos de la serie I, una a los ases de la serie IV.A, una a los semises de la serie IV.B, siete a los ases de la serie V.A, una a los ases de la serie V.B, cuatro a los semises de la serie VI, una a los semises de la serie VI pero con un reverso diferente, una a los ases de la serie VIII y una a los ases de la serie IX. En el Museo Arqueológico y Etnográfico de Granada[183] se han localizado treinta y cuatro monedas de *Castulo*: una mitad de la serie I, dos duplos de la serie II, una unidad de la serie II, cuatro semis de la serie III, un cuadrante de la serie IV.A, un as de la serie IV.B, dos semises de la serie IV.B, un cuadrante de la serie IV.B, cinco ases de la serie V.A, un as de la serie V.B, cuatro ases de la serie V.B pero con estrella dentro del creciente del anverso, seis semises de la serie V.B y otros cinco semises de la serie V.B pero con estilo más tosco. En el Museo Provincial de Tarragona[184] se han encontrado otras veintitrés monedas. De ellas, una pertenece a las mitades de la serie I, una a los ases de la serie III, cuatro a los semises de la serie III, una a los ases de la serie IV.A, cinco a los ases de la serie V.A, una a los semises de la serie V.A, una a los ases de la serie V.B, una a los semises de la serie V.B, tres a los semis de la serie VI, una a los ases de la serie VII, una a los ases de la serie IX y tres piezas, un as y dos semises, carecen de indicación de serie. En el Monetario de la Universidad de Valencia[185] se han localizado treinta monedas: un duplo de la serie II, tres ases de la serie III, tres ases de la serie IV.A, trece ases de la serie V.A, tres ases de la serie V.B, tres semises de la serie V.B, dos semises de la serie VI, un semis de la serie VII y un semis de la serie VIII. En el Museo de Jaén[186] sólo contamos con nueve ejemplares de esta ceca. De ellos, uno pertenece a los duplos de la serie II, uno a los ases de la serie III, tres a los semises de la serie III y cuatro a los semises de la serie III pero llevando en el anverso signo *S* y en reverso signo ibérico *ś*.

Dentro del Monetario antiguo del Museo de Baza[187] se han hallado treinta y cinco monedas de *Castulo*. Entre ellas tenemos dos unidades de la serie II, tres semises de la serie III, tres ases de la serie IV.A, seis ases de la serie V.A, dos ases de la serie V.B, tres semises de la serie V.B, siete semises de la serie VI, un as de la serie VIII, un semis de la serie VIII, cuatro ases de la serie IX y tres divisores muy mal conservados de los que no podemos saber su indicación de serie. En el Museo Arqueológico Provincial de Alicante[188] se localizan otras veinte monedas de esta ceca, de las que una pertenece a los ases de la serie III, dos a los semises de la serie IV.B, tres a los ases de la serie V.A, una a los ases de la serie V.B, una a los semis de la serie V.B, una a los semises de la serie V.B con estilo más tosco, dos a los semises de la serie VI, dos a los ases de la serie IX, una a los semises de la serie IX y de seis, cinco ases y un semis, no conocemos su indicación de serie. Dentro del Museo Arqueológico Provincial de Pontevedra[189] se han localizado dieciocho monedas, entre las que encontramos dos ases de la serie III, dos semises de la serie III, dos ases de la serie IV.A, un semis de la serie IV.A, seis ases de la serie V.A, un semis de la serie V.B y cuatro semises de la serie VI. Todas estas piezas podrían proceder de las minas de El Carboeiro. En el Museo de Manresa (Barcelona)[190] tenemos otras siete monedas de *Castulo*: dos ases de la serie III, un semis de la serie IV.B, dos ases de la serie V.A, un as de la serie V.B y un semis de la serie VI. Al Museo de Cádiz[191] pertenecen dos ases de la serie III, tres ases de la serie IV.A, un as de la serie IV.B, tres ases de la serie V.A y un as de la serie V.B.

La moneda más alejada dentro del apartado de museos procede de la zona de Polonia, más concretamente del Museo Provincial de Krosno[192], y pertenece a los semises de la serie III. A los semises de la serie III, pero en este caso a las monedas que presentan en anverso *S* y en reverso símbolo ibérico *ś*, corresponde un ejemplar localizado en la Colección Recio Veganzones de Martos (Jaén)[193]. En esta colección también encontramos tres ases de la serie IV.A, dos semises de la serie IV.A, cinco semises de la serie VI, dos ases de la serie IX y ocho ejemplares, seis ases y dos semises, sin indicación de serie. En el Museo de Bellas Artes de Castellón[194] se han encontrado otros tres ases de la serie IV.A y un as de la serie IV.B. Del Museo de Linares[195] sólo se han publicado dieciséis monedas, algo extraño por ser el museo en el que se depositarían las monedas halladas en el yacimiento de *Castulo*, por lo que imaginamos que dentro de sus fondos habrá muchas más monedas de esta ceca. Entre las piezas estudiadas de este museo encontramos tres ases de la serie IV.A, diez ases de la serie V.A y tres ases de la serie V.B. Dentro del Museo de Salamanca[196] se han localizado ocho monedas de esta ceca, de las que dos pertenecen a los ases de la serie IV.A, una a los semises de la serie IV.B, una a los ases de la serie V.A, una a los ases de la serie V.B, otras dos a los ases de la serie V.B pero con estrella dentro del creciente

---

[182] *Cf.* J. M. ABASCAL y A. ALBEROLA (2007), pp. 37-39.
[183] *Cf.* F. MATEU Y LLOPIS (1953a), pp. 225; M. P. GARCÍA-BELLIDO (1982), pp. 105-106, Hallazgo 12.
[184] *Cf.* P. P. RIPOLLÈS ALEGRE (1982a), pp. 149-160.
[185] *Cf.* R. ARROYO ILERA (1984); C. BLÁZQUEZ CERRATO (1992), pp. 167-177.
[186] *Cf.* M. P. GARCÍA-BELLIDO (1982), p. 106, Hallazgo 13.
[187] *Cf.* A. PADILLA ARROBA (2006) (en preparación).
[188] *Cf.* P. P. RIPOLLÈS ALEGRE (1982a), pp. 215-234; C. BLÁZQUEZ CERRATO (1992), pp. 102-112.
[189] *Cf.* A. GARCÍA ALÉN (1952-1953), pp. 99-140; R. M. S. CENTENO (1987), Museo Arqueológico Provincial de Pontevedra, nº 39-56; C. BLÁZQUEZ CERRATO (1992), pp. 162-167.
[190] *Cf.* S. DATZIRA I SOLER (1980), pp. 183-197; P. P. RIPOLLÈS ALEGRE (1982a), pp. 107-109; C. BLÁZQUEZ CERRATO (1992), pp. 155-159.
[191] *Cf.* M. P. GARCÍA-BELLIDO (1982), pp. 229, 231, 234-236, 250 y 258.
[192] *Cf.* L. MORAWIECKI (1984), pp. 43-57.
[193] *Cf.* A. PADILLA ARROBA (2008) (en preparación).
[194] *Cf.* P. P. RIPOLLÈS ALEGRE (1982a), pp. 82-84.
[195] *Cf.* M. P. GARCÍA-BELLIDO (1982), pp. 231, 244, 250 y 258.
[196] *Cf.* M. P. GARCÍA-BELLIDO (1982), pp. 234, 243, 251, 253, 268 y 272.

2. CIRCULACIÓN MONETARIA DE LAS CECAS IBÉRICAS MERIDIONALES DE LA ULTERIOR

y una a los semises de la serie V.B. En el Museo Nacional de Arte Romano de Mérida (Badajoz)[197] se han hallado otros dos ases de la serie IV.A, además de un as de la serie V.A y un semis de la serie VI. También en la provincia de Badajoz, en el Gabinete del Seminario de San Atón[198], se ha documentado la presencia de un semis de la serie IV.B, un as de la serie V.A, cuatro semises de la serie V.B y dos semises sin indicación de serie.

En la Colección numismática de la Universidad de Sevilla[199] encontramos otras ocho monedas de la ceca castulonense. Entre ellas tenemos una perteneciente a los ases de la serie V.A, una a los ases de la serie V.B, una a los semises de la serie VI, dos a los ases de la serie VII, una a los ases de la serie VIII, una a los ases de la serie IX y una a los ases pero sin indicación de serie. En el Museo Provincial de Logroño[200] se han encontrado un as de la serie V.A, dos semises de la serie VI y un cuadrante de la serie VI. También a los ases de la serie V.A pertenece una moneda procedente del Museo Arqueológico Provincial de Gerona[201]. En el Museo Arqueológico Provincial de Orense[202] también encontramos tres ases de la serie V.A, además de un as y un semis de la serie IX y un as sin indicación de serie. En otro museo de la zona norte, en el Museo Arqueológico Provincial de Oviedo[203], se han hallado cinco monedas de *Castulo*, entre las que tenemos tres ases de la serie V.A, un semis de la serie VI y un semis de la serie VII. En el Museo de La Alcudia (Elche, Alicante)[204] se han depositado las monedas procedentes de los últimos hallazgos realizados en este yacimiento, y entre gran cantidad de monedas encontramos un as de la serie V.A, un semis de la serie VI, un as de la serie VII y seis piezas, de las que tres son semises, sin indicación de serie.

En el Museo de los Villares (Caudete de la Fuente, Valencia)[205] se conservan varias monedas de *Castulo* procedentes de las colecciones de R. Gabaldón y F. Gabaldón, de las que quince pertenecen a los ases de la serie V.A, dos a los ases de la serie V.B, cinco a los semises de la serie V.B, una a los semises de la serie V.B de estilo más tosco y de nueve, cuatro ases y cinco semises, no conocemos su indicación de serie. En la vecina provincia de Castellón, en el Museo de Nules[206], y procedentes de la zona de El Castellet (La Vilavella, Castellón), se han documentado tres ejemplares de la ceca de *Castulo*, entre los que hay un as de la serie V.A, un semis de la serie V.B y un semis de la serie VI. Un as de la serie V.A y un semis de la serie V.B también se han encontrado en el cercano Museo Municipal de Alcoy (Alicante)[207]. A los ases de la serie V.A también pertenecen una moneda localizada en el Museo de Sagunto (Valencia)[208], otra procedente del Museo Numantino de Soria[209] y dos procedentes del museo portugués de Nazaré[210]. A los semises de la serie V.B pertenecen dos monedas localizadas en el Museo Arqueológico Nacional (Madrid)[211], aunque halladas en la provincia de Cádiz. También encontramos un semis de la serie V.B, en este caso del estilo más tosco y hallada en el Cerro de Alarcos, en el Museo de Ciudad Real[212]. En este museo también se ha localizado un as de la serie VII.

Del Museo de la Sociedad Martins Sarmento (Portugal)[213] proceden dos semises de la serie VI y un as de la serie VIII, los tres hallados en Guimarães (Región de Braga, Portugal). Dos ases de la serie VIII también hemos encontrado en el Gabinete Numismático de Cataluña[214], además de tres piezas, dos ases y un semis, sin indicación de serie. Todas estas monedas proceden del yacimiento de *Ampurias*. A los ases de la serie IX pertenecen una moneda localizada en el Museo Arqueológico Provincial de Bellas Artes de Mahón (Menorca)[215], hallada en Son Carla, y una pieza procedente del Museo de Antropología "Dr. Mendes Corrêa" do Oporto (Portugal)[216].

Finalmente, contamos con cinco museos de los que desconocemos la indicación de serie de las monedas de *Castulo* presentes: así, en el Monetario del Santuario de Nuestra Señora de Lluch (Palma de Mallorca)[217] se han encontrado diez monedas procedentes del Convento de La Real; en el Museo Arqueológico Provincial de Cáceres[218] se han localizado otras cincuenta monedas sin indicación de serie; otras veintinueve han sido halladas en el Museo de Évora (Portugal)[219]; un as con Cabeza a derecha en anverso y Esfinge a derecha en reverso con leyenda borrada se conserva en el Museo de los Caminos

---

[197] *Cf.* C. BLÁZQUEZ CERRATO (2002), pp. 102-115.
[198] *Cf.* R. GÓMEZ VILLAFRANCA (1910); C. BLÁZQUEZ CERRATO (1992), pp. 118-126; C. BLÁZQUEZ CERRATO (2002), pp. 86-93.
[199] *Cf.* F. CHAVES TRISTÁN (1994b), pp. 27-45.
[200] *Cf.* M. A. MARTÍN BUENO (1974), pp. 65-85; P. P. RIPOLLÈS ALEGRE (1982a), pp. 105-107; C. BLÁZQUEZ CERRATO (1992), pp. 145-150.
[201] *Cf.* P. P. RIPOLLÈS ALEGRE (1982a), pp. 191-200.
[202] *Cf.* R. M. S. CENTENO (1987), Museo Arqueológico Provincial de Orense, nº 8-11 y 13.
[203] *Cf.* M. ESCORTELL PONSODA (1971), pp. 13-45; R. M. S. CENTENO (1987), Museo Arqueológico Provincial de Oviedo, nº 10-12 y 14-15; C. BLÁZQUEZ CERRATO (1992), pp. 159-162.
[204] *Cf.* J. M. ABASCAL y A. ALBEROLA (2007), pp. 92-93.
[205] *Cf.* P. P. RIPOLLÈS ALEGRE (1982a), pp. 201-209.
[206] *Cf.* M. GOMIS JUSTO (1993), pp. 55-66.
[207] *Cf.* P. P. RIPOLLÈS ALEGRE (1982a), pp. 210-214.
[208] *Cf.* P. P. RIPOLLÈS ALEGRE (1977), pp. 243-272; P. P. RIPOLLÈS ALEGRE (1982a), pp. 137-138.
[209] *Cf.* J. M. VIDAL BARDÁN y C. DE LA CASA MARTÍNEZ (1985), pp. 77-95.
[210] *Cf.* J. DA SILVA RUIVO (1995), pp. 155-160.
[211] *Cf.* C. ALFARO ASINS (1988), Hallazgos Monetales, pp. 87-124. Hallazgo, nº 37.
[212] *Cf.* M. FERNÁNDEZ RODRÍGUEZ y F. J. LÓPEZ FERNÁNDEZ (1988), pp. 23-32.
[213] *Cf.* F. MATEU Y LLOPIS (1947-1948), p. 78, nº 268; I. PEREIRA, J. P. BOST y J. HIERNARD (1974); M. P. GARCÍA-BELLIDO (1982), p. 96, Hallazgo 2; R. M. S. CENTENO (1987), Museo de Martins Sarmento, nº 5-7; C. BLÁZQUEZ CERRATO (1992), p. 212.
[214] *Cf.* P. P. RIPOLLÈS ALEGRE (1982a), pp. 175-184.
[215] *Cf.* P. P. RIPOLLÈS ALEGRE (1982a), pp. 235-242; C. BLÁZQUEZ CERRATO (1992), pp. 151-155.
[216] *Cf.* R. M. S. CENTENO (1987), Museo de Antropologia "Dr. Mendes Corrêa", nº 4.
[217] *Cf.* F. MATEU Y LLOPIS (1953a), pp. 225-264.
[218] *Cf.* C. CALLEJO SERRANO (1957); C. BARRANTES LÓPEZ y S. PANIAGUA BERROCAL (1987), pp. 107-120; C. BLÁZQUEZ CERRATO (1992), pp. 126-132.
[219] *Cf.* M. FARINHA DOS SANTOS y G. MARQUES (1977), pp. 795-810; C. BLÁZQUEZ CERRATO (1992), pp. 132-136.

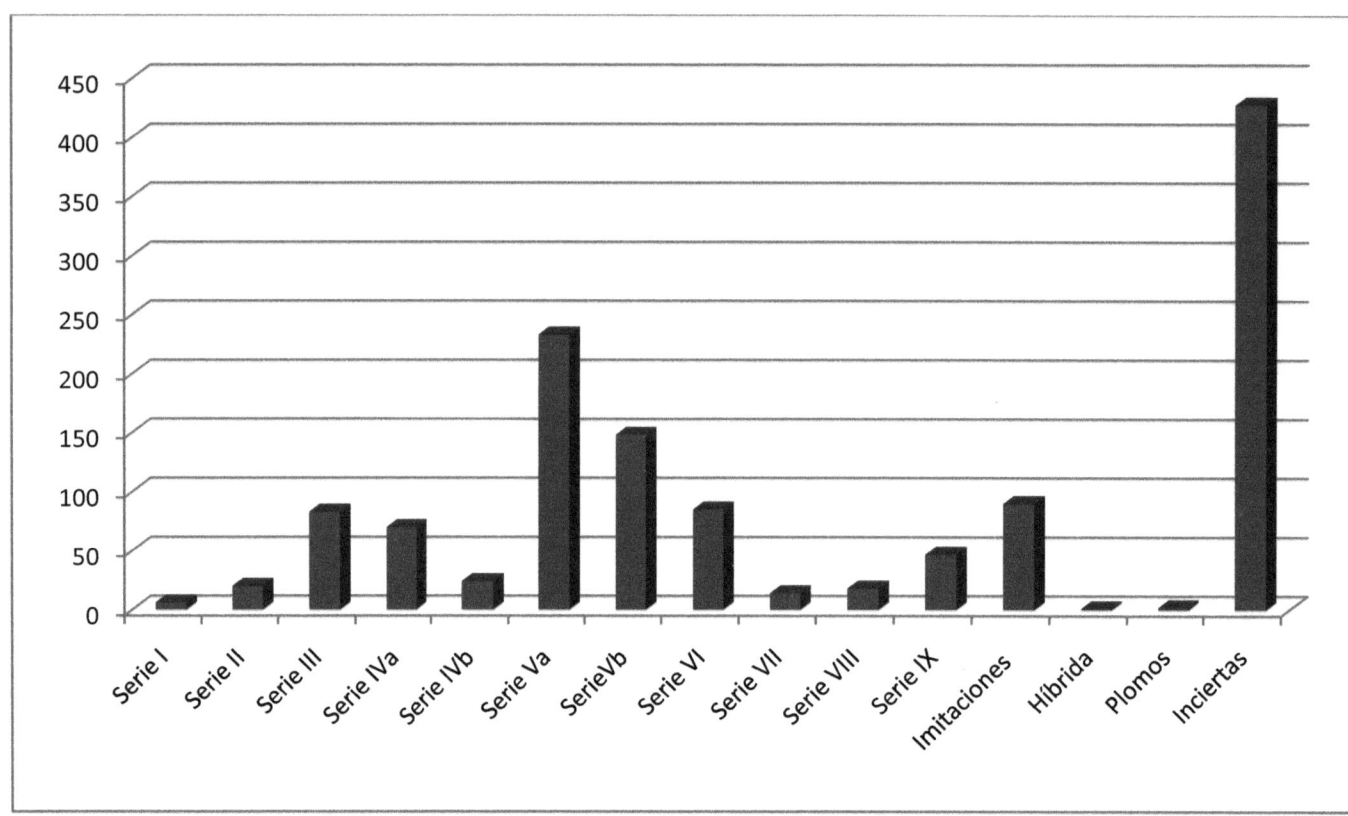
Gráfica 2: Distribución del monetario de la ceca de *Castulo* por series

de Astorga (León)[220]; y un número indeterminado de ejemplares de esta ceca se encuentra depositado en el Museo de Zaragoza[221].

En un análisis general de la circulación monetaria de la ceca de *Castulo,* podemos decir que de los mil doscientos sesenta y nueve ejemplares estudiados, seis pertenecen a la serie I (0,47%), veinte a la serie II (1,58%), ochenta y tres a la serie III (6,54%), setenta a la serie IV.A (5,52%), veinticuatro a la serie IV.B (1,89%), doscientos treinta y tres a la serie V.A (18,36%), ciento cuarenta y ocho a la serie V.B (11,66%), ochenta y cinco a la serie VI (6,70%), catorce a la serie VII (1,10%), dieciocho a la serie VIII (1,42%), cuarenta y siete a la serie IX (3,70%), noventa a las imitaciones de *Castulo* (7,09%), una moneda es híbrida de *Castulo* y *Obulco* (0,08%), dos son plomos monetiformes (0,16%) y de las restantes cuatrocientas veintiocho piezas desconocemos su indicación de serie (33,73%), aunque la mayoría de estos ejemplares pertenecerían a las series con leyenda ibérica. Como podemos ver, de las dos primeras emisiones encontramos una escasa representación de ejemplares. Mayor es la presencia de piezas de la serie III y la paralela IV, pero sobre todo serán muy numerosos los hallazgos de monedas de la serie paralela V. De la serie bilingüe también contamos con un importante número de piezas. Menos ejemplares tenemos de las series con escritura latina, no habiéndose documentado incluso ninguna moneda de la serie X.

Por lo que respecta a los valores presentes, contamos con once duplos (0,87%), quinientos ochenta y ocho ases o unidades (46,34%), cuatrocientos cincuenta y dos semises (35,62%), trece cuadrantes (1,02%), dos plomos (0,16%) y doscientas tres monedas de las que desconocemos su indicación de valor (16,00%), aunque la mayoría de ellas corresponderían a ases y semises, ya que son los valores más acuñados por esta ceca.

En cuanto a la cronología de las monedas analizadas, veintiséis ejemplares (los correspondientes a las series I y II) fueron acuñados a finales del siglo III a. C. (2,05%), ciento setenta y siete (los correspondientes a las series III, IV.A y IV.B) en la primera mitad del siglo II a. C. (13,95%), trescientos ochenta y dos (los correspondientes a las series V.A y V.B y la moneda híbrida de *Castulo* y *Obulco*) entre mediados del siglo II e inicios del siglo I a. C. (30,10%), ochenta y cinco (los correspondientes a la serie VI) durante la primera mitad del siglo I a. C. (6,70%), ciento sesenta y nueve (los correspondientes a las series VII-IX e imitaciones) durante los años 80 y 45 a. C. (13,32%) y de las restantes cuatrocientas treinta piezas no sabemos con claridad el periodo en el que habrían sido acuñadas (33,88%), aunque en algunas ocasiones se da alguna aproximación al periodo de emisión.

---

[220] *Cf.* T. MAÑANES PÉREZ (1982), pp. 207-229; C. BLÁZQUEZ CERRATO (1992), pp. 112-118; C. BLÁZQUEZ CERRATO (2002), pp. 81-83.
[221] *Cf.* M. BELTRÁN LLORIS (1988), p. 84.

2. CIRCULACIÓN MONETARIA DE LAS CECAS IBÉRICAS MERIDIONALES DE LA ULTERIOR

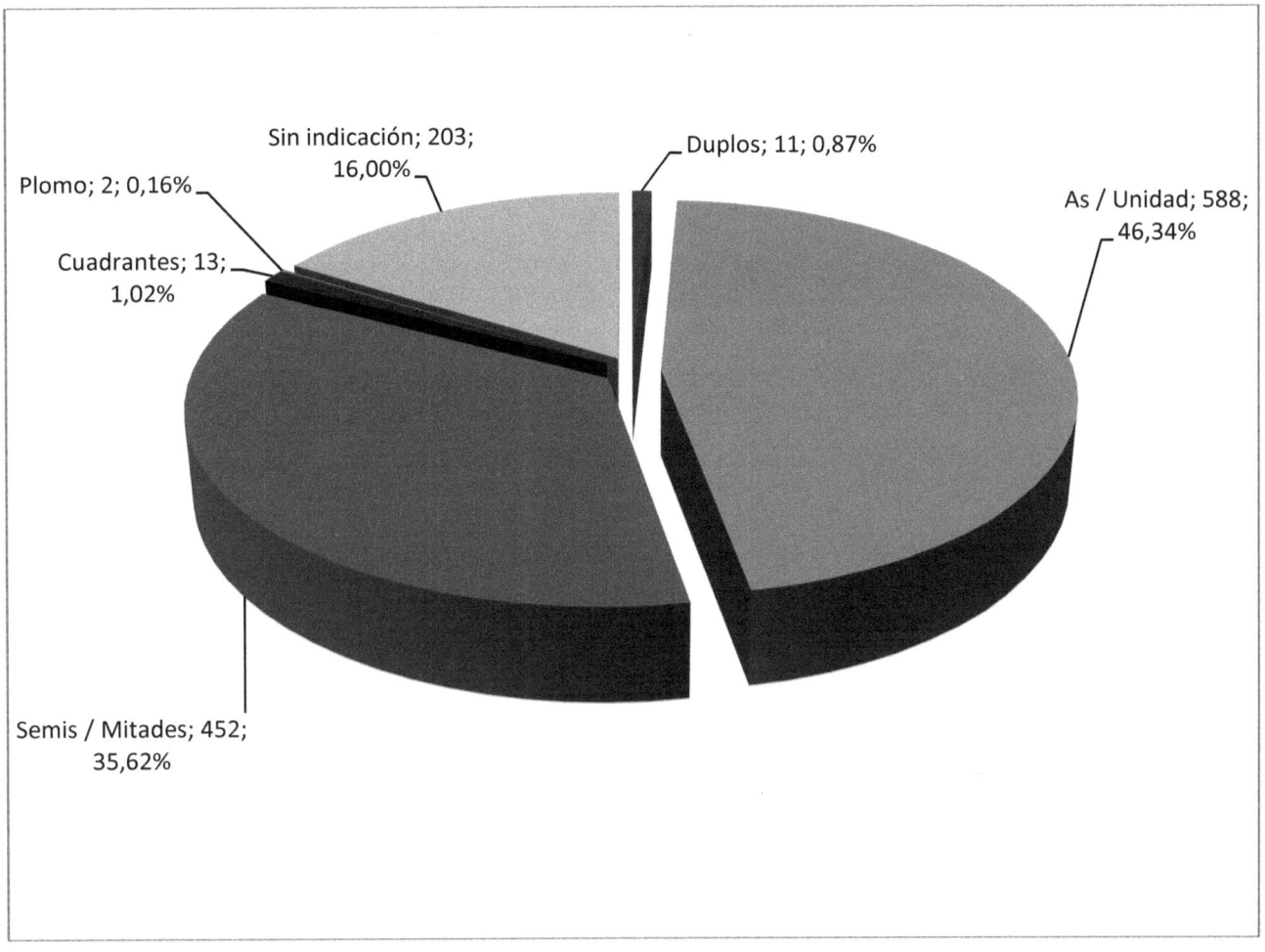

Gráfica 3: Número de ejemplares y porcentaje de piezas de la ceca de *Castulo* por valores

La mayoría de estas cronologías propuestas están confirmadas gracias a las informaciones aportadas por hallazgos como los tesorillos de Graçac, *Baria* o Riotinto, o las excavaciones realizadas en las minas de Cerro del Plomo o Diógenes, en el campamento de Cáceres el Viejo, en los poblados de Azaila o La Balaguera o en la necrópolis romana de Cádiz.

Por último, las procedencias de los hallazgos son muy variadas, pues las monedas de la ceca de *Castulo* tuvieron una importante circulación. Ésta es especialmente intensa en las provincias andaluzas de Jaén, Granada, Huelva y Córdoba, sobre todo en las zonas mineras, en las provincias de Cáceres y Badajoz, en Portugal y en las provincias de la costa levantina de Murcia, Alicante y Valencia. Entre las provincias andaluzas tenemos a Jaén con ciento treinta y siete ejemplares (10,80%), a Granada con ciento nueve (8,59%), a Huelva con ciento veinticuatro (9,77%) y a Córdoba con cincuenta y nueve (4,75%). Es lógico pensar que en la provincia de Jaén exista una importante presencia monetaria, pues es el lugar en el que habría estado situada la ceca de *Castulo*, aunque por desgracia conservamos pocos ejemplares localizados en la zona de Linares. También es muy importante la circulación monetaria en la zona de Sierra Morena, tanto en la parte jiennense como en la cordobesa, y en la zona minera de Riotinto. Es tan intensa la presencia de monedas castulonenses que en momentos de escasez de este numerario se llegan a realizar imitaciones muy toscas. Estas imitaciones las llegamos a encontrar fundamentalmente en la zona minera de Huelva, en las minas cordobesas e incluso en el área minera de Extremadura.

Menor presencia de ejemplares tenemos en la provincia de Cádiz, con cuarenta monedas (3,15%), en la de Almería, con treinta y una monedas (2,44%), en la de Sevilla, con veinticuatro ejemplares (1,89%) y en la de Málaga, con nueve ejemplares (0,71%), aunque aquí contamos con varios hallazgos de los que no se precisa el número total de monedas de las que se compondrían. En la provincia de Cáceres encontramos doscientas diez monedas (16,55%) y en la de Badajoz cincuenta y cuatro monedas (4,26%). Como podemos ver, en estas dos provincias extremeñas encontramos gran cantidad de ejemplares de la ceca de *Castulo*, concentrándose fundamentalmente en las zonas más próximas a los campamentos romanos, como Cáceres el Viejo, o en las zonas mineras, aunque la mayoría de estas piezas, por desgracia, se han hallado en contextos muy tardíos. En Portugal se han documentado setenta monedas (5,52%).

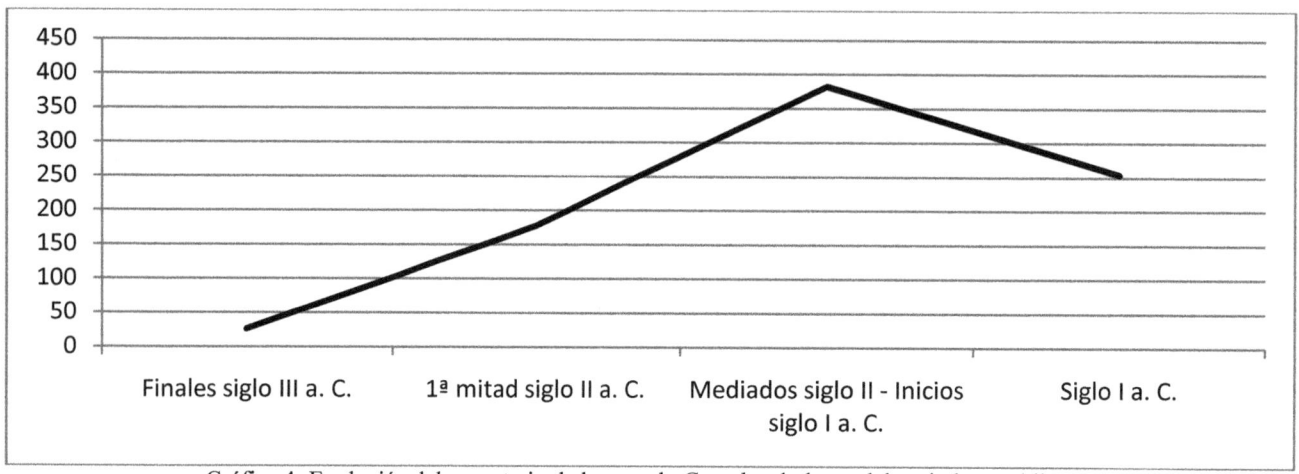

Gráfica 4: Evolución del monetario de la ceca de *Castulo* a lo largo del periodo republicano

En el tramo de costa mediterránea que va desde Murcia hasta Gerona se ha encontrado gran cantidad de monedas, siendo especialmente numerosa su presencia en la zona sur. Así, en Murcia se han localizado ochenta y siete monedas (6,86%), en Alicante cincuenta y seis (4,41%), en Valencia ochenta y tres (6,54%), en Castellón nueve (0,71%), en Tarragona veintitrés (1,81%), en Barcelona trece (1,01%) y en Gerona ocho (0,63%). En las islas Baleares se han hallado diez monedas en Mallorca (0,79%) y dos en Menorca (0,16%).

En el interior de la Península, exceptuando los ejemplares vistos anteriormente en Extremadura y las veintitrés piezas localizadas en la zona minera de la provincia de Ciudad Real (1,81%), encontramos escasa presencia de monedas de la ceca de *Castulo*. Así, sólo se han documentado cinco monedas en la provincia de Albacete (0,39%), tres en la de Cuenca (0,24%), una en la de Guadalajara (0,08%), cinco en la de Teruel (0,39%), doce en la de Zaragoza (0,95%), dos en la de Huesca (0,16%), una en la de Lérida (0,08%), cuatro en la de La Rioja (0,32%), tres en la de Soria (0,24%), una en la de Burgos (0,08%), ocho en la de Salamanca (0,63%) y dos en la de León (0,16%). Una mayor presencia de ejemplares tenemos en Galicia y en Asturias. Así, tenemos diecinueve monedas en Pontevedra (1,50%), dieciocho de las cuales podrían proceder de las minas de El Carboeiro, seis en Orense (0,47%) y cinco en Oviedo (0,39%).

Fuera de la península Ibérica se han localizado ejemplares en el norte de África, con cuatro monedas en Marruecos (0,32%) y dos en Argelia (0,16%). En Croacia tenemos tres ejemplares (0,24%) procedentes de un tesorillo y en Polonia dos (0,16%), ambos procedentes de la zona de Krosno, uno de un tesorillo dudoso descubierto en Turaszowká y el otro del museo local; es posible que ambos ejemplares sean el mismo, ya que en este museo sólo se documenta un ejemplar de esta ceca.

En la zona norte y del interior de la península Ibérica o en regiones extrapeninsulares como Polonia han aparecido algunos ejemplares de esta ceca, pero el hecho de encontrarnos con ellos no implica que existiesen unas relaciones comerciales entre estos lugares y *Castulo*, sino que más bien se trataría de hallazgos meramente testimoniales, pues, como ya dijimos anteriormente, las cecas con un importante volumen de emisiones son proclives a tener un mayor número de monedas lejos de su zona de emisión, ya que cuando una pieza abandona su área de circulación suele alejarse rápidamente de ésta como consecuencia de que las zonas a las que llega suelen acaparar las monedas que usan más frecuentemente y desprenderse de aquellas foráneas, por lo que el ejemplar puede llegar a viajar a puntos muy alejados al lugar de emisión.

Como conclusión, podemos decir que las monedas de *Castulo* tuvieron un área de expansión muy amplia, aunque las mayores concentraciones las localizamos en el área más próxima a la provincia de Jaén y en las zonas mineras. Entre estas últimas cabe destacar la zona minera de Sierra Morena (Jaén y Córdoba), las minas de Ciudad Real, las minas de la zona de Cartagena y La Unión, en la provincia de Murcia, o la cuenca minera de la provincia de Huelva (Riotinto). También encontramos ejemplares en ámbitos mineros tan alejados como la provincia de Pontevedra o la zona de Graçac (Croacia). La importante presencia de monedas en estas zonas mineras no implica necesariamente que mantuviesen relaciones comerciales con la ciudad de *Castulo*, pues en las grandes transacciones comerciales no se utiliza moneda de bronce, sino de plata. Por tanto, pensamos que todas estas zonas mineras, entre las que incluimos *Castulo*, tendrían un vínculo común, y es que compartirían cuadrillas de trabajadores dedicados a la minería, que en sus traslados desde unas cuencas mineras a otras se llevarían consigo sus sueldos, que habrían sido pagados con monedas de bronce del lugar, y que utilizarían en la nueva zona hasta disponer de numerario de este lugar. Así, no sería adecuado entender la presencia de tres monedas castulonenses en Croacia como producto de las relaciones comerciales entre ambas zonas, sino que más bien sería consecuencia del traslado de una serie de trabajadores desde alguna zona minera de la *Ulterior* hacia las minas de Graçac.

2. CIRCULACIÓN MONETARIA DE LAS CECAS IBÉRICAS MERIDIONALES DE LA ULTERIOR

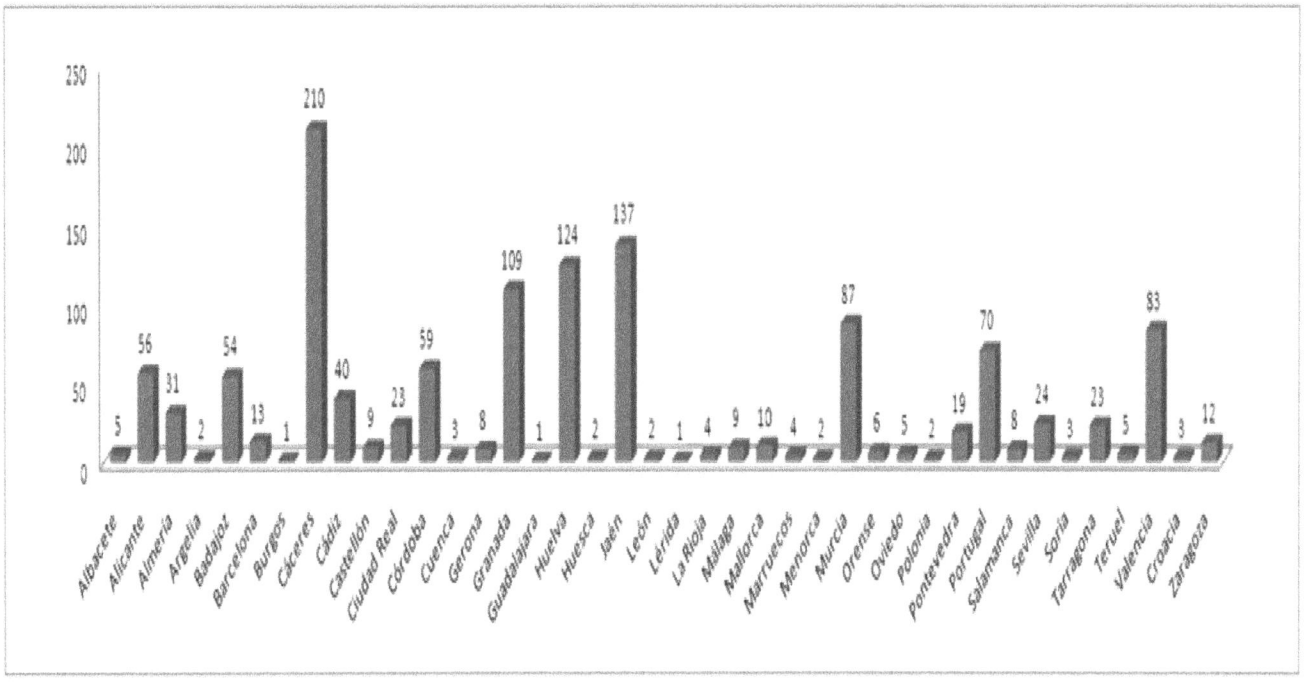

Gráfica 5: Número de ejemplares castulonenses según su procedencia

2.3. i.l.tu.ŕ.i.ŕ. / i.l.bi.ŕ.i.ŕ. / Iliberri/ Florentia

a) Análisis de la ceca.

i.l.tu.ŕ.i.ŕ. / i.l.bi.ŕ.i.ŕ. / FLORENTIA / ILIBERRI (Barrio del Albaicín, Granada). 37° 11'N- 3° 35'W. Ptol. 37° 40'N- 11° E. Ciudad túrdula, aunque Plinio la sitúa en la Bastetania. El *oppidum* ibérico estaría situado en el barrio granadino del Albaicín. Posteriormente, sobre este mismo lugar se asentará el *Municipium Florentinum Iliberritanum*.

Fuentes: está constatada en las fuentes literarias, epigráficas, arqueológicas y numismáticas que relacionamos a continuación:

Fuentes literarias: Plin., nat. 3.9: *Iliberri quod Florentini cognominatur*; Ptol. 2.4.9: Ἰλιβερίς.

Fuentes epigráficas: CIL. II, 1572 (= *CIL.* II²/5, 387 = *ILPGranada*, 127) (Baena, Córdoba): *Liciniae Q(uinti) f(iliae) / Rvfinae / sacerdoti / perpetvae / in col(onia) C(laritate) Ivl(ia) et in / mvnic(ipio) C(ontribvtensi) Ipsc(ensi) / et in mvnic(ipio) Flor(entino) / Iliberrit(ano) aman/tissimae civivm / svorvm / plebs Contrib(utensis) Ipsc(ensis) / ob merita eivs / statvam aere con/lato d(ono) d(edit) / Licinia Q(uinti) f(ilia) Rvfina / honore accepto / impensam remisit*; *CIL.* II, 2063 (= *CIL.* II²/5, 656 = *CILA* IV, 110 = *ILPGranada*, 22) (Cortijo de Faucena, Iznalloz, Granada): *P(ublio) Manlio P(ubli) f(ilio)* *Gal(eria) Manli/ano Iliber(ritano) hvic ordo / pvblice locvm sepvltvr(ae) / impensam fvneris sta/tvam decrevit / P(ublius) Manlivs Pax pater honor(e) / accep(to) impensam remisit*; *CIL.* II, 2069 (= *CIL.* II²/5, 619 = *CILA* IV, 1; *ILPGranada*, 31) (Granada): *Genio mvni/cipii Florentino/rvm M(arcus) Serviliv[s] / Onesimvs ob h[ono]/[rem seviratvs*; *CIL.* II, 2070 (= *CIL.* II²/5, 620 = *CILA* IV, 2 = *ILPGranada*, 32) (Granada): *Fvriae Sabiniae Tranqvilli/nae Avg(ustae) / conivgi Imp(eratoris) Caes(aris) M(arci) Antonii / Gordiani Pii Fel(icis) Avg(usti) ordo m(unicipii) Flor(entini) Iliber/ritani devotvs nvmini maiestatiqve / svmptv pvblico posvit / d(ecurionum) d(ecreto)*; *CIL.* II, 2071 (= *CIL.* II²/5, 622 = *CILA* IV, 3 y 4 = *ILPGranada*, 33 y 34) (Granada): *Imp(eratori) Caes(ari) M(arco) / Avr(elio) Probo Pio / Felici Invicto Avg(usto) / nvmini maiesta/tiqve eivs devo/tvs ordo Iliber(ritanorum) / dedicatissimi / d(ecurionum) d(ecreto)*; *CIL.* II, 2072 (= *CIL.* II, 5505 = *CIL.* II²/5, 621 = *CILA* IV, 5 = *ILPGranada*, 35) (Granada): *trib(unicia)] p(otestate) VIII co(n)s(uli) III p(atri) p(atriae)]] / [[ordo] mvnicipi Florent(ini)]] / [Iliberritani devotvs] / [nvmini maiestatiqve eivs] / [svmptv pvblico posvit]]*; *CIL.* II, 2074 (= *CIL.* II²/5, 624 = *CILA* IV, 7 = *ILPGranada*, 37) (Granada): *Corneliae / P(ubli) f(iliae) Severinae / flaminicae / Avg(ustae) matri / Valerii Vegeti / [c]onsvlis / [Flo]rentini Iliberri[tani] / d(ecreto) d(ecurionum)*; *CIL.* II, 2077 (= *CIL.* II²/5, 625 = *CILA* IV, 8 = *ILPGranada*, 40) (Granada): *Etri[lia]e / Afrae / Valerii Vegeti / consvlis / Florentini Iliberrit(ani) d(ecreto) d(ecurionum)*; *CIL.* II, 2079 (= *CIL.* II²/5, 629 = *CILA* IV, 13 = *ILPGranada*, 42) (Granada): *Q(uinto) C[o]rnelio [- - -] / de V decvriis [- - -] / praef(ecto) cohort(is) I[- - - praef(ecto) vexillationib(us)] / trib(us) eqvitvm coho[rt(is?) - - -] / donato coroni[s - - -] / clipeis imaginib(us) [- - - item honorato] / lavdatione a nvmer[is*

- - - / i]tem ab eis nvmeris q[vibvs --- praepositvs erat --- fvneris] / inpensa loco sep[vltvrae - - - / i]tem ab Hieropolitanis I[- - -] / item d(ecreto) d(ecurionum) Florentinor(um) Ilib[erritanor(um) - - -] / Q(uintus) Cornelivs Q(uinti) f(ilius) [;CIL. II, 2081 (= CIL. II²/5, 630 = CILA IV, 14 = ILPGranada, 44) (Granada): L(ucio) Galerio L(uci) f(ilio) Gal(eria) / Valeriano IIvir(o) [po]nt(ifici) / perpe[t(uo)] mvnicipi Flor(entini) Ilibe/[rritani; CIL. II, 2085 (= CIL. II²/5, 639 = CILA IV, 23 = ILPGranada, 48) (Granada):]S decre[to decvrionvm / - - - mvni]cipi Florent[ini Iliberritani].

Fuentes arqueológicas: la arqueología ha confirmado que ya desde el s. VII a. C. la ciudad ibérica de *i.l.tu.ŕ.i.ŕ.* estaba situada en el barrio granadino del Albaicín, como parecen demostrar las diferentes excavaciones realizadas por el padre M. Sotomayor, M. Roca y A. Burgos. Restos de este período se han encontrado en la iglesia de San Nicolás y junto al Arco de las Pesas, donde podemos ver gran cantidad de material ibérico. Aunque la ciudad no aparece citada en las fuentes literarias durante el periodo republicano, la arqueología sí ha podido en cambio aportar restos de cerámicas con una cronología del s. II a. C. en la misma colina del Albaicín, por lo que se confirmaría una continuidad del asentamiento ibérico durante esta época.

Ya del periodo imperial se conservan restos de inscripciones, esculturas y monedas en el Museo Arqueológico de Granada. Sobre los restos romanos se situó la Alcazaba Cadima árabe, por lo que no han quedado restos de edificios de esta época. Sin embargo, tenemos constancia de ellos, ya que en las excavaciones realizadas en s. XVIII por el padre Flores se citaba el hallazgo de un foro y una basílica en la Huerta de Lopera; que aunque posteriormente no se han hallado en las excavaciones que realizó en la zona el padre Sotomayor (en las que en cambio sí se encontraron varios hornos), parece lógico que existiesen, como demuestra el hallazgo de dos inscripciones en la que se mencionan estos edificios (*CIL.* II, 2083: *fori et basilicae /...baeclis et postibus*; *CIL.* II, 2083: menciona la acción evergeta de *Perseus*, un liberto que costeó de su dinero las exedras del foro y la basílica). También en la ciudad de Granada tenemos restos de dos alfares de producción de *TSH* situados en el Albaicín y en La Cartuja. En la zona próxima al río Genil se han documentado dos *villae* (Los Vergeles y Palacio de Deportes), y en las cercanías de Deifontes se han localizado restos de un acueducto que iría hacia *Iliberri*.

Durante la época tardorromana la zona continúa siendo ocupada, como demuestra el hallazgo de sepulturas en la calle Panaderos o la presencia de algunos tesorillos bajoimperiales recientemente estudiados por A. Padilla y M. A. Marín[222].

Fuentes numismáticas: la ciudad emite cuatro series de bronce con una cronología desde inicios del s. II a. C. hasta el s. I a. C.

Las monedas de esta ciudad son estudiadas por VIVES, *MonHisp.*, vol. 2, serie 7ª, ceca 98, pp. 178-180. Lám. LXXII.1-6; LXXIII.1-10; UNTERMANN, *MLH.*, pp. 330-332, A.99: *iltuŕiŕ / ilbeŕiŕ / Iliberi*; *CNH.* (1994), pp. 356-359: *Florentia / iltuŕiŕ / Iliberi*; *HMHA* (1997), "Las acuñaciones ibéricas meridionales, turdetanas y de *Salacia* en la *Hispania Ulterior*", pp. 203-206: *Florentia / iltuŕiŕ* o *Ilbiŕiŕ / Iliberi*; GARCÍA-BELLIDO y otros (2001), *Diccionario, s.v. Florentia / i.l.tu.ŕ.i.ŕ / i.l.tu.ŕ.i.ŕ .ke.s.ti.n / Iliberi / Iliberrita*; ARÉVALO GONZÁLEZ (2005), *Sylloge Nummorum Graecorum*, pp. 47-49 y 225-233: *¿iltuŕiŕ? /Iliberri / Florentia*.

Historia de la ciudad: la historia de *i.l.tu.ŕ.i.ŕ.* comienza en el s. VII a. C. con el establecimiento de un poblado ibérico en el cerro del Albaicín. Aunque para Plinio este poblado estaría situado en la Bastetania, siguiendo la información de Ptolomeo sería la ciudad más extrema de las veintiocho ciudades túrdulas, contigua a los bastetanos por el norte y a los bástulo-fenicios por el sur. Muestra de que pertenecería a la Turdetania será la acuñación de moneda, pues los bastetanos nunca llegaron a emitirla. *i.l.tu.ŕ.i.ŕ.* mantiene poca comunicación con la Bastetania, ya que quedaba separada por la sierra; en cambio, hacia occidente, cruzando el pasillo de Loja, tenía comunicación con toda la zona del Guadalquivir, por lo que se vio más influenciada por todo aquello que acontecía allí. Con la conquista romana de la Península tras la Segunda Guerra Púnica, la ciudad de *i.l.tu.ŕ.i.ŕ.* rápidamente entrará a formar parte de la órbita romana. Y ejemplo de esta influencia romana podría ser la emisión de la serie con leyenda Florentia que emite la ciudad en los inicios del s. II a. C. Esta primera emisión, con patrón sextantal y leyenda latina *FLORENTIA*, según Untermann[223] podría deberse a un acto de homenaje de la ciudad hacia sus nuevos dueños, en señal de gratitud por haber restituido o mantenido la existencia de la ciudad como unidad política individual[224]; sin embargo, para Knapp[225], esta serie podría haber sido emitida por los propios romanos para el pago de las legiones participantes en la Segunda Guerra Púnica o en las sublevaciones del 197 a. C. de las ciudades hispánicas de *Carmo*, *Malaka* y *Sks*, cercanas a *Iliberri*.

Ya en el contexto de las guerras civiles entre cesarianos y pompeyanos, la ciudad tomó partido por el primero de los bandos, y así, posiblemente con César o bien con su sucesor Augusto, a *Iliberri* se le habría concedido un estatuto privilegiado, pasando a denominarse a partir de este momento como *Municipium Florentinum Iliberritanum*. Ya con el cambio de era, y tras la concesión del estatuto privilegiado, la ciudad era, según

---

[222] *Cf.* A. PADILLA ARROBA, M. A. MARÍN DÍAZ y F. GARCÍA MORÁ (1995), pp. 396-372; A. PADILLA ARROBA y M. A. MARÍN DÍAZ (2000), pp. 293-320; A. PADILLA ARROBA y M. A. MARÍN DÍAZ (2004), pp. 355-380.

[223] *Cf.* J. UNTERMANN (1995), pp. 305-316.
[224] *Cf.* A. ARÉVALO GONZÁLEZ (1997), p. 206.
[225] *Cf.* R. C. KNAPP (1977a), pp. 1-18; R. C. KNAPP (1977b); R. C. KNAPP (1979), pp. 465-472; R. C. KNAPP (1987), pp. 19-42.

2. CIRCULACIÓN MONETARIA DE LAS CECAS IBÉRICAS MERIDIONALES DE LA ULTERIOR

Plinio (Plin., *nat.* 6.15): "*una de las más celebres ciudades del interior entre el Guadalquivir y las costas del océano*". Durante la época bajoimperial la ciudad comienza a perder importancia y a despoblarse.

En cuanto a la economía de la ciudad, ésta desde un principio se basó en los excelentes recursos agropecuarios de la zona; posiblemente de la feracidad del entorno pudiese derivar el cognomen *Florentinum* que dieron los romanos a la ciudad[226]. Importante en la zona era también la explotación de los recursos auríferos, presentes no sólo en las arenas de los ríos Darro y Genil, sino también en Sierra Nevada, en donde se localizan las explotaciones de Hoyo de la Campana o Cerro del Sol (Plin., *nat.* 33.70-76). Por último, y aunque la posición estratégica de *i.l.tu.ŕ.i.ŕ.* / *Iliberri* durante los periodos republicano e imperial no fuese excesivamente importante por sus condiciones orográficas, sí es cierto que varias vías secundarias permitían el contacto de esta ciudad con *Antikaria* (a través del río *Singilis* –Genil– por el Pasillo de Loja y pasando por Archidona), *Castulo* (a través de Campillo de Arenas), *Sks* (pasando Lentegí) y *Acci* (por el paso de Beas y la Peza)[227].

Historia monetaria: la ciudad emite cuatro series de bronce con muchos problemas en su cronología, aunque creemos que estas emisiones van desde inicios del s. II a. C. hasta el s. I a. C. La primera serie, de muy difícil sistematización, acuña ases con patrón romano sextantal reducido o uncial, dependiendo si se acepta o no la autenticidad del grupo de mayor peso. La cronología de esta serie es muy confusa, aunque para la mayoría de los autores[228] estas monedas se emitirían a finales del s. III a. C. o como muy tarde a inicios del s. II a. C.[229] En cuanto a la iconografía de esta primera serie, presenta en anverso Cabeza masculina con casco, y en muchas ocasiones una palma delante, que parece haber sido añadida en la mayoría de los casos posteriormente con un buril; en reverso, Triquetra y entre las patas la leyenda latina *FLO / REN / TIA*. La segunda serie emite ases, semises y cuadrantes con patrón turdetano, con unidades de 15 a 18 grs. La cronología de esta segunda serie la podríamos situar a segunda mitad del s. II a. C. En cuanto a la iconografía de esta serie, es idéntica en los ases a la de los ases de la primera, pero en anverso siempre encontramos palma y en reverso la leyenda ibérica meridional *i.l.tu.ŕ.i.ŕ.* en distintas posiciones; en cuanto a los semises, presentan en anverso Cabeza masculina con casco y sin palma y en los reversos Victoria alada con corona y escudo, detrás palma y delante punta de lanza; por último, los cuadrantes presentan en anverso Estrella con radios, encima creciente y alrededor leyenda ibérica meridional *i.l.tu.ŕ.i.ŕ.*, siendo el reverso idéntico al de los semises. La tercera serie emite ases con patrón turdetano. Su iconografía es ya diferente a la de las series anteriores y similar a la de la cuarta, y se divide en dos grupos: uno que presenta en anverso Cabeza masculina a derecha y en reverso Esfinge con casco y en exergo leyenda ibérica meridional *i.l.tu.ŕ.i.ŕ.ke.s.ti.n.*; y otro que presenta en anverso Cabeza masculina con estilo diferente, en algunos ejemplares detrás X, y leyenda ibérica meridional *i.l.tu.ŕ.i.ŕ.*, en muchas ocasiones mal escrita. La cuarta y última serie emite ases con patrón turdetano, aunque con un peso reducido a 11 ó 9 grs., lo que daría una cronología del s. I a. C. La iconografía de esta serie, similar a la de la anterior, presenta en anverso Cabeza masculina con X detrás en algunos casos y en reverso Esfinge y leyenda latina *ILIBERI* o *ILIBERRITA*?.

Bibliografía:

ARÉVALO GONZÁLEZ, A. (1997), "Las acuñaciones ibéricas meridionales, turdetanas y de *Salacia* en la *Hispania Ulterior*", en *Historia Monetaria de Hispania Antigua*, pp. 203-206.
ARÉVALO GONZÁLEZ, A. (2005), *Sylloge Nummorum Graecorum. Volumen 2. Hispania. Ciudades del área meridional. Acuñaciones con escritura indígena*, Museo Arqueológico Nacional, Madrid, pp. 47-49 y 225-233.
FUENTES VÁZQUEZ, T. (1997), "Algunas consideraciones sobre la cronología de las monedas de *Iliberri* (Granada)", *Numisma* 240, pp. 7-22.
FUENTES VÁZQUEZ, T. (2002), *La ceca ibero-romana de Iliberri, Granada*, Granada.
GARCÍA-BELLIDO, M. P. y BLÁZQUEZ CERRATO, C. (2001), *Diccionario de cecas y pueblos hispánicos. Vol. II. Catálogo de cecas y pueblos que acuñan moneda*, Madrid, s.v. FLORENTIA / *i.l.tu.ŕ.i.ŕ* / *i.l.tu.ŕ.i.ŕ.ke.s.ti.n* / ILIBERI / ILIBERRITA?
GONZÁLEZ ROMÁN, C. y MORALES RODRÍGUEZ, E. M. (2008), "El *ager* del *municipium Florentinum Iliberritanum* (Granada)", en MANGAS, J. y NOVILLO, M. A. (eds.), *El territorio de las ciudades romanas (Madrid, 2007)*, Madrid, pp. 249-278.
MARÍN DÍAZ, M. A. (1988a), *Emigración, colonización y municipalización en la Hispania republicana*, Granada.
MARÍN DÍAZ, M. A. (1988b), "Introducción al estudio de las vías romanas en la provincia de Granada", en *Actas del symposium sobre Vías romanas del sureste (Murcia, 1986)*, pp. 113-117.
ORFILA PONS, M. (2002), *La arqueología en Granada hoy: análisis de los datos de época romana*, Granada.
ORFILA PONS, M. (2005), "*Iliberri*-Elvira (Granada), ciudad romana y cristiana", en SOTOMAYOR MURO, M. y FERNÁNDEZ UBIÑA, J. (eds.), *El Concilio de Elvira y su tiempo*, Granada, pp. 117-135.
ORFILA PONS, M. y RIPOLLÈS ALEGRE, P. P. (2004), "La emisión con leyenda *Florentia* y el tesoro del Albaicín", *FlorIlib* 15, pp. 367-388.
ORFILA PONS, M., ROCA ROUMENS, M., SOTOMAYOR MURO, M. y MORENO ONORATO, M. A. (1994), "*Iliberri*: estudio de la ciudad íbero-romana ubicada en el barrio del Albaicín, Granada", en DUPRÉ

---

[226] *Cf.* M. PASTOR MUÑOZ (1983), pp. 151-152.
[227] *Cf.* M. A. MARÍN DÍAZ (1988a); M. A. MARÍN DÍAZ (1988b), pp. 113-117.
[228] *Cf.* L. VILLARONGA I GARRIGA (1994), p. 357; A. ARÉVALO GONZÁLEZ (1997), p. 204; M. P. GARCÍA-BELLIDO y C. BLÁZQUEZ CERRATO (2001), p. 378; T. FUENTES VÁZQUEZ (2002), p. 250.
[229] *Cf.* A. PADILLA ARROBA (2009), pp. 209-228.

RAVENTÓS, X. (coord.), *Actas del XIV Congreso Internacional de Arqueología Clásica. La ciudad en el mundo romana (Tarragona, 1993)*, Tarragona, pp. 295-296.

PADILLA ARROBA, A. (2009), "La ciudad de Granada: el *Municipium Florentinum Iliberritanum*", en GONZÁLEZ, J. y PAVÓN TORREJÓN, P. (eds.), *Andalucía romana y visigoda. Ordenación y vertebración del territorio (Sevilla, 2007)*, Roma, pp. 209-228.

PADILLA ARROBA, A., MARÍN DÍAZ, M. A. y GARCÍA MORÁ, F. (1995), "Los estudios numismáticos en la provincia de Granada: estado de la cuestión, problemas y perspectivas", en GARCÍA-BELLIDO, M. P. y CENTENO, R. M. S. (eds.), *Actas del I EPNA. La moneda hispánica. Ciudad y territorio (Madrid, 1994)*, Anejos AEA XIV, Madrid, pp. 396-372.

PADILLA ARROBA, A. y MARÍN DÍAZ, M. A. (2000), "El tesoro de Granada de 1868: una ocultación del s. IV d. C.", *FlorIlib* 11, pp. 293-320.

PADILLA ARROBA, A. y MARÍN DÍAZ, M. A. (2004), "El tesoro de Granada de 1870 (C/ Alhóndiga): un depósito de época constantiniana", *Habis* 35, pp. 355-380.

PASTOR MUÑOZ, M. (1983), "Aspectos sociales y económicos del *Municipium Florentinum Iliberritanum*" *AEA* 147-148, pp. 151-167.

PASTOR MUÑOZ, M. (2002), *Corpus de inscripciones latinas de Andalucía* IV: Granada, Sevilla.

PASTOR MUÑOZ, M. (2003), "*Epigraphica Granatensis*. I", *FlorIlib* 14, pp. 349-386.

PASTOR MUÑOZ, M. (2004), "*Epigraphica Granatensis*. II", *FlorIlib* 15, pp. 389-409.

ROCA, M., MORENO, Mª. A., BURGOS, A. y FERNÁNDEZ, M. (1990), "Estudio de materiales arqueológicos de la ciudad iberorromana de Granada. Campaña de 1987", *AAA* 1988, Sevilla, vol. II, pp. 235-237.

ROCA, M., MORENO, Mª. A., LIZCANO, R., MÉRIDA, V. y BURGOS JUÁREZ, A. (1987), "Excavaciones sistemáticas en la ciudad iberorromana de Granada", *AAA* 1986, Sevilla, vol. II, pp. 367-371.

SOTOMAYOR MURO, M. y ORFILA PONS, M. (2004), "Un paso decisivo en el conocimiento de la Granada romana (*Municipium Florentinum Iliberritanum*)", *AEA* 189-190, pp. 73-89.

SOTOMAYOR MURO, M. y ORFILA PONS, M. (2006), "Juan de Flores y el "Carmen de la Muralla" en el Albaicín", *FlorIlib* 17, pp. 411-431.

SOTOMAYOR MURO, M., SOLA, A. y CHOCLÁN, C. (1984), *Los más antiguos vestigios de la Granada ibero-romana y árabe*, Granada.

TIR, J-30 (Madrid. 2000) s.v. ILIBERRI.

UNTERMANN, J. (1975), *Monumenta Linguarum Hispanicarum I. Die Münzlegenden*, Wiesbaden, 2 vols.

UNTERMANN, J. (1995), "La latinización de Hispania a través del documento monetal", en GARCÍA-BELLIDO, M. P. y CENTENO, R. M. S. (eds.), *Actas del I EPNA. La moneda hispánica. Ciudad y territorio (Madrid, 1994)*, Anejos AEA XIV, Madrid, pp. 305-316.

VILLARONGA I GARRIGA, L. (1994), *Corpus Nummum Hispaniae ante Augusti Aetatem*, Barcelona, pp. 356-359.

b) Análisis de la circulación monetaria.

Para el estudio de la circulación monetaria de la ceca de *i.l.tu.ŕ.i.ŕ. / Iliberri* contamos con treinta y ocho hallazgos y un total de ciento dieciséis monedas. Entre estas piezas, tenemos siete procedentes de un tesorillo (6,03%), una hallada en excavaciones arqueológicas (0,86%), ochenta y cuatro aparecidas en hallazgos esporádicos (72,41%) y veinticuatro localizadas en museos (20,69%).

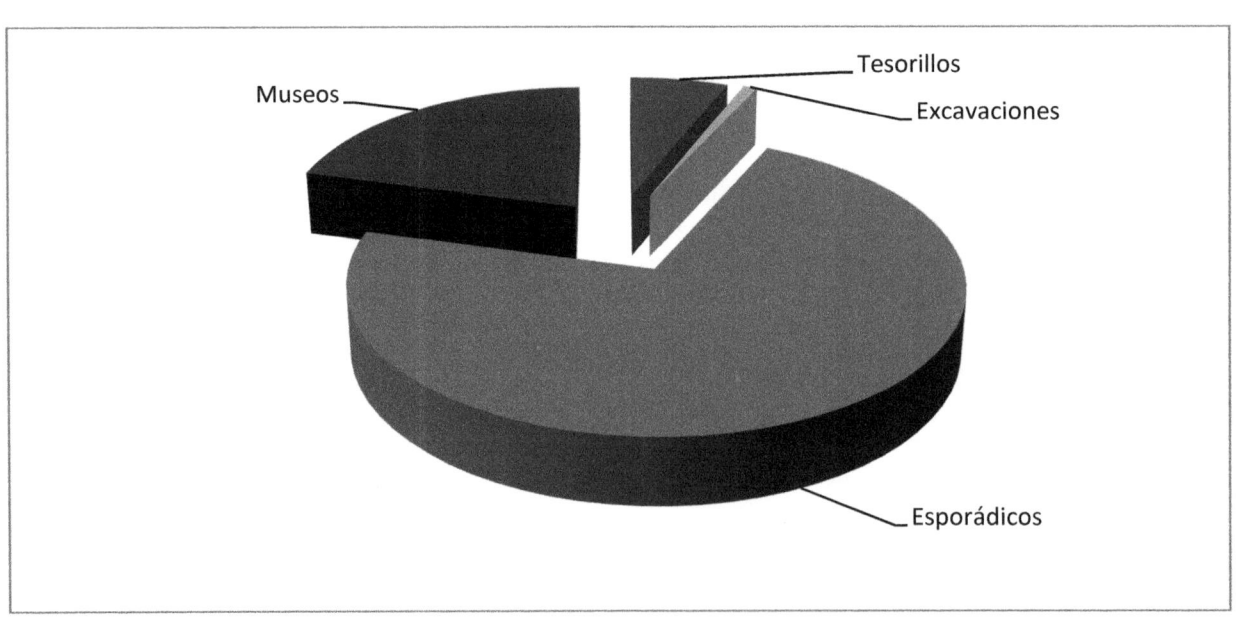

Gráfica 6: Distribución de los ejemplares de *i.l.tu.ŕ.i.ŕ. / Iliberri* por tipo de hallazgo

2. CIRCULACIÓN MONETARIA DE LAS CECAS IBÉRICAS MERIDIONALES DE LA ULTERIOR

Las siete monedas documentadas en el apartado de tesorillos se encontraron durante las excavaciones de urgencia realizadas en la placeta de San José del barrio del Albaicín (Granada)[230]. Este lote de monedas presumiblemente habría estado dentro de un contenedor orgánico, pues aparecen todas juntas, incluso unas sobre otras. Las siete piezas pertenecerán a los ases de *i.l.tu.ŕ.i.ŕ.* con leyenda *FLORENTIA*, de la serie I, acuñada a inicios del s. II a. C.

La moneda hallada en excavaciones arqueológicas procede los trabajos efectuados en 1868 en el yacimiento de Medina Elvira (Atarfe, Granada)[231]. En ellos se encontró un as de la serie III, acuñada en la segunda mitad del s. II a. C.

La mayoría de las monedas analizadas de esta ceca se han encontrado en hallazgos esporádicos o casuales, siendo especialmente importantes los localizados en la provincia de Granada. En esta provincia destaca el número de piezas procedentes de la zona de Pinos Puente (Granada), en concreto del yacimiento del *Ilurco* (Cerro de los Infantes). En este yacimiento se han ido localizando a lo largo del tiempo muchos ejemplares que han pasado a formar parte de diferentes colecciones. Así, a la colección Peregrín[232] se incorporaron dieciséis monedas halladas en superficie en este yacimiento. Entre estas piezas tenemos un as de la serie I, dos ases de la serie II, acuñada en la segunda mitad del s. II a. C., diez ases de la serie III, con diferentes variantes, y tres ases de la serie IV, acuñada en el s. I a. C., entre los que tenemos representación de un par de variantes diferentes. Actualmente sólo se conservan en la colección Peregrín cuatro de estos ejemplares (el as de la serie I, los dos ases de la serie II y un as de la serie IV). También a esta colección pertenecen ocho piezas estudiadas por Tadea Fuentes[233] que igualmente procederían de Cerro de los Infantes (Pinos Puente, Granada). Entre estas monedas tenemos un as y un semis de la serie II, cinco ases de la serie III, con presencia de varios grupos, y un as de la serie IV. Además, en *Ilurco* (Cerro de los Infantes)[234] se ha encontrado un as de la serie III que se conserva en la colección numismática del Museo Arqueológico de Granada. A los ases de la serie III también pertenecería una moneda hallada superficialmente en la zona de Pinos Puente (Granada), según una noticia transmitida por G. Sampedro Villasán[235]. Ya en la propia ciudad de Granada se han localizado dos ases de la serie I en la calle Gran Vía[236]. En la zona de La Cartuja[237] se ha documentado el hallazgo de un as de la serie I y otro as de un grupo inédito, catalogado sólo por Tadea Fuentes entre las piezas con leyenda ibérica meridional. En La Cartuja también se halló antes de 1842[238], en una casa de la plazuela de San José, un as de *Iliberri* de la serie III ó IV, pues en su reverso presenta una esfinge. Además, en lo más alto de la Alcazaba granadina[239], junto al Aljibe del rey, se encontró un as de la serie IV.

Contamos también con numerosos hallazgos de monedas de esta ceca en otros lugares de la provincia de Granada. Así, en la zona de Guadix se han encontrado hasta veinte ejemplares, entre los que tenemos dieciséis documentados por Gómez Moreno, tres pertenecientes a la colección Vallecillos y uno a la colección Monteagudo. Todos estos ejemplares se han localizado de forma esporádica en las cercanías de la ciudad, aunque las dieciséis monedas recogidas por Gómez Moreno podrían componer, junto a otras piezas con las que aparecen asociadas, un hallazgo cerrado formado por veinticinco ejemplares, ya que todos ellos presentan un estado de conservación similar, encontrándose todas las monedas muy corroídas por la humedad. Entre las piezas estudiadas por Gómez Moreno[240] tenemos un as con la iconografía de Triquetra, de la serie I ó II, dos ases de la serie IV, ocho ases con Esfinge, de la serie III ó IV, y de las últimas cinco piezas no podemos precisar su indicación de serie. De las monedas de la colección Vallecillos[241], dos pertenecerán a los ases con Esfinge en reverso, de la serie III ó IV, y de la tercera pieza desconocemos su serie. El ejemplar de la colección Monteagudo[242] también presenta Esfinge, pero sin aclarar la serie. En la zona del Suspiro del Moro[243], carretera de la Cabra, se halló un as de la serie I que actualmente se encuentra en una colección madrileña. En el yacimiento de Cerro del Balneario[244], en Alhama de Granada, se han localizado dos ases de la serie II, cinco ases de la serie III, con diferentes variantes, y un as de la serie IV. A los ases de la serie II pertenecerá una moneda hallada superficialmente junto al río Genil en el término municipal de Villanueva de Mesía[245]. Además, se han

---

[230] *Cf.* T. FUENTES VÁZQUEZ (2002), pp. 159-202, Hallazgo XI, pp. 173-174; M. ORFILA PONS y P. P. RIPOLLÈS ALEGRE (2004), pp. 367-388.

[231] *Cf.* I. DE LA TORRE CASTELLANO y T. FUENTES VÁZQUEZ (2004), vol. II. Actividades sistemáticas y puntuales, pp. 151-157; T. FUENTES VÁZQUEZ (2002), pp. 159-202, Hallazgo I, p. 161.

[232] *Cf.* P. RODRÍGUEZ OLIVA y F. PEREGRÍN PARDO (1980), pp. 187-200; C. BLÁZQUEZ CERRATO (1992), pp. 195-198; T. FUENTES VÁZQUEZ (2002), pp. 159-202, Hallazgo VIII, pp. 164-166.

[233] *Cf.* T. FUENTES VÁZQUEZ (2002), pp. 159-202, Hallazgo IX, p. 168.

[234] *Cf.* M. GÓMEZ MORENO (1907b), p. 182; M. GÓMEZ MORENO (1949), p. 398; T. FUENTES VÁZQUEZ (2002), pp. 159-202, Hallazgo V, p. 163.

[235] *Cf.* T. FUENTES VÁZQUEZ (2002), pp. 159-202, Hallazgo X, p. 170.

[236] *Cf.* M. GÓMEZ MORENO (1902); T. FUENTES VÁZQUEZ (2002), pp. 159-202, Hallazgo IV, pp. 162-163.

[237] *Cf.* M. GÓMEZ MORENO (1889) p. 28; T. FUENTES VÁZQUEZ (2002), pp. 159-202, Hallazgo III, p. 162.

[238] *Cf.* M. y S. DE PINEDA (1842), pp. 201; T. FUENTES VÁZQUEZ (2002), pp. 159-202, Hallazgo III, p. 162.

[239] *Cf.* M. y S. DE PINEDA (1842), pp. 200-201; T. FUENTES VÁZQUEZ (2002), pp. 159-202, Hallazgo II, p. 161.

[240] *Cf.* M. GÓMEZ MORENO (1907a); M. GÓMEZ MORENO (1949), p. 395, nota 1; T. FUENTES VÁZQUEZ (2002), pp. 159-202, Hallazgo VI, p. 163.

[241] *Cf.* A. PADILLA ARROBA (2003) (en preparación).

[242] *Cf.* A. PADILLA ARROBA (2004) (en preparación).

[243] *Cf.* T. FUENTES VÁZQUEZ (2002), pp. 159-202, Hallazgo XVII.2, p. 176.

[244] *Cf.* T. FUENTES VÁZQUEZ (2002), pp. 159-202, Hallazgo IX, p. 167.

[245] *Cf.* T. FUENTES VÁZQUEZ (2002), pp. 159-202, Hallazgo XIV, p. 175.

encontrado en la provincia de Granada varios ases de la serie III, con representación de varios grupos diferentes. Entre ellos tenemos un as localizado en el yacimiento del Cerro de la Mora ((Moraleda de Zafayona)[246], otro procedente del Cortijo de las Monjas[247], al oeste de Puerto Lope, y otro descubierto superficialmente en el Peñón de Salobreña[248], según una información de Andrés Adroher, las tres piezas pertenecientes al mismo grupo. En Torre de Tózar (Limones, Granada)[249] se han hallado dos ases de la serie III, uno perteneciente al mismo grupo que los ejemplares anteriormente analizados y otro a una variante diferente. Finalmente, también en la provincia de Granada se han encontrado dos monedas en el yacimiento de Medina Elvira, en Atarfe[250]. Una de ellas pertenece a los ases que presentan en reverso Esfinge y sería de la serie III ó IV, y de la otra carecemos de información sobre su indicación de serie.

Ya en la vecina provincia de Jaén se ha localizado un as de la serie III en la superficie del yacimiento de Cerro de la Gineta (Alcalá la Real)[251]. También a los ases de la serie III, aunque a un grupo diferente, pertenece una moneda encontrada en El Gandul (Alcalá de Guadaíra, Sevilla)[252]. En el término municipal de Alcalá de Guadaíra, Lora o Alcolea[253], ha aparecido un as de la serie II. En Almería, en el Cerrón de Dalías[254], se ha hallado un as de la serie IV. En la provincia de Málaga se han producido cuatro hallazgos esporádicos de monedas de *Iliberri*. El primero, encontrado en el Castillo de Gibralfaro[255], consta de dos ases de la serie II. El segundo se ha localizado entre los derribos de la Alcazaba de Málaga[256] y está formado por un as del tipo Triquetra de la serie I ó II. El tercer hallazgo procede del municipio malagueño de Cortes de la Frontera[257] y pertenece a los ases de la serie IV. El cuarto y último hallazgo localizado en la provincia de Málaga se ha encontrado en el yacimiento de Cerro Toizares[258] y desconocemos el número exacto de ejemplares de esta ceca que lo compondrían.

Ya fuera de la comunidad autónoma andaluza tenemos el hallazgo de dos ases de la serie III en la provincia de Murcia[259], otro as de la serie III en el yacimiento extremeño de Hornachuelos (Ribera del Fresno, Badajoz)[260] y un as de las series con Triquetra, serie I ó II, en el también yacimiento extremeño de Villasviejas del Tamuja (Botija, Cáceres)[261]. Finalmente, contamos con dos hallazgos extrapeninsulares, el primero de ellos procedente de la región francesa de Midi-Pyrénées[262], y en el que encontramos un as de la serie I, y el segundo localizado en el norte de África[263] y formado por una moneda sin indicación de serie.

Por lo que respecta a las monedas localizadas en museos, aunque con procedencia regional, tenemos tres ejemplares conservados en la Colección numismática de la Universidad de Sevilla[264]. Entre ellos hay un as de la serie II, otro de la serie III y otro de la serie III ó IV, todos acuñados en la segunda mitad del s. II a. C. A estos ases de la serie III ó IV también pertenecen tres piezas encontradas en el Museo de Évora (Portugal)[265]. Ya sin indicación de serie tenemos un as localizado en el Gabinete Numismático de Cataluña[266] y procedente del yacimiento de *Ampurias* y diecisiete monedas conservadas en el Museo Arqueológico y Etnográfico de Granada[267] y que formaban parte de la colección de Gómez Moreno, creada con piezas halladas en la zona de Granada.

Del análisis general de todos los hallazgos monetarios de la ceca de *i.l.tu.ŕ.i.ŕ.* / *Iliberri*, podemos decir que de las ciento dieciséis piezas estudiadas, trece pertenecen a la serie I (11,21%), once a la serie II (9,48%), treinta y cuatro a la serie III (29,31%) y once a la serie IV (9,48%). Además, contamos con tres ejemplares más del grupo que presenta en reverso Triquetra (2,59%), diecisiete del grupo que presenta en reverso Esfinge (14,66%), uno de una serie inédita sólo catalogada por Tadea Fuentes (0,86%) y de las restantes veintiséis piezas desconocemos su indicación de serie. Como podemos ver, tenemos más o menos el mismo número de monedas en las dos primeras series y en la cuarta, siendo en cambio la tercera serie la más numerosa de la ceca. También observamos cómo abundan más las monedas

---

[246] *Cf.* T. FUENTES VÁZQUEZ (2002), pp. 159-202, Hallazgo IX, pp. 168-170.
[247] *Cf.* T. FUENTES VÁZQUEZ (2002), pp. 159-202, Hallazgo XII, pp. 174-175.
[248] *Cf.* T. FUENTES VÁZQUEZ (2002), pp. 159-202, Hallazgo XV, p. 175.
[249] *Cf.* T. FUENTES VÁZQUEZ (2002), pp. 159-202, Hallazgo IX, p. 167.
[250] *Cf.* M. GÓMEZ MORENO (1888) (ME); T. FUENTES VÁZQUEZ (2002), pp. 159-202, Hallazgo I, p. 161.
[251] *Cf.* T. FUENTES VÁZQUEZ (2002), pp. 159-202, Hallazgo XIV, p. 175.
[252] *Cf.* T. FUENTES VÁZQUEZ (2002), pp. 159-202, Hallazgo XVII.4, p. 176.
[253] *Cf.* T. FUENTES VÁZQUEZ (2002), pp. 159-202, Hallazgo XVII.3, p. 176.
[254] *Cf.* T. FUENTES VÁZQUEZ (2002), pp. 159-202, Hallazgo XVII.1, p. 176.
[255] *Cf.* P. VIDAL GONZÁLEZ (1989), pp. 343-361; T. FUENTES VÁZQUEZ (2002), pp. 159-202, Hallazgo XVI.2, p. 176.
[256] *Cf.* B. MORA SERRANO y D. SEDEÑO FERRER (1989-1990), pp. 159-170; T. FUENTES VÁZQUEZ (2002), pp. 159-202, Hallazgo XVI.1, p. 176.
[257] *Cf.* B. MORA SERRANO y D. SEDEÑO FERRER (1989-1990), pp. 159-170; T. FUENTES VÁZQUEZ (2002), pp. 159-202, Hallazgo XVI.3, p. 176.
[258] *Cf.* F. MELERO GARCÍA (2001), pp. 457-467.

[259] *Cf.* P. P. RIPOLLÈS ALEGRE (1982a), pp. 116-121; P. P. RIPOLLÈS ALEGRE (1982b), pp. 87-118+ 36 Láms; C. BLÁZQUEZ CERRATO (1992), pp. 218-225.
[260] *Cf.* F. J. JIMÉNEZ ÁVILA (1990); M. P. GARCÍA-BELLIDO (1993), p. 88; C. BLÁZQUEZ CERRATO (2002), pp. 135-140.
[261] *Cf.* J. L. SÁNCHEZ ABAL y S. GARCÍA JIMÉNEZ (1988), pp. 153 y 158; J. L. SÁNCHEZ ABAL y J. ESTEBAN ORTEGA (1988), pp. 1017-1031; S. GARCÍA JIMÉNEZ (1989), pp. 139-142; C. BLÁZQUEZ CERRATO (1995), pp. 243-258; A. M. MARTÍN BRAVO (1995), pp. 139-142; C. BLÁZQUEZ CERRATO (2002), pp. 159-162.
[262] *Cf.* G. SAVÈS y L. VILLARONGA I GARRIGA (1978), pp. 27-45.
[263] *Cf.* C. GOZALBES CRAVIOTO (1990), pp. 7-17.
[264] *Cf.* F. CHAVES TRISTÁN (1994b), pp. 27-45.
[265] *Cf.* M. FARINHA DOS SANTOS y G. MARQUES (1977), pp. 795-810; C. BLÁZQUEZ CERRATO (1992), pp. 132-136.
[266] *Cf.* P. P. RIPOLLÈS ALEGRE (1982a), pp. 175-184.
[267] *Cf.* F. MATEU Y LLOPIS (1953a), pp. 226-227; A. MENDOZA EGUARAS (1985), p. 53; T. FUENTES VÁZQUEZ (2002), pp. 159-202, Hallazgo VII, pp. 163-164.

2. CIRCULACIÓN MONETARIA DE LAS CECAS IBÉRICAS MERIDIONALES DE LA ULTERIOR

con iconografía Esfinge, series III-IV e inédita, que las de con iconografía Triquetra, series I-II, pues de la primera tenemos sesenta y tres ejemplares (54,31%) y de la segunda sólo veintisiete (23,28%). Igualmente encontramos más ejemplares con leyenda en escritura ibérica meridional (cuarenta y siete piezas y un 40,52% del total) que con leyenda en escritura latina (veinticinco piezas y un 21,55% del total). Por tanto, se puede concluir que la primera serie, con tipo Triquetra y escritura latina, tiene una representación escasa. La segunda serie, igualmente con tipo Triquetra pero con escritura ibérica meridional, aunque no más numerosa que la primera, sí presenta ya un cambio en su escritura. La utilización de la propia escritura ibérica posiblemente sea debido a la permisividad que *Roma* muestra para con aquellos pueblos que aceptan los nuevos usos y costumbres impuestos. La tercera serie, con tipo Esfinge y escritura ibérica meridional, es la más numerosa de todas y muestra la asimilación del uso monetario por parte de los ciudadanos de *Iliberri*. Finalmente, la cuarta emisión presenta el tipo Esfinge pero vuelve de nuevo a usar la escritura latina para sus leyendas. Esta serie es poco numerosa y muestra ya un declive en las acuñaciones de la ciudad. Hay que decir que el uso del latín en esta última serie difiere significativamente del que se hizo en la primera, pues en la primera acuñación se usa por deferencia hacia los conquistadores romanos, y en esta cuarta como una confirmación del empleo habitual del latín entre los ciudadanos de *Iliberri*; se observa, por tanto, un cambio lingüístico motivado por la romanización.

En cuanto a los valores presentes, noventa y una piezas corresponden a ases (78,45%), sólo contamos con un semis (0,86%) y del resto de ejemplares carecemos de su indicación de valor (20,69%), aunque la mayor parte de ellos serán ases. Por tanto, vemos cómo la mayoría de las monedas pertenecen a ases o unidades, pues aunque la ceca emitió divisores en su segunda emisión, su número fue muy limitado.

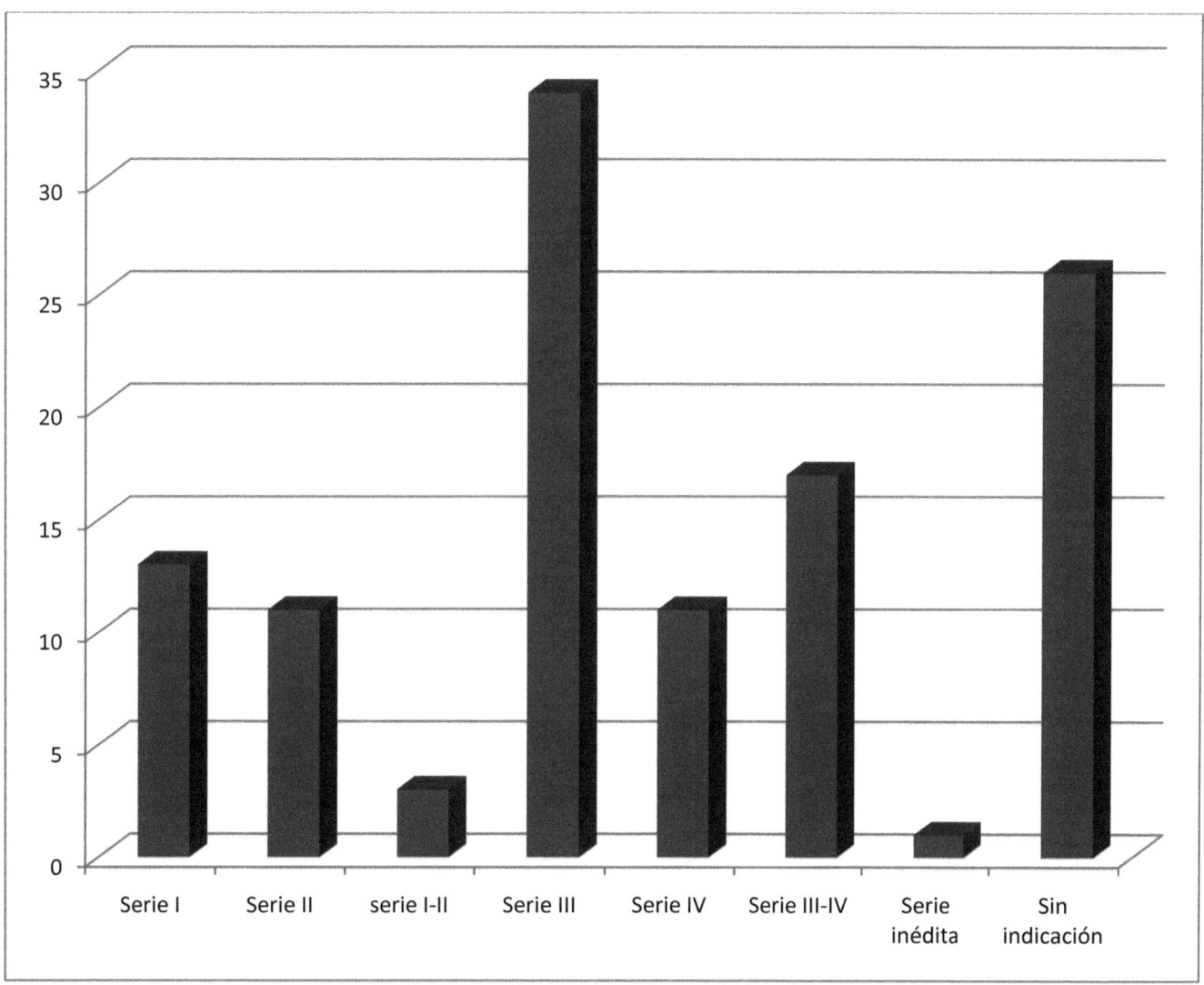

Gráfica 7: Distribución del monetario de la ceca de *i.l.tu.ŕ.i.ŕ.* / *Iliberri* por series

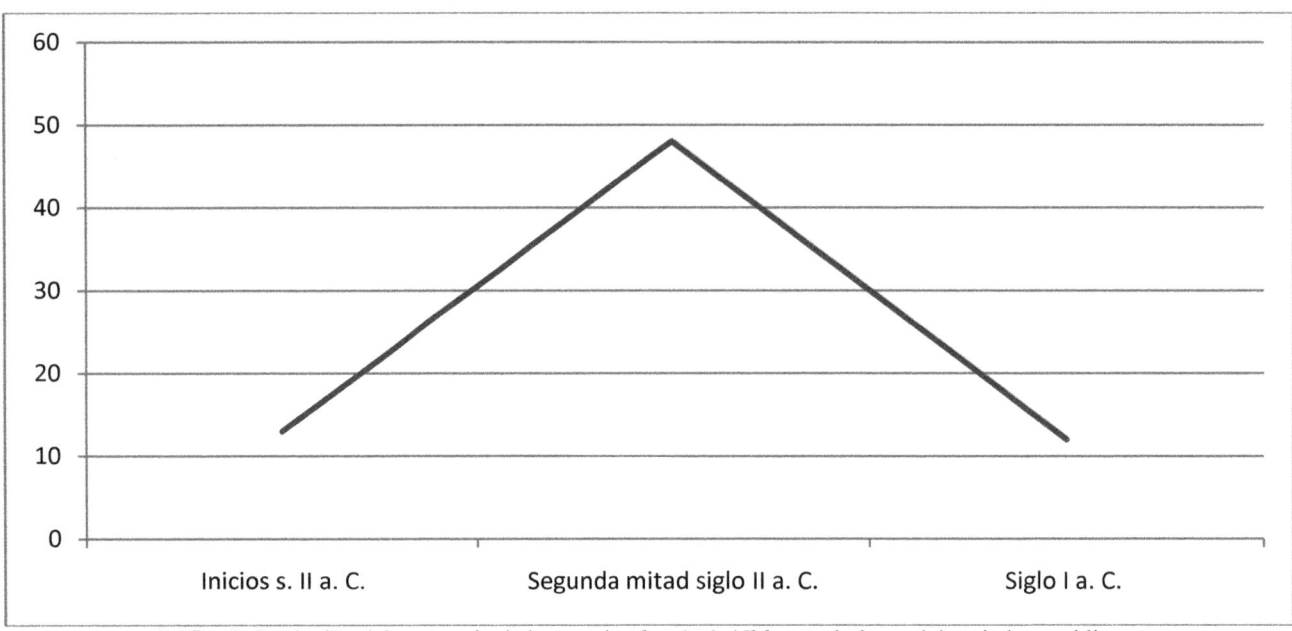

Gráfica 8: Evolución del monetario de la ceca de *i.l.tu.ŕ.i.ŕ.* / *Iliberri* a lo largo del periodo republicano

Sin duda alguna, los debates más controvertidos respecto a esta ceca giran en torno a su cronología, más aún cuando se estudia su primera emisión (tipo Triquetra con leyenda latina *FLORENTIA*). Pese a que distintos investigadores han defendido que esta primera serie fue acuñada a mediados del s. I a. C.[268] o más concretamente durante el reinado de Augusto[269], nosotros, basándonos en su metrología y en una continuidad tipológica[270], pensamos que podría ser aceptada su datación a finales del s. III a. C. o a inicios del s. II a. C. De esta primera serie tenemos trece ejemplares, un 11,21% del total de piezas. Menos problemática resulta la fecha de emisión de las restantes series monetales. Así, la segunda y tercera emisiones habrían sido acuñadas durante la segunda mitad del s. II a. C., emitiéndose la segunda durante el tercer cuarto de siglo y la tercera a finales del mismo. De todo este periodo contamos con cuarenta y ocho ejemplares y un 41,38%. La cuarta y última serie habría sido emitida durante el s. I a. C. y de ella contamos con doce ejemplares y un 10,34% del total. También tenemos diecisiete piezas (14,66%) que habrían sido emitidas en un periodo que iría desde la segunda mitad del s. II a. C. hasta el s. I a. C., pues no sabemos si pertenecen a la serie III ó IV, y otras veintiséis monedas (22,41%) de las desconocemos su fecha de emisión. Como conclusión, podemos decir que un número importante de las monedas estudiadas tienen una cronología de la segunda mitad del s. II a. C., mientras que pocos ejemplares se inscriben en los periodos de inicios del s. II a. C. o del s. I a. C. Entre los investigadores que proponen una cronología diferente, Tadea Fuentes defiende que todas las emisiones, incluida la primera, se acuñaron a partir del reinado de Augusto y M. Orfila y P. P. Ripollès que las acuñaciones con leyenda ibérica datarían de mediados del s. II o inicios del s. I a. C. mientras que las que tienen leyenda latina habrían sido emitidas en la segunda mitad del s. I a. C., por lo que estarían de acuerdo con la cronología propuesta en este estudio para las tres últimas emisiones, situando la denominada por nosotros primera emisión en cuarto lugar.

Por último, la mayoría de las monedas de esta ceca se han localizado en la provincia de Granada, pues de las ciento dieciséis piezas analizadas noventa y cuatro (81,03%) proceden de esta provincia. Es importante su presencia en la misma ciudad de Granada, en la que han encontrado hasta treinta ejemplares (25,86% del total y un 31,95% de las granadinas), en el yacimiento de *Ilurco* (Cerro de los Infantes, Pinos Puente), en el que se han hallado veintiséis ejemplares (22,41% del total y un 27,66% de las granadinas) y en la zona de Guadix, en la que se han localizado veinte ejemplares (17,24% de total y un 21,28% de las granadinas). La abundante circulación monetaria en la ciudad de Granada parece algo lógico, pues en esta ciudad estaría asentada la antigua ceca de *i.l.tu.ŕ.i.ŕ.* / *Iliberri* que emitió estas monedas, concretamente en el barrio del Albaicín. Posiblemente también haya que vincular el hallazgo de varios ejemplares en Pinos Puente y en la ciudad de Guadix con la presencia de asentamientos importantes durante la antigüedad, pues en Pinos Puente se localiza el antiguo *oppidum* republicano de *Ilurco* y en Guadix, la más tardía colonia romana de *Acci*. Los restantes hallazgos de la provincia de Granada están bastantes dispersos, pues encontramos monedas en la zona de Alhama de Granada, en el yacimiento de Medina Elvira (Atarfe), en el Puerto del Suspiro del Moro, en el municipio de Villanueva de Mesía, en el asentamiento del Cerro de la Mora (Moraleda de Zafayona), en el Cortijo de las Monjas (Puerto Lope), en Torre de Tózar (Limones) y en el Peñón de Salobreña.

Entre los restantes veintidós ejemplares hallados de esta ceca, la mayoría, doce en total, proceden de las vecinas

---

[268] *Cf.* M. ORFILA PONS y P. P. RIPOLLÈS ALEGRE (2004), p. 383.
[269] *Cf.* T. FUENTES VÁZQUEZ (2002), pp. 250-251.
[270] *Cf.* A. PADILLA ARROBA (2009), pp. 209-228.

2. CIRCULACIÓN MONETARIA DE LAS CECAS IBÉRICAS MERIDIONALES DE LA ULTERIOR

provincias andaluzas de Málaga, Sevilla, Jaén y Almería, con cuatro (3,45% del total), cinco (4,31%), una (0,86%) y dos (1,72%) monedas respectivamente. Además, en la costa mediterránea encontramos dos piezas en la provincia de Murcia (1,72%) y una en la provincia de Gerona (0,86%), concretamente en el yacimiento de *Ampurias*. En la zona oeste de la Península se han hallado tres monedas en Portugal (2,58%), una en la provincia de Cáceres (0,86%) y otra en la de Badajoz (0,86%). Sólo contamos con el hallazgo de dos de monedas de *Iliberri* fuera de la Península, la primera ellas procedente del sur de Francia, de la región de Midi-Pyrénées, y la segunda de la zona del norte de África. Ambas piezas suponen un 0,86% del total de piezas analizadas de esta ceca, por lo que tienen un carácter meramente testimonial. En cuanto al motivo que provoca que lleguen estas piezas hasta estos lugares, seguramente en el caso de la moneda hallada en el norte de África se deba al comercio con otras ciudades de la costa del sur de *Hispania* y en el caso de la francesa se deba igualmente al comercio, en este caso a través de la costa mediterránea.

Como hemos visto, la inmensa mayoría de piezas analizadas de la ceca de *i.l.tu.ŕ.i.ŕ.* / *Iliberri* circularon en un ámbito muy restringido al lugar de emisión, por lo que entendemos que el uso de estas monedas es eminentemente local, sobre todo en las primeras emisiones, y sólo en un periodo más tardío, con la emisión tercera, en la que se produce una mayor cantidad de monedas su circulación es más amplia, aunque siempre muy limitada: del total de monedas estudias en la costa mediterránea, sólo encontramos dos moneda por encima de la provincia de Murcia, en la meseta norte y las islas Baleares no se ha localizado ningún ejemplar y en el norte de África sólo se ha producido un hallazgo.

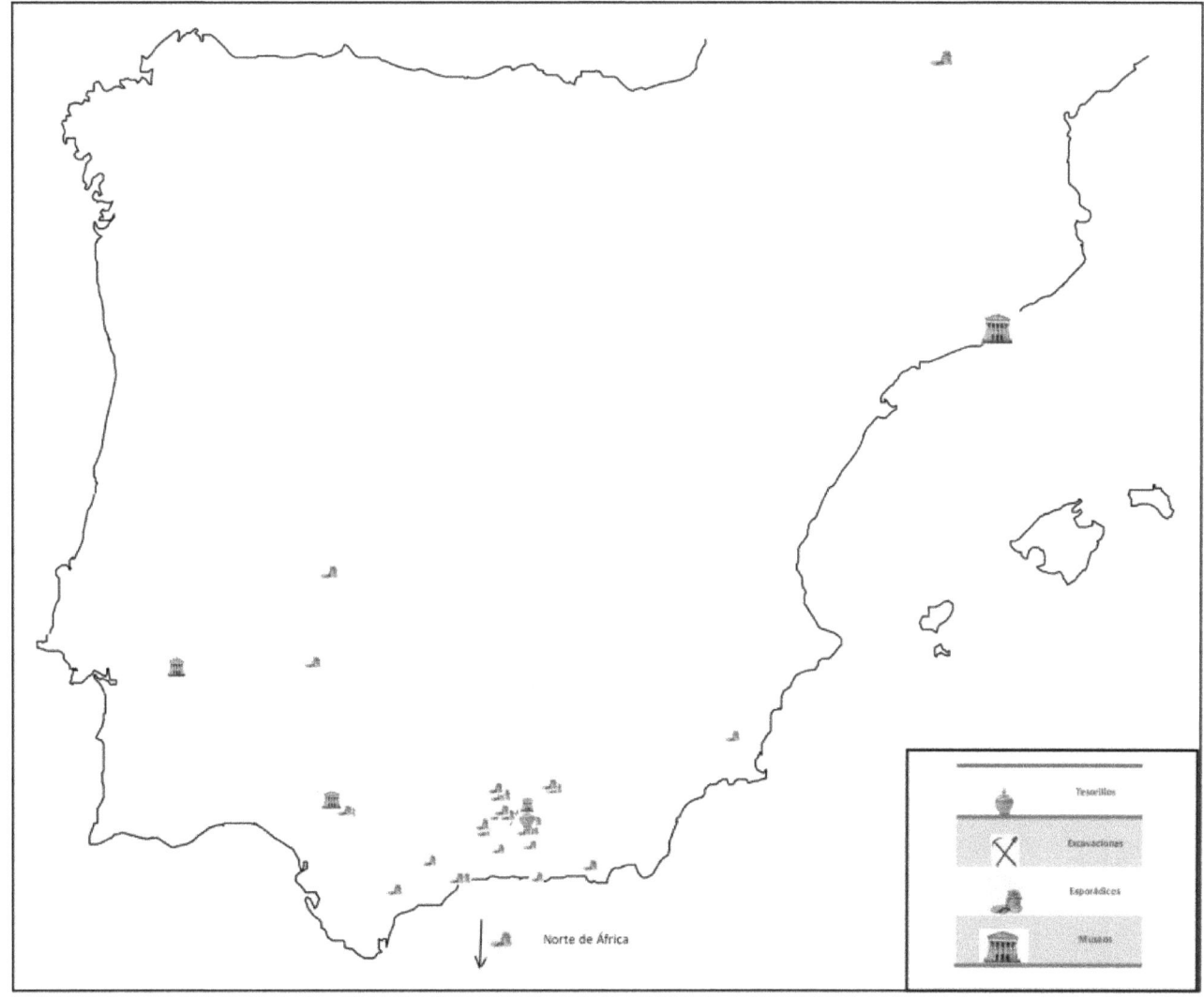

Mapa 4: Circulación monetaria de la ceca de *i.l.tu.ŕ.i.ŕ.* / *Iliberri*

2.4. Obulco / i.po.l.ka

a) Análisis de la ceca.

OBULCO / i.po.l.ka (Porcuna, Jaén). 37° 52'N- 4° 11'W. Ptol. 38° N- 10° 10'E. La ciudad iberromana de *Obulco* puede ser localizada con toda seguridad en Porcuna, al oeste de la provincia de Jaén, dentro de la depresión del Guadalquivir y entre las campiñas de Jaén y Córdoba. En la antigüedad fue una ciudad turdetana denominada *i.po.l.ka*, aunque según Ptolomeo se encontraba dentro de la zona túrdula (los turdetanos punicizados). Ya en época romana pasó a llamarse *Municipium Pontificiense Obulconense*. El yacimiento principal se encuentra situado en una importante elevación de la campiña jienense sobre la actual Porcuna y próxima al río Salado. Este yacimiento se encuentra divido en tres sectores: San Benito, La Calderona y San Marcos. Cerca de la ciudad de *Obulco* encontramos varios asentamientos como Los Alcores, El Albalate, El Berral, Peña la Grieta o la necrópolis de El Cerrillo Blanco, que van a presentar una importante secuencia ocupacional. *Obulco* se asienta sobre un territorio con una importante riqueza cerealística y ganadera, e incluso podemos imaginar el control de ciertas minas de Sierra Morena gracias a la presencia de moneda de la ciudad en centros mineros próximos. Por último, la ciudad contó con una excelente posición estratégica y por ella pasaban algunas de las principales vías de comunicación de la antigüedad.

Fuentes: está constatada en las fuentes literarias, epigráficas, arqueológicas y numismáticas que relacionamos a continuación:

Fuentes literarias: Estr. 3.2.2: Ὀβούλκων; 3.4.9: Διέχει δὲ τῆς Κορδύβης ἡ Ὀβούλκων περί τριακοσίους σταδίους; Plin., *nat.* 3.10: *et XIIII p. remotum in mediterraneo Obulco quod Pontificense appellatur, mox Ripa, Epora foederatorum, Sacili Martialium, Onuba et dextra Corduba colonia Patricia cognomine*; Ptol. 2.4.9: Ὀβούκων; St. Byz., p. 482, *s.u.*: Ὀβόλκων.

Fuentes epigráficas: CIL. II, 1646 (= *CIL*. II^2/5, 218 = *CILA* III.I, 6) (Alcalá la Real, Jaén): *D(is) M(anibus) S(acrum) / ordo mvnicipii Polconense / P(ublio) Ivnio Abito II vir / Dvmienses ex decreto decv/rionvm P(ublio) Ivnio II vir / Lvnenses ex decreto de/cvrio(num) ob merita P(ubli) Ivni / Polconesi / d(ecreto?) d(ecurionum?)*; *CIL*. II, 2126 (= *CIL*. II^2/7, 93 = *CILA* III.I, 297) (Porcuna, Jaén): *C(aius) Cornelivs C(ai) f(ilius) / C(ai) n(epos) Gal(eria) Caeso aed(ilis) / flamen II vir mv/nicipi(i) Pontifici(ensis) / C(aius) Cornel(ius) Caeso / f(ilius) sacerdos / Geni mvnicipi / scrofam cvm / porcis trigin/ta impensa ipso/rvm d(ederunt) d(edicaverunt) / PONTIFEX / [*; *CIL*. II, 2129 (= *CIL*. II^2/7, 97 = *CILA* III.I, 299) (Porcuna, Jaén): *Qvintiv]s(?) Q(uinti) f(ilius) Q(uinti) n(epos) Q(uinti) pron(epos) Q(uinti) abn(epos) Gal(eria) Hispan[vs / - - -]tvs aedil(is) flamen II vir pontif(ex) mvnicipi P[ontif(iciensis) / - - -]cvrator Baetis praef(ectus) cohortis PI[- - - / - - -]rvm eqvitatae comes et adsessor legati ad / [- - -]s et adsessor proco(n)s(ulis) provinciae Galliae / [Narbon(ensis)] complvribvs immvnitatibvs et beneficiis INTER DIFFVSE / [- - - p]rincipib(us) honoratvs tabernas / [- - -] et post horrevm solo empto ab re pvblica d(e) s(ua) p(ecunia) d(ono) d(edit)*; *CIL*. II, 2131 (= *CIL*. II^2/7, 98 = *CILA* III.I, 302) (Porcuna, Jaén): *L(ucius) Porcivs L(uci) fil(ius) Galeria Stilo / Obvlconensis annor(um) LXV / aedilis IIvir designatvs p(ius) i(n) s(uis) / h(ic) s(itus) e(st) s(it) t(ibi) t(erra) l(evis) / hvic ordo Pontificiensis Obvlconensis locvm sepvltvrae / impensam fvneris lavdationem statvam eqvestrem decrevit II*; *CIL*. II, 2132 (= *CIL*. II^2/7, 100 = *CILA* III.I, 303) (Porcuna, Jaén): *M(arco) Valerio M(arci) f(ilio) M(arci) n(epoti) / Q(uinti) pro(nepoti) Gal(eria) Pvllino / IIvir(o) leg(ato) perpetvo / mvnic(ipii) Pontif(iciensis) / praef(ecto) fabr(um) flam(ini) / pontif(ici) Avg(usti) mv/nicipes et incolae*; *CIL*. II, 2135 (= *CIL*. II^2/7, 127 = *CILA* III.I, 306) (Porcuna, Jaén): *P(ublius) Rvtilivs P(ubli) l(ibertus) Menelavos / incola ex d(ecreto) d(ecurionum) mvnicip(um) / mvnicipi Pontif(iciensis) d(e) s(uo) p(osuit) / [[- - -]]M*; *CIL*. II, 2252 (= *CIL*. II^2/7, 386) (Córdoba): *D(is) M(anibus) s(acrum) / M(arcus) Cornelivs Fan/nianvs Obvlco/nensis anno/rvm LXXII hic / sitvs est sit tibi terra / levis*; *CIL*. II, 5496 (= *CIL*. II^2/5, 720 = *ILPGranada*, 89) (Villanueva del Trabuco, Málaga): *I(ovi) O(ptimo) M(aximo) / L(ucius) Fabivs L(uci) f(ilius) Qvir(ina) Chrysip/pvs Obvlconens[i]s dedit*; *CIL*. II^2/5, 159 (= *CILA* III.II, 521) (Torredonjimeno, Jaén): *[D(is) M(anibus) s(acrum) / [- - -]ma Ob/[vlcone]nsis A[- - -] / - - - - - -*; *CIL*. II^2/7, 124 (= *CILA* III.I, 332) (Porcuna, Jaén): *Recondita / in fvndvm / Valles sv/bvrbio Obol/conense / cella S(an)c(ta)e / Mariae*.

Fuentes arqueológicas: los primeros testimonios arqueológicos constatados en la zona de Porcuna – algunas herramientas y armas líticas- provienen de las excavaciones realizadas en La Peña la Grieta y datan del Paleolítico Superior. Ya del Calcolítico encontramos los primeros poblados estables en los yacimientos de Los Alcores y Albalate. Estos poblados, situados en sitios elevados, controlaban la campiña de Porcuna, y en ellos encontramos restos de viviendas circulares y muros de fortificación. Durante este periodo también encontramos presencia de industria lítica y de varios silos en los yacimientos del Berral y Cerrillo Blanco. Posteriormente, durante el Bronce, algunos de estos poblados continúan siendo habitados y en ellos se produce un proceso de reforma de sus murallas añadiéndoles torres circulares. Por ejemplo, en Los Alcores se han encontrado vasijas carenadas de producción local pero muy relacionadas con las técnicas del mundo argárico y con la cultura de las Cogotas I.

Ya durante el s. VII a. C. y gracias a la influencia de la cultura tartésica y la orientalizante, los poblados sufren una reorganización, y así, a partir de este momento las viviendas de planta circular u oval de los periodo anteriores pasan a ser suplantadas por casas de planta rectangular, en las que se observa una compartimentación

2. CIRCULACIÓN MONETARIA DE LAS CECAS IBÉRICAS MERIDIONALES DE LA ULTERIOR

de la habitaciones y que son separadas mediante callejones empedrados, por lo que el poblado adquiriría un trazado geométrico. También puede verse la influencia oriental en las cerámicas pintadas con motivos figurativos que aparecen asociadas a las viviendas. Del Bronce Final y asociado al mundo tartésico y fenicio será el conjunto de tumbas de inhumación hallado en el Cerrillo Blanco, con una cronología entre el s. VII y principios del s. VI a. C., en el que encontramos 24 fosas individuales con escaso ajuar y una tumba megalítica de planta circular, que evidenciaría una cierta estratificación social. En este periodo, denominado protoibérico, pese a que se observa un influjo del mundo tartésico y oriental ya comienza a verse el origen de la futura cultura ibérica.

Posteriormente, durante el periodo ibérico encontramos el primer asentamiento que ocupa el territorio sobre el que se asienta la actual Porcuna. De la ciudad ibérica de *i.po.l.ka* se conservan por desgracia pocos restos, fundamentalmente como consecuencia de encontrarse el municipio sobre el primitivo asentamiento, aunque pensamos que el núcleo más importante debió situarse en la extensa mesa de La Calderona. A pesar de ello se ha constatado la existencia de un campo de silos dedicado al almacenaje de cereales, muy abundantes en la zona. Los silos son realizados con piedras de mediano tamaño, unidas sin argamasa y con una gran losa encima sobre la que se realizaba un agujero de unos 70 cm. de diámetro de boca. Tenían unos 5 m. de profundidad, podrían almacenar 35 m^3 de cereal y continuarán siendo utilizados en época romana.

Además de *i.po.l.ka* encontramos en los alrededores otros núcleos urbanos que eran una prolongación urbanística de la ciudad que ejercería de capital. Entre estos núcleos tenemos los primitivos asentamientos de época anterior de Los Alcores, Albalate y El Cerrillo Blanco. El poblado de Los Alcores se encuentra documentado en la fase Ibérica Final gracias al hallazgo de varias cerámicas ibéricas pintadas de estilo geométrico, de producciones grises y de ánforas. En Los Alcores encontramos casas de planta cuadrada construidas con zócalos de piedra y paredes de adobe como las de la fase anterior. En el poblado de Albalate se ha excavado un gran edificio público situado en una posición dominante sobre el resto de viviendas. Pero, sin duda, los hallazgos más importantes del periodo ibérico los encontramos en la antigua necrópolis orientalizante de inhumación de Cerrillo Blanco, que a partir del s. V y sobre todo durante los ss. IV y III a. C. se adapta al nuevo ritual de incineración; en ella se ha encontrado un importe conjunto escultórico procedente quizás de algún área sacra del cercano poblado de Los Alcores. El conjunto está compuesto por más de 1288 fragmentos escultóricos de estilo griego arcaico o clásico que formarían parte de un edificio monumental que narraría la historia de un linaje aristocrático. El enterramiento de estas esculturas, el más importante de este periodo en la península Ibérica, debió realizarse durante el s. V ó IV a. C., como demuestra el hallazgo de algunas cerámicas áticas junto a ellas. Las esculturas fueron talladas en piedra arenisca fina y la inmensa mayoría son estatuas de bulto, aunque también encontramos algún altorrelieve. En cuanto a sus representaciones, encontramos figuras humanas, especialmente de guerreros o sacerdotes, animales como toros, leones, osos o caballos y criaturas mitológicas como esfinges o grifos.

Contamos con mayor cantidad de restos romanos de la antigua ciudad de *Obulco*, situada igualmente bajo la actual Porcuna. Según las excavaciones realizadas por O. Arteaga, los restos romanos se encuentran localizados principalmente en tres sectores de la periferia del actual municipio: San Benito-Peñuela, La Calderona y San Marcos.

En el sector de San Benito-Peñuela se han encontrado restos de importantes edificaciones que formarían parte de la zona monumental de la ciudad, así como restos de una calle principal empedrada con grandes losas, una muralla, canalizaciones y un pozo. En el cerro de La Peñuela se ha excavado parcialmente la denominada "Casa de las columnas", ubicada en una zona monumental privada con un eminente carácter romano. En la zona se ha encontrado también gran cantidad de cerámicas y de útiles metálicos y de vidrio, además de dos pequeños *hermae* bifrontes y un fragmento de máscara de arcilla con rasgos negroides. En el sector de La Calderona, destinado a una población más modesta, encontramos una mayor superposición de edificios ibero-romanos, que reutilizan grandes bloques monumentales de edificaciones ibéricas. Aquí también encontramos restos de una cisterna, gran cantidad de útiles de labranza y algunas cerámicas de *sigillata* clara. En el sector de San Marcos se ha excavado un recinto fortificado. Adosado al mismo se ha excavado una edificación rectangular con varias habitaciones longitudinales relacionadas con varios silos dedicados al almacenamiento de cereales. Por lo que respecta a la cronología de estos sectores, el primero vive su periodo constructivo entre el s. I e inicios del s. II d. C., el segundo tiene una cronología similar y al tercero podemos darle una cronología de comienzos del s. I d. C. En la calle José de Quero nº 20 se ha excavado una gran casa rectangular que presenta suelos empedrados y un gran patio central que daría paso a varias habitaciones con paredes de adobe. Por último, en los alrededores de *Obulco*, en el cercano poblado de Los Alcores, se ha excavado un gran edificio porticado con estructura rectangular –posible lugar de culto- y una plaza empedrada delante, que habría sido construida entre la segunda y la primera mitad del s. II a. C. Muy cerca del municipio Pontificiense se han encontrado restos de canteras y salinas explotadas durante el periodo romano, así como de un puente romano sobre el río Salado. También se conservan restos de la calzada que iría de *Corduba* a *Castulo* y de un par de miliarios situados en esta vía.

A partir de s. II d. C. *Obulco* experimenta un proceso de declive, y ya durante la antigüedad tardía y el periodo visigodo la ciudad vio reducido su perímetro. De época visigoda sólo se ha conservado una inscripción cristiana del s. VI que hace mención al culto a la virgen María. Tras la conquista musulmana la ciudad pasa a denominarse Bulkuna, y de este periodo se conservan restos de un castillo, de una mezquita y de varias alquerías en los alrededores. Por último, del periodo cristiano aún se conservan restos de varias torres y lienzos de lo que fue el castillo y la muralla de la ciudad y de una iglesia gótica perteneciente a la orden de Calatrava.

Fuentes numismáticas: la ciudad emite seis series en bronce con una cronología desde finales del s. III a. C. hasta el s. I a. C., seguramente hasta época cesariana.

Las monedas de esta ciudad son estudiadas por VIVES, *MonHisp.*, vol. 3, serie 10ª, ceca 1, pp. 54-62. Lám. XCIV.1-9; XCV.1-10; XCVI.1-10; XCVII.1-15; XCVIII.1-8; CLXXIII-3-4 e inciertas: vol. 3, serie 10ª, ceca 3, p. 64. Lám. XCIX.1-2; UNTERMANN, *MLH.*, pp. 332-339, A.100: *ibolka / Obvlco*; HMHA (1997), "Las acuñaciones ibéricas meridionales, turdetanas y de *Salacia* en la *Hispania Ulterior*", pp. 207-212: *Ipolka / Obulco*; ARÉVALO GONZÁLEZ (1999), *La ciudad de Obulco: sus emisiones monetales*: *Obulco*; GARCÍA-BELLIDO y otros (2001), *Diccionario, s.v. Obvlco / i.bo.l.ka*; ARÉVALO GONZÁLEZ (2005), *Sylloge Nummorum Graecorum*, pp. 40-45 y 154-223: *Ibolka / Obulco*.

Historia de la ciudad: como ya vimos en el apartado de fuentes arqueológicas, los primeros testimonios en la zona datan del periodo Paleolítico, en el que encontramos varios refugios al amparo de cuevas, en donde habitarían bandas nómadas de cazadores-recolectores que aprovecharían los recursos naturales de la zona (abundante caza y frutos, agua y sílex del cercano río Salado,…). Un ejemplo sería el de los útiles de piedra hallados en el yacimiento de La Peña la Grieta. En este mismo lugar tenemos constancia de un asentamiento estable con población dedicada a la explotación agrícola y ganadera. Durante el Neolítico Final y el principio del Calcolítico el hombre comienza a construir en la zona pequeños poblados con chozas circulares realizadas con barro y ramaje y en algunos casos rodeados de murallas, que aunque son estables no pueden considerarse aún ciudades. Estos poblados se extenderán por los cerros de Los Alcores y Albalate, en la zona alta del valle del río Salado, creándose así un territorio de control denominado "Paso de Porcuna". Unidos a la importante explotación cerealística de la zona encontramos varios silos dedicados al almacenaje de trigo en los yacimientos del Berral y Cerrillo Blanco, que posteriormente continuarán siendo utilizados.

Durante el Bronce estos poblados se reestructuran, añadiendo a las antiguas murallas varias torres circulares que mejoraban su defensa. También comienzan a llegar a la zona influencias del mundo argárico y de la Cultura de las Cogotas I, que provocan un florecimiento de estos asentamientos, proceso que se ha venido denominando como Bronce de la Campiña. A partir del año 800, comienzan a llegar a la zona influencias del mundo orientalizante y tartésico, y con ello comienza el que se ha venido llamando periodo protoibérico. Gracias a esta influencia los antiguos poblados sufren un proceso de reorganización y expansión, en el que comienza a verse la coexistencia entre viviendas de planta circular y otras de planta cuadrada, con habitaciones compartimentadas y separadas por calles. En el Bronce Final y asociadas al mundo oriental y tartésico encontramos las primeras necrópolis de inhumación, entre las que se encuentra la necrópolis tartésica del s. VII a. C. situada en Cerrillo Blanco.

Posteriormente, durante el s. VI a. C. comienza a apreciarse un declive de la presencia fenicia debido fundamentalmente a la caída de la ciudad de *Tiro*, a la vez que se produce un incremento de la colonización griega. La presencia griega se plasma, más que en un control real del territorio, en las relaciones comerciales que entabla con ellos.

Así pues, desde finales del s. VII y e inicios del s. VI a. C. se va conformando lo que será la cultura ibérica, que surge como consecuencia de las influencias fenicia, tartésica y posteriormente griega, sobre un importante sustrato indígena. La cultura ibérica se encuentra dividida en gran cantidad de pueblos. La ciudad de *Obulco*, denominada *i.po.l.ka* en lengua ibérica meridional, se encuentra situada dentro del pueblo turdetano, aunque para Ptolomeo se situaría dentro de la zona túrdula, que estaría formada por turdetanos punicizados. Durante el s. V a. C. la ciudad vive su momento de máximo esplendor y muestra de ello sería el importante campo de silos utilizado durante esta etapa o la riqueza y multitud de esculturas aparecidas en Cerrillo Blanco y que fueron realizadas en este periodo. La abundancia de cultivo de cereales y la excelente posición estratégica en la vía hacia *Castulo* con la que contaba la ciudad de *Obulco* permitieron ya desde antiguo, pero fundamentalmente durante este momento, un importante desarrollo del núcleo urbano principal, ya que, además, en *Obulco* se establecerían la aristocracia y el ejército, que explotarían todo un amplio territorio en el que incluso se ejercería un control sobre ciertas zonas mineras.

Este periodo de auge se vio truncado por la presencia de los cartagineses y posteriormente por el desarrollo de la Segunda Guerra Púnica. Del periodo cartaginés contamos con muy pocos datos, pero seguramente por su proximidad a las minas de *Castulo* esta ciudad debió estar bajo la influencia del poder bárquida. Precisamente por su proximidad a la zona de las minas, *Obulco* pronto debió verse inmersa en los combates de la Segunda Guerra Púnica y rápidamente entrará en la órbita romana.

Pocos datos tenemos de los primeros momentos tras la conquista, aunque ya desde un principio en la ciudad de *Obulco* comienzan a emitirse monedas que presentan en su iconografía motivos que hacen alusión a su principal fuente económica, el cultivo de cereales. Así, podemos ver en sus diferentes emisiones las siguientes representaciones: diosa femenina agrícola, espigas de trigo, arado y yugo. Seguramente la amonedación por parte de *Obulco* fuera facilitada por *Roma* para así poder

2. CIRCULACIÓN MONETARIA DE LAS CECAS IBÉRICAS MERIDIONALES DE LA ULTERIOR

mantener la importante explotación agrícola, e incluso minera, de un amplio territorio del que esta ciudad continuaría ejerciendo la capitalidad.

No será hasta finales del periodo republicano, durante el contexto de las guerras civiles entre cesarianos y pompeyanos, cuando tengamos informaciones históricas sobre la ciudad de *Obulco*, que se situará a favor del primero de los bandos. Por lo tanto, César establecerá su campamento cerca de *Obulco* y en esta ciudad hará los preparativos para la decisiva batalla de *Munda*. Tras la victoria, Julio César otorgará a *Obulco* el estatuto de municipio de derecho latino, aunque tras su prematura muerte posiblemente no se habría llevado a cabo hasta la época de Augusto. Durante la etapa augustea y el altoimperio la ciudad sufre una remodelación y expansión y así queda constatado en las excavaciones realizadas en Porcuna, en donde podemos ver tres zonas claramente diferenciadas: una más noble situada en la Peñuela, una más popular en La Calderona y una zona fortificada y dedicada al almacenamiento de cereal en San Marcos. Durante el altoimperio la ciudad sufre alguna otra reestructuración urbanística, se continúa con las explotaciones agrarias y comienzan a surgir las primeras villas en la zona. También durante este periodo pasará por *Obulco* la vía Augusta, quedando constancia de ello posteriormente en el Itinerario de Antonino.

Gracias a la epigrafía se ha documentado la existencia de varias familias importantes de la ciudad como los Aelios, Calpurnios, Valerios o Cornelios, pero estos testimonios también hacen mención a la presencia de libertos y siervos. Por último, como ya dijimos, a *Obulco* se le concede el estatuto de municipio de derecho latino, pero éste sólo afectaría a la ciudad, pues como podemos ver en la epigrafía, el resto de territorio controlado por ella, que en su mayoría sería *vicus* y *pagus*, sigue denominándose como *incolae*.

De la Antigüedad Tardía y la etapa visigoda pocos datos tenemos, aunque gracias al hallazgo de una lápida dedicada al culto de la Virgen María conocemos la existencia de cristianos en la zona desde los primeros momentos, a la vez que constatamos el culto mariano muy temprano.

En cuanto a la economía de la ciudad, ya desde el neolítico, y posteriormente durante los periodos fenicio, ibérico, romano y musulmán, estará basada principalmente en las explotaciones agrícolas, fundamentalmente del cereal. Los motivos por los que Porcuna cuenta con unas importantes explotaciones agrarias son que posee unas fértiles tierras de campiña, controla un amplio territorio y cuenta con abundantes cuencas fluviales, pues muy cerca está el río Salado y sólo a 15 km. encontramos el Guadalquivir. *Obulco* en la antigüedad también debió controlar ciertas minas de la zona de Sierra Morena, como parece demostrar la presencia de monedas de esta ceca en las minas. Además, contó con importantes canteras, como las utilizadas para construir las esculturas del Cerrillo Blanco. Por último, y no menos importante, hay que destacar la posición estratégica que ocupa la ciudad, pues se encontraba situada en una encrucijada de caminos que conectaba las costas mediterráneas con las atlánticas. Así, por *Obulco* pasaba la vía que unía la zona del Alto Guadalquivir, especialmente la ciudad de *Castulo* y la Meseta Norte, con la costa malagueña y la región granadina. Además, a través de la costa malagueña se accedía a la zona gaditana y desde la región granadina se accedería a la provincia almeriense y a la costa levantina. Otra ruta importante que pasaba por *Obulco* era la que seguía el paso natural del Guadalquivir permitiendo la comunicación con *Corduba*, ruta que en la antigüedad fue conocida como el "Camino de Aníbal" y posteriormente como la Vía Augusta.

Historia monetaria: Obulco emite seis series en bronce con una cronología desde finales del s. III a. C. hasta el s. I a. C., seguramente hasta época cesariana. Debido a la variedad de grupos que integran las series de esta ceca, consideramos adecuado presentar sus emisiones en un breve esquema, para cuya elaboración hemos utilizado el estudio realizado por A. Arévalo[271].

Serie I (Cr. Finales del s. III a. C.)

Duplos. Serie I. Grupo 1 (V. 94.1; *CNH.* 341.1; *NAH.* 259; Arévalo, *Obulco*, Serie I, Duplos, nº 1-39; G-B, *Diccionario*, 1ª em., nº 1)
Anv. Cabeza femenina con moño a derecha; en el cuello collar de pequeños colgantes; anepígrafa. Gráfila de cuerda.
Rev. Arado y espiga tumbada, ambos a izquierda; debajo, en cartela, leyenda externa *OBVLCO*. Gráfila de cuerda.

Duplos. Serie I. Grupo 2 (V. 94.2; *CNH.* 342.5; Arévalo, *Obulco*, Serie I, Duplos, nº 40-71; G-B, *Diccionario*, 1ª em., nº 2)
Anv. Cabeza femenina con moño a derecha; en el cuello collar de pequeños colgantes y pendiente; delante, leyenda externa *CONIPR*. Gráfila de cuerda.
Rev. Arado y espiga tumbada, ambos a izquierda; debajo, en cartela, leyenda externa *OBVLCO*; encima del arado, leyenda interna *AIDIAR*. Gráfila de cuerda.

Serie II (Cr. 189/180-146 a. C.)

Ases. Serie II. Grupo 1 (V. 94.6; *CNH.* 342.7; UNTERMANN, *MLH.* 100.1.1; Arévalo, *Obulco*, Serie II, Ases, grupo 1, nº 73-94; G-B, *Diccionario*, 2ª em., nº 4)
Anv. Cabeza femenina con moño a derecha; en el cuello collar de doble fila; bajo el extremo derecho del cuello creciente; delante, leyenda interna *OBVLCO*. Gráfila vegetal.
Rev. Arado y espiga tumbada, ambos a derecha; debajo de ambos yugo; debajo de éste, leyenda ibérica meridional externa *i.po.l.ka*. Gráfila de puntos.

---

[271] *Cf.* A. ARÉVALO GONZÁLEZ (1999), pp. 252-334.

Ases. Serie II. Grupo 2 V. 94.5; *CNH.* 342.7; *NAH.* 260; UNTERMANN, *MLH.* 100.1.1; Arévalo, *Obulco*, Serie II, Ases, grupo 2, nº 95-125; G-B, *Diccionario*, 2ª em., nº 4)
Anv. Cabeza femenina con moño a derecha; en el cuello collar de doble fila; bajo el extremo derecho del cuello creciente; delante, leyenda interna en arco OBVLCO. Gráfila vegetal.
Rev. Arado y espiga tumbada, ambos a derecha; debajo de ambos yugo; debajo de éste, leyenda ibérica meridional externa *i.po.l.ka.* Gráfila de puntos.

Serie III (Cr. 189-165 a. C.)

Ases. Serie III (V. 94.7; *CNH.* 342.8; *NAH.* 58; UNTERMANN, *MLH.* 100.2.2; Arévalo, *Obulco*, Serie III, Ases, nº 126-199; G-B, *Diccionario*, 3ª em., nº 5)
Anv. Cabeza femenina con moño a derecha; en el cuello collar de doble fila; delante leyenda interna en arco *OBVLCO.* Gráfila vegetal.
Rev. Arado y espiga tumbada, ambos a izquierda; debajo, entre líneas, leyendas ibéricas meridionales *ś.i.bi.bo.l.a.i / u.r.ka.i.l.* Gráfila de puntos.

Semises. Serie III. Grupo 1 (V. 94.4; *CNH.* 342.4; Arévalo, *Obulco*, Serie III, Semises, nº 200-257; G-B, *Diccionario*, 3ª em., nº 6)
Anv. Cabeza femenina con moño a derecha; en el cuello collar de doble fila; delante leyenda interna en arco *OBV*, debajo del cuello *L* y detrás de la cabeza *CO*. Gráfila vegetal.
Rev. Jinete al galope, con casco, a derecha; en la mano izquierda lleva una lanza y con la derecha sujeta las riendas. Gráfila vegetal.

Semises. Serie III. Grupo 2 (V. 94.3; *CNH.* 342.6; *NAH.* 340; Arévalo, *Obulco*, Serie III, Semises, nº 258-286; G-B, *Diccionario*, 3ª em., nº 7)
Semis
Anv. Cabeza femenina con moño a derecha; en el cuello collar de doble fila; delante de la cabeza, leyenda externa *ILNO*. Gráfila vegetal.
Rev. Jinete al galope, con casco, a derecha; en la mano izquierda lleva una lanza y con la derecha sujeta las riendas; encima, en arco, a un lado y otro del jinete, leyenda *OBV / L / CO* y abajo en arco leyenda *NAE AL*. Gráfila vegetal.

Serie IV (Cr. 165-110 a. C.)

Ases. Serie IV. Grupo 1 (V. 96.3; *CNH.* 342.9; UNTERMANN, *MLH.* 100.13.21; Arévalo, *Obulco*, Serie IV, Ases, grupo 1, nº 287-302; G-B, *Diccionario*, 4ª em., A, nº 8)
Anv. Cabeza femenina con moño a derecha; en el cuello collar de triple fila; delante leyenda interna en arco *OBVLCO.* Gráfila de puntos.
Rev. Espiga tumbada y arado, ambos a derecha; debajo, entre líneas, leyendas ibéricas meridionales externas *s.i.ka.a.i / o.t.a.ti.i.ś.* Gráfila de puntos.

Ases. Serie IV. Grupo 2 (V. 96.2; *CNH.* 343.10; UNTERMANN, *MLH.* 100.12.19; Arévalo, *Obulco*, Serie IV, Ases, grupo 2, nº 303-323; G-B, *Diccionario*, 4ª em., B, nº 9)
Anv. Cabeza femenina con moño a derecha; en el cuello collar de triple fila; delante leyenda interna en arco *OBVLCO.* Gráfila de puntos.
Rev. Arado y espiga tumbada, ambos a izquierda; entre ellos y entre líneas, leyendas ibéricas meridionales externas *i.l.te.r.a.ti.n / ko.l.o.n.* Gráfila de puntos.

Ases. Serie IV. Grupo 3 (V. 95.1 y 3, 96.1?; *CNH.* 343.11-14; UNTERMANN, *MLH.* 100.5.7; Arévalo, *Obulco*, Serie IV, Ases, grupo 3, nº 324-382; G-B, *Diccionario*, 4ª em., C, nº 10-11)
Anv. Cabeza femenina con moño a derecha; en el cuello collar de triple fila; delante leyenda interna en arco *OBVLCO* u *OBVLOO.* Gráfila de puntos.
Rev. Arado y espiga tumbada, ambos a izquierda; entre ellos y entre líneas, leyendas ibéricas meridionales externas *i.s.ke.r.a.ti.n / tu.i.tu.bo.l.a.i* o *tu.i.tu.bo.l.a.i. / i.s.ke.r.a.ti.n.* Gráfila de puntos.

Ases. Serie IV. Grupo 4 (V. 95.4; *CNH.* 346.36-37; UNTERMANN, *MLH.* 100.7.9; Arévalo, *Obulco*, Serie IV, Ases, grupo 4, nº 383-428; G-B, *Diccionario*, 4ª em., D, nº 13)
Anv. Cabeza femenina con moño a derecha; en el cuello collar de triple fila; delante leyenda interna en arco *OBVLOO.* Gráfila de puntos.
Rev. Arado y espiga tumbada, ambos a izquierda; entre ellos y entre líneas, leyendas ibéricas meridionales externas *tu.i.tu.i.bo.r.e.n* / (G22a) *n.tu.a.k.o.i.* Gráfila de puntos.

Ases. Serie IV. Grupo 5 (V. 94.8-9 y 95.2; *CNH.* 343.15-16; UNTERMANN, *MLH.* 100.3.4; Arévalo, *Obulco*, Serie IV, Ases, grupo 5, nº 429-462; G-B, *Diccionario*, 4ª em., E, nº 14)
Anv. Cabeza femenina con moño a derecha; en el cuello collar de una fila; delante leyenda interna en arco OBVLOO. Gráfila de puntos.
Rev. Arado y espiga tumbada, ambos a izquierda; entre ellos y entre líneas, leyendas ibéricas meridionales internas o externas *i.l.ti.r.e.u.r / ka.be.s.u.r.i.bi.* Gráfila de puntos.

Ases. Serie IV. Grupo 6 (V. 95.7-10, 96.1; *CNH.* 345.26-30, 346.31-35; UNTERMANN, *MLH.* 100.10.15, 11.18; Arévalo, *Obulco*, Serie IV, Ases, grupo 6, nº 463-603; G-B, *Diccionario*, 4ª em., F, nº 15)
Anv. Cabeza femenina con moño a derecha; en el cuello collar de triple fila; delante leyenda interna en arco *OBVLCO.* Gráfila de puntos.
Rev. Arado y espiga tumbada, ambos a izquierda; entre ellos y entre líneas, leyendas ibéricas meridionales externas *bo.ti.l.ko.ś / be.ko.e.ki* o *be.ko.e.ki / bo.ti.l.ko.ś*; en numerosos ejemplares, sobre la espiga, X y/o creciente. Gráfila de puntos.

Ases. Serie IV. Grupo 7 (V. 95.5-6, 96.4; *CNH.* 344.17-23, 345.24-25; UNTERMANN, *MLH.* 100.8.10; Arévalo,

2. CIRCULACIÓN MONETARIA DE LAS CECAS IBÉRICAS MERIDIONALES DE LA ULTERIOR

Obulco, Serie IV, Ases, grupo 7, n° 604-878; G-B, *Diccionario*, 4ª em., G, n° 16)
Anv. Cabeza femenina con moño a derecha; en el cuello collar de doble fila; delante leyenda interna en arco *OBVLCO*. Gráfila de puntos.
Rev. Arado y espiga tumbada, ambos a izquierda; entre ellos y entre líneas, leyendas ibéricas meridionales externas *u.r.ka.i.l.tu* / *n.e.s.e.l.tu.ko* o *n.e.s.e.l.tu.ko* / *u.r.ka.i.l.tu*; en numerosos ejemplares hay una X sobre el tallo de la espiga. Gráfila de puntos.

Semises. Serie IV. Grupo 1 (V. 97.3 y 4; *CNH*. 350.61, 63-64; Arévalo, *Obulco*, Serie IV, Semises, grupo 1, n° 879-938; G-B, *Diccionario*, 4ª em., n° 17)
Anv. Águila con las alas explayadas a derecha; a la izquierda, creciente. Gráfila de puntos.
Rev. Toro, con la cabeza de frente, a derecha; encima, leyenda retrograda externa sobre línea, en cartela o campo, *OBVLCO*. Gráfila de puntos.

Semises. Serie IV. Grupo 2 (V. 97.2; *CNH*. 350.60; Arévalo, *Obulco*, Serie IV, Semises, grupo 2, n° 939-979; G-B, *Diccionario*, 4ª em., n° 18)
Anv. Águila con las alas explayadas a derecha. Gráfila de puntos.
Rev. Toro, con la cabeza de frente, corriendo a derecha; debajo, leyenda retrograda interna *O* / *BVLCO*. Gráfila de puntos.

Semises. Serie IV. Grupo 3 (V. 97.1 *CNH*. 350.59 Arévalo, *Obulco*, Serie IV, Semises, grupo 3 n° 980-992; G-B, *Diccionario*, 4ª em., n° 19)
Anv. Águila con las alas explayadas a derecha; abajo, en cartela, leyenda externa *OBVLCO*. Gráfila de puntos.
Rev. Toro, con la cabeza de frente, corriendo a derecha. Gráfila de puntos.

Semises. Serie IV. Grupo 4 (V. 97.5; *CNH*. 350.65; *NAH*. 837; Arévalo, *Obulco*, Serie IV, Semises, grupo 4, n° 993-1.028; G-B, *Diccionario*, 4ª em., n° 20)
Anv. Águila con las alas explayadas a derecha; detrás, leyenda interna *BODILCOS*. Gráfila de puntos.
Rev. Toro, con la cabeza de frente, marchando a derecha; encima, leyenda interna *VIINIIT*; debajo de las patas, leyenda externa *OBVLCO*.

Cuadrantes. Serie IV. Grupo 1 (V. 97.7; *CNH*. 350.67; Arévalo, *Obulco*, Serie IV, Cuadrantes, n° 1.039-1.050; G-B, *Diccionario*, 4ª em., n° 22)
Anv. Cabeza femenina con moño a derecha; delante leyenda externa en arco *OBVLCO*. Gráfila de puntos.
Rev. Águila con las alas explayadas a derecha.

Serie V (Cr. 110- 80 a. C.)

Serie Va

Ases. Serie Va. Grupo 1 (V. 96.6 y 10; *CNH*. 347.44 y 348.45, 47 y 49; Arévalo, *Obulco*, Serie Va, Ases, grupo 1, n° 1.066-1.285; G-B, *Diccionario*, 5ª em., A, n° 27)
Anv. Cabeza femenina con moño a derecha; en el cuello collar de doble fila; delante leyenda interna en arco *OBVLCO*. Gráfila de puntos.
Rev. Arado y espiga tumbada, ambos a izquierda o derecha; entre ellos y entre líneas, leyenda *L·AIMIL* / *M·IVNI* y a su derecha de arriba a abajo *AID*. Gráfila de puntos.

Ases. Serie Va. Grupo 2 (V. 96.7-9; *CNH*. 348.46, 48, 50-51 y 349.52-58; Arévalo, *Obulco*, Serie Va, Ases, grupo 2, n° 1.286-1.396; G-B, *Diccionario*, 5ª em., A, n° 28)
Anv. Cabeza femenina con moño a derecha; en el cuello collar de doble fila; delante leyenda interna en arco *OBVLCO*; detrás creciente y X; en algunos sólo aparece la X y en otros ninguno de los símbolos. Gráfila de puntos.
Rev. Arado y espiga tumbada, ambos a izquierda o derecha; entre ellos y entre líneas, leyenda *L·AIMIL* / *M·IVNI* y a su derecha de arriba a abajo *AID*; sobre la espiga X ó creciente. Gráfila de puntos.

Serie Vb

Ases. Serie Vb. Grupo 1 (V. 96.5; *CNH*. 347.38-39; UNTERMANN, *MLH*. 100.1.1; Arévalo, *Obulco*, Serie Vb, Ases, grupo 1, n° 1.397-1.510; G-B, *Diccionario*, 5ª em., B, n° 29)
Anv. Cabeza femenina con moño a derecha; en el cuello collar de doble fila; delante leyenda interna en arco *OBVLCO*. Gráfila de puntos.
Rev. Arado y espiga tumbada, ambos a izquierda; entre ellos y entre líneas, leyenda ibérica meridional externa *i.po.l.ka*. Gráfila de puntos.

Ases. Serie Vb. Grupo 2 (*CNH*. 347.40-43; UNTERMANN, *MLH*. 100.1.1; Arévalo, *Obulco*, Serie Vb, Ases, grupo 2, n° 1.511-1.549; G-B, *Diccionario*, 5ª em., B, n° 30)
Anv. Cabeza femenina con moño a derecha; en el cuello collar de doble fila; delante leyenda interna en arco *OBVLCO*; en algunos ejemplares, hay símbolos X y creciente detrás de la cabeza. Gráfila de puntos.
Rev. Arado y espiga tumbada, ambos a izquierda; entre ellos y entre líneas, leyenda ibérica meridional externa *i.po.l.ka*; en algunos ejemplares símbolo X sobre la caña de la espiga. Gráfila de puntos.

Serie VI (Cr. Desde 67 a. C. hasta época cesariana)

Ases. Serie VI. Grupo 1 (V. 97.12; *CNH*. 351.74; Arévalo, *Obulco*, Serie VI, Ases, grupo 1, n° 1.550-1.592; G-B, *Diccionario*, 6ª em., B, n° 31)
Anv. Cabeza apolínea, con láurea y peinado de bucles, a derecha; bajo el extremo derecho del cuello creciente; delante, leyenda interna en arco *OBVL*; detrás, leyenda externa *NIG*. Gráfila de puntos.
Rev. Arado y espiga tumbada, ambos a derecha; debajo de ambos yugo. Gráfila de puntos.

Ases. Serie VI. Grupo 2 (V. 97.13; *CNH.* 351.75; Arévalo, *Obulco*, Serie VI, Ases, grupo 2, nº 1.593-1.599; G-B, *Diccionario*, 6ª em., B, nº 32)
Anv. Cabeza apolínea, con láurea y peinado de bucles, a derecha; bajo el extremo derecho del cuello creciente; delante, leyenda interna en arco OBVL; detrás, leyenda externa *NIG*. Gráfila de puntos.
Rev. Arado y espiga tumbada, ambos a izquierda; debajo de ambos yugo. Gráfila de puntos.

Ases. Serie VI. Grupo 3 (V. 97.13; *CNH.* 351.75; Arévalo, *Obulco*, Serie VI, Ases, grupo 3, nº 1.600-1.609; G-B, *Diccionario*, 6ª em., B, nº 32)
Anv. Cabeza apolínea, con láurea y peinado de bucles, a derecha; bajo el extremo derecho del cuello creciente; delante, leyenda externa en arco *OBVL*; detrás, leyenda interna *NIG*. Gráfila de puntos.
Rev. Arado y espiga tumbada, ambos a izquierda; debajo de ambos yugo. Gráfila de puntos.

Semises. Serie VI. Grupo 1 (*CNH.* 352.80; Arévalo, *Obulco*, Serie VI, Semises, grupo 1, nº 1.610-1.745; G-B, *Diccionario*, 6ª em., nº 33)
Anv. Cabeza apolínea, con láurea y peinado de bucles, a derecha; delante, leyenda interna o externa en arco *OBVL*; detrás, leyenda externa e interna *NIG*. Gráfila de puntos.
Rev. Toro, andando sobre línea de exergo, a derecha; encima creciente. Gráfila de puntos.

Semises. Serie VI. Grupo 2 (V. 98.1-4 y 173.3; *CNH.* 352.79 y 81-84, 353.85-86; Arévalo, *Obulco*, Serie VI, Semises, grupo 2, nº 1.746-1.825; G-B, *Diccionario*, 6ª em., nº 34)
Anv. Cabeza apolínea, con láurea y peinado de bucles, a derecha; delante, leyenda interna en arco *OBVL*; detrás, leyenda externa *NIG*; en algunos ejemplares sólo se lee la leyenda *OBVL*. Gráfila de puntos.
Rev. Toro, andando sobre línea de exergo, a derecha; encima creciente; delante leyenda interna o externa NIG. Gráfila de puntos.

Semises. Serie VI. Grupo 3 (Arévalo, *Obulco*, Serie VI, Semises, grupo 3, nº 1.826-1.877; G-B, *Diccionario*, imitaciones de la 6ª em., nº 38)
Anv. Cabeza apolínea, con láurea y peinado de bucles, a derecha; delante, leyenda interna en arco *OBVL*. Gráfila de puntos.
Rev. Toro, andando sobre línea de exergo, a derecha; encima creciente. Gráfila de puntos.

Semises. Serie VI. Grupo 4 (V. 98.5; *CNH.* 353.89; Arévalo, *Obulco*, Serie VI, Semises, grupo 4, nº 1.878-1.910; G-B, *Diccionario*, imitaciones de la 6ª em., nº 37)
Anv. Cabeza apolínea, con láurea y peinado de bucles, a derecha. Gráfila de puntos.
Rev. Toro, andando sobre línea de exergo, a derecha; encima creciente. Gráfila de puntos.

Por último, no conservamos ningún plomo monetiforme en relación con esta ceca, aunque sí encontramos varias imitaciones de monedas de *Obulco*. En las imitaciones encontramos varias tipologías, entre las que destacan aquellas que presentan en anverso Cabeza apolínea diademada a derecha y en reverso Toro a derecha o izquierda y encima creciente. Otra tipología muy frecuente es la que presenta en anverso Cabeza masculina laureada a derecha o izquierda y delante leyenda latina interna o externa *OBVL*, en ocasiones invertida, y en reverso Toro a derecha o izquierda y encima creciente. También contamos con varias monedas híbridas entre la ceca de *Obulco* y las cecas de *Castulo* y *Carissa*.

Bibliografía:

ARÉVALO GONZÁLEZ, A. (1987), "Las monedas de *Obulco*", *RArq* 74, pp. 29-45.
ARÉVALO GONZÁLEZ, A. (1989), "Las monedas bilingües de *Obulco*", *GN* 94-95, pp. 143-147.
ARÉVALO GONZÁLEZ, A. (1989), "Los elementos diferenciadores de las primeras acuñaciones de *Obulco*", en *Actas del VII CNN (Madrid, 1989)*, Madrid, pp. 195-202.
ARÉVALO GONZÁLEZ, A. (1990), "Análisis de las reacuñaciones sobre *Obulco*", *CPAM* 17, pp. 307-314.
ARÉVALO GONZÁLEZ, A. (1993), *Las monedas de Obulco*, Tesis Doctoral, Universidad Autónoma de Madrid (microfichas), Madrid.
ARÉVALO GONZÁLEZ, A. (1997), "Las acuñaciones ibéricas meridionales, turdetanas y de *Salacia* en la *Hispania Ulterior*", en *Historia Monetaria de Hispania Antigua*, pp. 207-212.
ARÉVALO GONZÁLEZ, A. (1999), *La ciudad de Obulco: sus emisiones monetales*, Sigüenza.
ARÉVALO GONZÁLEZ, A. (2005), *Sylloge Nummorum Graecorum. Volumen 2. Hispania. Ciudades del área meridional. Acuñaciones con escritura indígena*, Museo Arqueológico Nacional, Madrid, pp. 40-45 y 154-223.
ARTEAGA, O. (1986-1989), "El municipio pontificiense de *Obulco*. Nuevos datos arqueológicos para su estudio", *Empúries* 48-50, pp. 36-45.
ARTEAGA, O. (1987), "Excavaciones arqueológicas sistemáticas en el Cerro de Los Alcores (Porcuna, Jaén). Informe preliminar sobre la campaña de 1985", *AAA* 1985, Sevilla, vol. II, pp. 279-288.
ARTEAGA, O., NOCETE, F., RAMOS, J., RECUERDA, A. y ROOS, A. Mª. (1987), "Excavaciones sistemáticas en el Cerro de El Albalate (Porcuna, Jaén)", *AAA* 1986, Sevilla, vol. II, pp. 395-400.
ARTEAGA, O., RAMOS, J., NOCETE, F., ROOS, A. Mª. y BURGOS, A. (1990), "La ciudad ibero-romana de *Obulco*. Aproximación al estudio comparado de los contextos arqueológicos de su territorio", *AAA* 1988, Sevilla, vol. II, pp. 238-243.
ARTEAGA, O., RAMOS, J., NOCETE, F., ROOS, A. Mª. y LIZCANO, R. (1991), "Reconstrucción del proceso histórico en el territorio de la ciudad ibero-romana de *Obulco* (Porcuna, Jaén)", *AAA* 1989, Sevilla, vol. II, pp. 260-268.
ARTEAGA, O., RAMOS, J. y ROOS, A. Mª. (1992), "Acerca del trazado urbano y la ordenación catastral de la *"civitas" obulconense* (Porcuna, Jaén). Campaña de 1989", *AAA* 1990, Sevilla, vol. II, pp. 225-229.

2. CIRCULACIÓN MONETARIA DE LAS CECAS IBÉRICAS MERIDIONALES DE LA ULTERIOR

ARTEAGA, O., RAMOS, J. y ROOS, A. Mª. (1992), "El abandono de un sector urbano en *Obulco* en época Flavia", *AAA* 1990, Sevilla, vol. II, pp. 310-317.

ARTEGA, O. y BLECH, M. (1987), "La romanización en las zonas de Porcuna y Mengíbar (Jaén)", en *Los asentamientos ibéricos ante la romanización*, pp. 86-99.

BLANCO FREJEIRO, A. (1987a), "Las escultura de Porcuna I. Estatuas de guerreros", *BRAH* 184 (3), pp. 405-445.

BLANCO FREJEIRO, A. (1987b), "Las escultura de Porcuna II. Hierofantes y cazadores", *BRAH* 185 (1), pp. 1-27.

BLÁZQUEZ MARTÍNEZ, J. M. (1985), "The phokaian sculpture of *Obulco* in Southern Spain", *American Journal of Archaeology* 89, pp. 61-69.

CORREA, J. A. (1983), "Ibérico: *CAST(I)LO, IBOLC(A)*. Latín: *CASTULO, OBULCO*", *Habis* 14, pp. 107-113.

GARCÍA-BELLIDO, M. P. y BLÁZQUEZ CERRATO, C. (1995), "Formas y usos de las magistraturas en las monedas hispánicas", en GARCÍA-BELLIDO, M. P. y CENTENO, R. M. S. (eds.), *Actas del I EPNA. La moneda hispánica. Ciudad y territorio (Madrid, 1994)*, Anejos *AEA* XIV, Madrid, pp. 381-428.

GARCÍA-BELLIDO, M. P. y BLÁZQUEZ CERRATO, C. (2001), *Diccionario de cecas y pueblos hispánicos. Vol. II. Catálogo de cecas y pueblos que acuñan moneda*, Madrid, s.v. *OBVLCO / i.bo.l.ka*.

GONZÁLEZ NAVARRETE, J., ARTEAGA, O. y UNGHETTI, C. (1980), "La necrópolis del "Cerrillo Blanco" y el poblado de "Los Alcores" (Porcuna, Jaén)", *NAH* 10, pp. 183-217.

HEREDIA ESPINOSA, M. (1962), "Las monedas de *Obulco*", *Boletín de la Real Academia de Córdoba* XXXIII, nº 83, pp. 173-203.

HOZ, J. DE (1980), "Crónica de lingüística y epigrafía prerromanas de la península Ibérica: 1979", *Zephyrus* XXX-XXXI, pp. 299-323.

LEAL LINARES, P. (1995), *Obulco*, Écija.

NEGUERUELA MARTÍNEZ, I. (1990), *Los monumentos escultóricos ibéricos del Cerrillo Blanco de Porcuna (Jaén). Estudio sobre su estructura interna, agrupamientos e interpretación*, Madrid.

PÉREZ FILLOLA, F. (1983), "Monedas inéditas de *Obulco*", *GN* 70, p. 13.

TIR, J-30 (Madrid. 2000) s.v. *OBVLCO*.

TORRECILLAS GONZÁLEZ, J. F. (1985), *La necrópolis de época tartésica del "Cerrillo Blanco" (Porcuna, Jaén)*, Jaén.

TOVAR, A. (1952), "Las monedas de *Obulco* y los celtas de Andalucía", *Zephyrus* III, pp. 219-221.

UNTERMANN, J. (1975), *Monumenta Linguarum Hispanicarum I. Die Münzlegenden*, Wiesbaden, 2 vols.

VILLARONGA I GARRIGA, L. (1994), *Corpus Nummum Hispaniae ante Augusti Aetatem*, Barcelona, pp. 356-359.

b) Análisis de la circulación monetaria.

Para el estudio de la circulación monetaria de la ceca de *Obulco* contamos con ciento cincuenta hallazgos y un total de quinientas seis monedas. De estas piezas, doce proceden de tesorillos (2,37%), setenta han sido encontradas en excavaciones (13,83%), doscientas treinta y nueve han sido halladas de forma esporádica (47,23%) y ciento ochenta y cinco han sido localizadas en museos (36,56%).

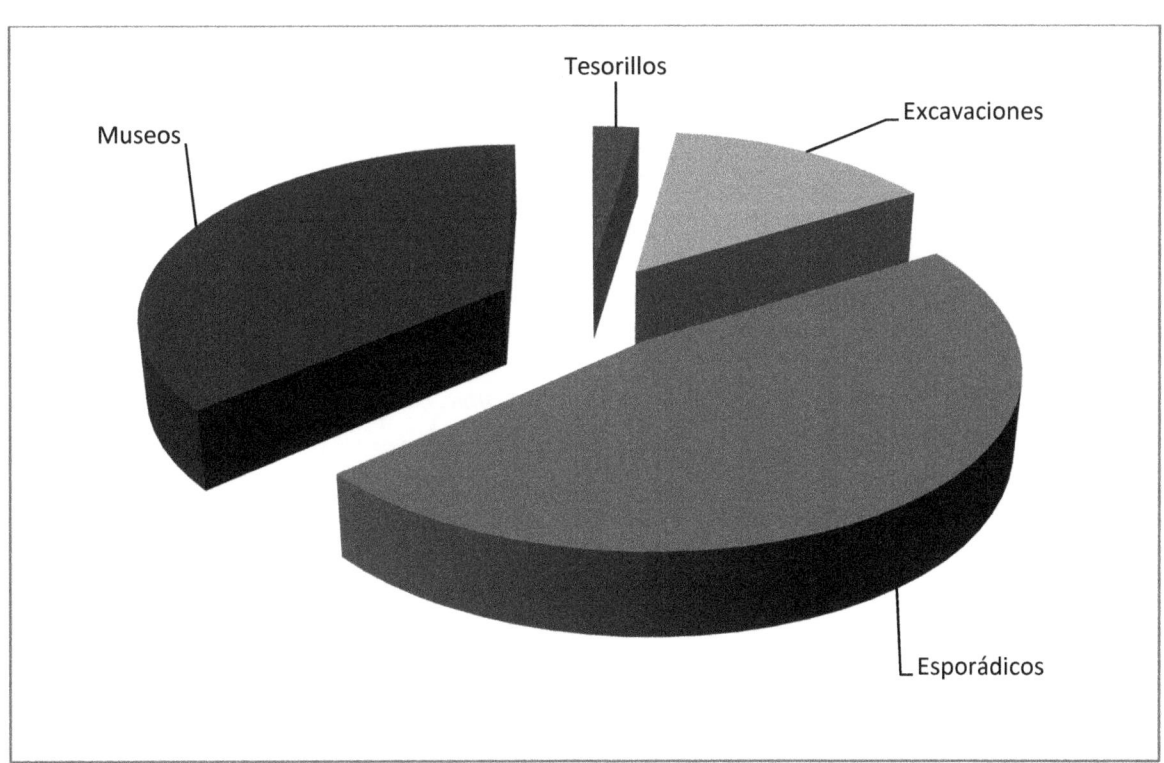

Gráfica 9: Distribución de los ejemplares de *Obulco* por tipo de hallazgo

Como vemos, sólo contamos con doce monedas procedentes de tesorillos y un total de cuatro hallazgos. El más numeroso de ellos se produce en la zona de Jaén[272], donde se descubrieron ocho ases de *Obulco* de la serie IV sin grupo conocido. Todas estas piezas debieron formar un pequeño ocultamiento, pues estaban adheridas unas a otras. En el atesoramiento de Montemolín (Marchena, Sevilla)[273] encontramos un as de la serie Va, grupo 1, y un as de la serie Vb, grupo 2. En un tesorillo hallado en Tamuja (Botija, Cáceres)[274], en el que encontramos hasta doscientos tres cuadrantes de *Corduba*, tenemos un semis de la serie IV, grupo 2, de *Obulco*, además de un denario forrado de *C. Reni*, un semis de imitación romano, una moneda de *Carteia* y otra de *Carissa*. El cuarto y último hallazgo procede de un tesorillo localizado en Torelló d´en Cintes (Mahón, Menorca)[275], en el que, entre trescientas ochenta y tres monedas de bronce, encontramos un as de la serie Vb, grupo 1.

Por lo que respecta a los ejemplares procedentes de excavaciones arqueológicas, tenemos setenta piezas y un total de veinticuatro hallazgos. En las campañas arqueológicas realizadas en el yacimiento arqueológico de La Bienvenida (Almodóvar del Campo, Ciudad Real)[276] se han podido localizar tres monedas de *Obulco*, una de ellas perteneciente a los ases de la serie III, otra a los semises de la serie IV, grupo 4, y otra a los ases de la serie Va, grupo 1. En las excavaciones realizadas en la mina y villa minera de La Loba (Fuenteobejuna, Córdoba)[277] por J. M. Blázquez, C. Domergue y P. Sillières se han localizado dieciocho monedas: un semis de la serie III, grupo 1, un as de la serie IV, grupo 2, siete ases de la serie IV, grupo 7, ocho ases de la serie Va, grupo 1, y un as sin indicación de serie.

En las campañas de excavaciones efectuadas en el campamento romano de Cáceres el Viejo[278] se han podido documentar doce ejemplares de la ceca de *Obulco*, que serían un as de la serie IV, grupo 2, un as de la serie IV, grupo 4, tres ases de la serie IV, grupo 7, tres ases de la serie Va, grupo 1, dos ases de la serie Va, grupo 2, un as de la serie Vb, grupo 1 y un as sin indicación de serie. Durante las excavaciones llevadas a cabo por el profesor Blanco Freijeiro en la ciudad de Ategua (Teba la Vieja, Córdoba)[279] se hallaron dos monedas, de las cuales una es un as de la serie IV, grupo 3, y la otra una pieza sin indicación de valor y serie.

En las excavaciones realizadas por C. Domergue en la mina de Diógenes (Ciudad Real)[280] se localizaron seis monedas; de ellas, una pertenece a los ases de la serie IV, grupo 6, dos a los ases de la serie IV, grupo 7, una a los ases de la serie Va, grupo 1, una a los ases de la serie Va, grupo 2 y una a los ases, sin indicación de serie. En las campañas de excavaciones realizadas por H. Schubart en 1976 en Morro de Mezquitilla (Málaga)[281] se encontraron dos monedas, un as de la serie IV, grupo 7, y un as de la serie Va, grupo 1. En Stikada (Croacia)[282] se descubrió un as de *Obulco* de la serie IV, grupo 7, durante la excavación en 1976 de una letrina perteneciente a una antigua vivienda situada en el lugar llamado Ricica.

En el Museo Arqueológico Nacional se conservan tres monedas de *Obulco* pertenecientes a las excavaciones realizadas por L. Siret en Villaricos (Almería)[283]; la primera de ellas es un as de la serie IV, grupo 7, la segunda un as de la serie Va, grupo 1, y la tercera un semis de la serie VI, grupo 4. En el campamento romano de Lomba do Canho (Arganil, Coimbra, Portugal)[284] se localizó otro as de la serie Va, grupo 1. En las excavaciones realizadas en el año 1973 por Corzo Sánchez en la muralla republicana de Osuna[285] se descubrió un as de *Obulco* de la serie Va, grupo 2. Durante las excavaciones llevadas a cabo en una casa del solar de la calle José Quero nº 20 (Porcuna, Jaén)[286], en un suelo enlosado junto a materiales cerámicos y una fíbula, se halló un as de *Obulco* de la serie Vb, grupo 1.

Entre los restos hallados en el asentamiento del Castrejón de Capote (Higuera la Real, Badajoz)[287] contamos con un semis de la serie VI, grupo 1. A esta misma serie pertenece una moneda descubierta en la ciudad romana de *Conimbriga*[288], además de dos semises de la serie VI, grupo 4, y otros dos semises sin indicación de serie. Tres

---

[272] *Cf.* F. CHAVES TRISTÁN (1991-1993), pp. 267-284.
[273] *Cf.* F. CHAVES TRISTÁN (1989), pp. 113-132; F. CHAVES TRISTÁN (1994a), pp. 375-389; A. ARÉVALO GONZÁLEZ (1999), Cap. VIII. Hallazgos, pp. 133-200, Hallazgo 14.
[274] *Cf.* F. CHAVES TRISTÁN (2006), pp. 363-392.
[275] *Cf.* N. TARRADELL-FONT (1982), pp. 200-208; P. P. RIPOLLÈS ALEGRE (1982a), pp. 54-55.
[276] *Cf.* A. ARÉVALO GONZÁLEZ (1995b), pp. 129-137.
[277] *Cf.* A. ARÉVALO GONZÁLEZ (1999), Cap. VIII. Hallazgos, pp. 133-200, Hallazgo 24; F. CHAVES TRISTÁN y P. OTERO MORÁN (2002), pp. 223-224.
[278] *Cf.* A. SCHULTEN (1928), pp. 12 y ss.; A. SCHULTEN (1930), pp. 54 y ss.; A. SCHULTEN (1932), pp. 346 y ss.; M. BELTRÁN LLORIS (1973-1974), pp. 255-310; H. J. HILDEBRANT (1984), pp. 257-297; A. ARÉVALO GONZÁLEZ (1999), Cap. VIII. Hallazgos, pp. 133-200, Hallazgo 6; C. BLÁZQUEZ CERRATO (2002), pp. 60-68.
[279] *Cf.* A. ARÉVALO GONZÁLEZ (1999), Cap. VIII. Hallazgos, pp. 133-200, Hallazgo 23.
[280] *Cf.* C. DOMERGUE (1967), pp. 29-81; M. P. GARCÍA-BELLIDO (1982), hallazgo 18, pp. 110-114.
[281] *Cf.* H. SCHUBART (1979), pp. 175-218; A. ARÉVALO GONZÁLEZ (1999), Cap. VIII. Hallazgos, pp. 133-200, Hallazgo 34.
[282] *Cf.* A. ARÉVALO GONZÁLEZ (1999), Cap. VIII. Hallazgos, pp. 133-200, Hallazgo 64.
[283] *Cf.* J. M. VIDAL BARDÁN (1981a), pp. 15-23; A. ARÉVALO GONZÁLEZ (1999), Cap. VIII. Hallazgos, pp. 133-200, Hallazgo 36.
[284] *Cf.* A. M. FARIA (1984-1985), p. 40.
[285] *Cf.* A. ARÉVALO GONZÁLEZ (1999), Cap. VIII. Hallazgos, pp. 133-200, Hallazgo 15.
[286] *Cf.* A. ARÉVALO GONZÁLEZ (1999), Cap. VIII. Hallazgos, pp. 133-200, Hallazgo 38.
[287] *Cf.* L. BERROCAL RANGEL (1988a), pp. 19-23; L. BERROCAL RANGEL y A. CANTO GARCÍA (1990), pp. 67-77; L. BERROCAL RANGEL (1991), pp. 331-345; C. BLÁZQUEZ CERRATO (2002), pp. 71-72.
[288] *Cf.* I. PEREIRA, J. P. BOST y J. HIERNARD (1974); C. BLÁZQUEZ CERRATO (1992), pp. 62-71, forma parte del Anexo II: Inventario de Monedas descubiertas por Vergilio Correa (M. Castro Hipólito); A. ARÉVALO GONZÁLEZ (1999), Cap. VIII. Hallazgos, pp. 133-200, Hallazgo 4.

2. CIRCULACIÓN MONETARIA DE LAS CECAS IBÉRICAS MERIDIONALES DE LA ULTERIOR

Mapa 5: Excavaciones arqueológicas con presencia de ejemplares de la ceca de *Obulco*

hallazgos tenemos de semises de la serie VI, grupo 2: dos de ellos proceden de Cádiz, uno de las excavaciones realizadas entre 1978 y 1983 en el yacimiento de La Algaida (Sanlúcar de Barrameda)[289] y otro de las campañas realizadas por M. Esteve en Mesas de Asta (Jerez de la Frontera)[290]; el tercero se ha documentado en la Memoria de las excavaciones efectuadas en el *oppidum* francés de Cayla (Mailhac)[291] entre 1931 y 1977.

En las campañas realizadas en *Carteia*[292] se ha recogido gran cantidad de monedas, entre las cuales encontramos de *Obulco* un semis de la serie VI, grupo 3, y un semis de la serie VI, grupo 4. Contamos con varios hallazgos procedentes de excavaciones de monedas de *Obulco* sin indicación de serie: así, en Cádiz, en la c/ Juan Ramón Jiménez n° 9[293], en 1993 se halló una moneda de las últimas series de esta ceca; en Castro de Segovia (Elvas, Portugal)[294] se localizó un número indeterminado de monedas de esta ceca; también varias monedas, aunque al menos dos, proceden de la mina del Cerro del Plomo (El Centenillo, Jaén)[295]; en Dehesa de la Mulva (Villanueva del Río y Minas, Sevilla)[296] también fue hallado un número indeterminados de monedas de *Obulco*; en las excavaciones realizadas en la Gorham´s Cave (Gibraltar)[297] se encontraron dos monedas de esta ceca sin indicación de serie y hoy conservadas en el Museo de Gibraltar; entre los restos de la antigua ciudad de *Italica* (Santiponce, Sevilla)[298] se descubrió en la campaña de 1903-1904 un número importante de monedas de *Obulco*

---

[289] *Cf.* J. R. CORZO SÁNCHEZ (1995), pp. 81-90; A. ARÉVALO GONZÁLEZ (1999), Cap. VIII. Hallazgos, pp. 133-200, Hallazgo 21.
[290] *Cf.* M. ESTEVE GUERRERO (1945); M. FERREIRO LÓPEZ (1981-1982), pp. 61-67; A. ARÉVALO GONZÁLEZ (1999), Cap. VIII. Hallazgos, pp. 133-200, Hallazgo 16.
[291] *Cf.* O. TAFFANEL, J. TAFFANEL y J. C. RICHARD (1979), p. 1-53; C. BLÁZQUEZ CERRATO (1992), p. 241.
[292] *Cf.* F. CHAVES TRISTÁN (1982), pp. 287-309; C. BLÁZQUEZ CERRATO (1992), pp. 54-59; A. ARÉVALO GONZÁLEZ (1999), Cap. VIII. Hallazgos, pp. 133-200, Hallazgo 19.

[293] *Cf.* J. F. SIBÓN OLANO (1992-1993), pp. 83-88.
[294] *Cf.* T. JÚDICE GAMITO (1981), pp. 33-43; C. BLÁZQUEZ CERRATO (2002), p. 73.
[295] *Cf.* C. DOMERGUE (1971), pp. 267-363 (CPMEC); M. P. GARCÍA-BELLIDO (1980), pp. 199-202; F. CHAVES TRISTÁN y P. OTERO MORÁN (2002), pp. 193-194.
[296] *Cf.* C. FERNÁNDEZ-CHICARRO y A. OLIVELLA (1964), pp. 29-31; C. BLÁZQUEZ CERRATO (1992), pp. 85-87.
[297] *Cf.* L. A. DEL CASTILLO NAVARRO (1995), pp. 131-136.
[298] *Cf.* M. FERNÁNDEZ LÓPEZ (1904), pp. 104-119; A. GARCÍA Y BELLIDO (1985), p. 81; C. BLÁZQUEZ CERRATO (1992), pp. 88-93.

entre las que hay al menos un semis; finalmente, entre los materiales encontrados por García Ruiz en la villa romana de Torrox (Málaga)[299] tenemos dos monedas de esta ceca sin mayor precisión.

Casi la mitad de los ejemplares analizados de la ceca de *Obulco*, doscientas treinta y nueve monedas de las quinientas seis estudiadas, proceden de hallazgos esporádicos. Más significativa es su presencia si lo comparamos con el número total de hallazgos, pues de los ciento cincuenta catalogados noventa y dos son esporádicos. Es importante la aparición de hallazgos en la provincia de Jaén y en la zona cordobesa de Sierra Morena. Así, en el municipio de Porcuna[300], lugar en el que se ha venido ubicando tradicionalmente la antigua ciudad de *Obulco*, se ha encontrado gran cantidad de piezas. Varias de estas monedas se encuentran en colecciones particulares. Entre ellas tenemos un duplo de la serie I, grupo 2, un as de la serie IV, grupo 6, un as de la serie IV, grupo 7, y un as de la serie VI, grupo 1. En la Colección Peña también encontramos cuatro ejemplares de esta ceca, uno perteneciente a los ases de la serie II, grupo 1, dos a los ases de la serie II, grupo 2, y uno perteneciente a los ases de la serie V, grupo 1. En el cercano poblado de Los Alcores[301] también se han hallado varios ejemplares de *Obulco*. De ellos, tenemos un as de la serie III, un semis de la serie III, grupo 1, y un cuadrante de la serie IV, grupo 1, todos procedentes de una colección particular, y un semis de la serie III, grupo 1, perteneciente a la Colección Peña. También en el término municipal de Porcuna, en el paraje de "La Chozica"[302] se ha localizado un as de la serie IV, grupo 5, de esta ceca. En Andújar[303] se ha localizado un hallazgo casual de un as de *Obulco* de la serie IV, grupo 6, procedente de una colección particular.

Durante la prospección realizada por Bernier Luque y sus colaboradores en el recinto del cerro "Cabeza Rubio" (Torredonjimeno)[304] se documentó un as de *Obulco* de la serie Va, grupo 1, que estaba en posesión de unos labradores de la zona. En el Balneario del Cortijo del Ahorcado (Baeza)[305] apareció entre diversas monedas un número indeterminado de piezas de *Obulco* sin especificar su número, valor o serie. En el yacimiento de Cerro de La Gineta (Alcalá la Real)[306] se halló superficialmente una moneda según información de Antonio Hinojosa. En la importante fundición romana de plomo argentífero situada en Fuente Espí (La Carolina), Domergue[307] encontró entre cerámicas y materiales de fundición varias monedas de procedencia diversa (*Castulo, Celsa, Emerita*, romanas), entre las que habría tres semises con leyenda latina del s. I a. C. García-Bellido[308] añade, aunque por información de Domergue, otra moneda de *Obulco* con leyenda latina, perteneciente a la serie Va ó VI. Procedentes de la región jiennense se conservan en el Museo Arqueológico Provincial de Jaén[309] catorce monedas de *Obulco*: un as de la serie II, grupo 1, dos semises de la serie III, grupo 1, un as de la serie IV, grupo 6, tres ases de la serie IV, grupo 7, un semis de la serie IV, grupo 1, un semis de la serie IV, grupo 4, un as de la serie Va, grupo 1, un as de la serie Va, grupo 2, dos semises de la serie VI, grupo 1, y un semis de la serie VI, grupo 3. También de la provincia de Jaén[310], sin que sepamos de qué lugar exacto, proceden dos monedas de *Obulco* conservadas en una colección particular, un as de la serie Va, grupo 1, y un as de la serie Va, grupo 2.

En la vecina provincia de Córdoba es especialmente intensa la presencia de monedas de *Obulco*, sobre todo en la zona de las minas de Sierra Morena. Así, en el municipio de Espejo[311] se ha localizado un as de la serie II, grupo 1. En la mina de La Loba, según una información de Mora y Vera[312], aparecieron dos monedas de esta ceca, un as de la serie IV, grupo 3, y otra de la serie IV, grupo 6. En esta misma mina se encontraron esporádicamente, según nos informan Vaquerizo y otros investigadores[313], otras tres monedas de esta ceca, dos ases de la serie IV, grupo 6, y un as de la serie Va, grupo 1 ó 2, todas ellas pertenecientes a una colección particular. Entre los materiales de superficie encontrados en el recinto fortificado de El Fresno (Cabra)[314] se ha localizado un as de la serie IV, grupo 4. Durante las prospecciones realizadas por Bernier Luque en la superficie del yacimiento arqueológico de Majada del

---

[299] *Cf.* P. RODRÍGUEZ OLIVA (1978), p. 48; A. ARÉVALO GONZÁLEZ (1999), Cap. VIII. Hallazgos, pp. 133-200, Hallazgo 35.
[300] *Cf.* A. ARÉVALO GONZÁLEZ (1999), Cap. VIII. Hallazgos, pp. 133-200, Hallazgo 38.
[301] *Cf.* A. ARÉVALO GONZÁLEZ (1999), Cap. VIII. Hallazgos, pp. 133-200, Hallazgo 38.
[302] *Cf.* A. ARÉVALO GONZÁLEZ (1999), Cap. VIII. Hallazgos, pp. 133-200, Hallazgo 38.
[303] *Cf.* P. VIDAL GONZÁLEZ (1989), p. 350; A. ARÉVALO GONZÁLEZ (1999), Cap. VIII. Hallazgos, pp. 133-200, Hallazgo 40.
[304] *Cf.* J. BERNIER LUQUE *ET ALII* (1981), pp. 92-93; A. ARÉVALO GONZÁLEZ (1999), Cap. VIII. Hallazgos, pp. 133-200, Hallazgo 41.
[305] *Cf.* H. W. SANDARS (1924), pp. 123-145; M. P. GARCÍA-BELLIDO (1982), p. 106, Hallazgo 15; A. ARÉVALO GONZÁLEZ (1999), Cap. VIII. Hallazgos, pp. 133-200, Hallazgo 39.
[306] *Cf.* T. FUENTES VÁZQUEZ (2002), pp. 159-202, Hallazgo XIII, p. 175.
[307] *Cf.* C. DOMERGUE (1987), vol. I, J20, p. 282, nº 21-23.
[308] *Cf.* C. DOMERGUE (1971), p. 351, nota 60; M. P. GARCÍA-BELLIDO (1982), p. 133, nota 92; A. ARÉVALO GONZÁLEZ (1999), Cap. VIII. Hallazgos, pp. 133-200, Hallazgo 42.
[309] *Cf.* A. ARÉVALO GONZÁLEZ (1999), Cap. VIII. Hallazgos, pp. 133-200, Hallazgo 37.
[310] *Cf.* P. VIDAL GONZÁLEZ (1989), p. 350; A. ARÉVALO GONZÁLEZ (1999), Cap. VIII. Hallazgos, pp. 133-200, Hallazgo 37.
[311] *Cf.* A. ARÉVALO GONZÁLEZ (1999), Cap. VIII. Hallazgos, pp. 133-200, Hallazgo 28.
[312] *Cf.* M. MORA SERRANO y J. C. VERA (1995), pp. 25-32; F. CHAVES TRISTÁN y P. OTERO MORÁN (2002), pp. 171-172.
[313] *Cf.* D. VAQUERIZO, J. F. MURILLO, J. R. CARRILLO, M. F. MORENO, A. LEÓN, M. D. LUNA y A. Mª ZAMORANO (1994), pp. 194-205 (La circulación monetaria en el *territorium* de *Mellaria*); F. CHAVES TRISTÁN y P. OTERO MORÁN (2002), pp. 171-172.
[314] *Cf.* J. BERNIER LUQUE *ET ALII* (1981), p. 97; A. ARÉVALO GONZÁLEZ (1999), Cap. VIII. Hallazgos, pp. 133-200, Hallazgo 30b.

2. CIRCULACIÓN MONETARIA DE LAS CECAS IBÉRICAS MERIDIONALES DE LA ULTERIOR

Serrano (Doña Mencía)[315] se encontraron dos ases de la serie IV, grupo 5. En el yacimiento romano de la Isla de la Moza (Monturque)[316] se halló un as de la serie IV, grupo 6. También en Monturque, en el yacimiento de La Herradora[317], se encontraron dos monedas de *Obulco*, un as de la serie IV, grupo 6, y un semis de la serie VI, grupos 1 a 4, híbrida con la ceca de *Castulo*, y en el yacimiento de Las Campiñuelas[318], un as de la serie IV, grupo 7, y un as de la serie IV sin indicación de grupo. En la mina y fundición de Sortijón del Cuzna (Villanueva de Córdoba)[319] se halló en superficie un as de esta ceca de la serie IV, grupo 6. En la zona de Almanzora (Luque)[320] Bernier localizó superficialmente tres monedas de *Obulco*, una perteneciente a los ases de la serie IV, grupo 7, otra a los ases de la serie Va, grupo 1, y otra a los semises de la serie VI, grupo 1. En el catálogo de hallazgos de J. Gaillard también aparecen dos monedas de esta ceca halladas en la provincia de Córdoba[321] sin mayor precisión y pertenecientes una a los ases de la serie VI, grupo 2, y otra a los semises de la serie VI, grupos 1 a 4; la primera se encuentra en una colección particular y la segunda depositada en el Museo Arqueológico Provincial de Córdoba. En el yacimiento arqueológico de La Serona (Cabra)[322] Bernier halló superficialmente una moneda de *Obulco* perteneciente a los semises de la serie VI, grupo 2. En Castro del Río[323] se ha hallado gran cantidad de monedas, entre las que tenemos dos ases de *Obulco* sin mayor precisión. Vaquerizo halló en el yacimiento romano de "Los Abriles" (Fuenteobejuna)[324] un as de esta ceca perteneciente a una colección particular y del que no conocemos más información que su valor. En la mina de Santa Bárbara[325] también se localizó un as de *Obulco* muy desgastado, del que no conocemos su indicación de serie. En Nueva Carteya[326] se han documentado en varias colecciones particulares gran cantidad de monedas de esta ceca sin que tengamos más información al respecto. En el periódico La Vanguardia, el 15 de agosto de 1963 se publicó que un grupo de montañeros encontró entre las ruinas arqueológicas de "El Laderón" (Puente Genil)[327] una moneda de cobre de *Obulco*. Procedente de unas prospecciones superficiales en Torre Alta (Priego)[328] se encontró un número indeterminado de monedas de esta ceca, sin mayor precisión. Por último, procedente de la localidad de Zambra[329] tenemos un as de *Obulco* sin indicación de serie adquirido por el Museo Arqueológico Provincial de Córdoba.

En la provincia de Granada también se ha encontrado gran cantidad de monedas de esta ceca. En la zona de Guadix[330] se localizaron ocho monedas, de las cuales hay un as de la serie IV, grupo 1, un as de la serie IV, grupo 3, tres ases de la serie IV, grupo 7, un as de la serie Va, grupo 1 ó 2, y dos ases de la serie Vb, grupo 1 ó 2. Todas estas monedas pertenecen a la Colección Vallecillos. También en Guadix, pero perteneciente a la Colección Monteagudo[331], tenemos un as de la serie IV, grupo 7. En la localidad de Tocón[332] se hallaron dos monedas de *Obulco*, una perteneciente a los ases de la serie IV, grupo 3, y otra a los ases de la serie IV, grupo 7, ambas conservadas en el Museo Arqueológico de Granada. En el yacimiento arqueológico de *Ilurco* (Cerro de los Infantes, Pinos Puente)[333] se localizaron superficialmente veintisiete monedas: un as de la serie IV, grupo 5, nueve ases de la serie IV, grupo 6, cuatro ases de la serie IV, grupo 7, un as de la serie IV sin indicación de grupo, dos ases de la serie Va, grupo 1, un as de la serie Va, grupo 2, tres ases de la serie Vb, grupo 1, dos ases de la serie VI, grupo 1, un semis de la serie VI, grupo 2, dos semises de la serie VI, grupo 4, y un as de serie incierta. En el yacimiento de Cerro de la Mora (Moraleda de Zafayona)[334] se han hallado superficialmente siete monedas de esta ceca que se encuentran dispersas en diferentes colecciones particulares: dos ases de la serie IV, grupo 6 y cinco semises de la serie VI, grupo 4. En la acrópolis de Guirrete (Los Castillones, Peña de los Gitanos, Montefrío)[335] se han localizado un as de la serie Va, grupo 1 ó 2, un as de la serie Vb, grupo 1 ó 2, y dos

---

[315] *Cf.* J. BERNIER LUQUE *ET ALII* (1981), p. 100; A. ARÉVALO GONZÁLEZ (1999), Cap. VIII. Hallazgos, pp. 133-200, Hallazgo 32.

[316] *Cf.* R. GIL FERNÁNDEZ (1997), pp. 587-678; R. GIL FERNÁNDEZ (2001).

[317] *Cf.* R. GIL FERNÁNDEZ (1996), pp. 333-404; R. GIL FERNÁNDEZ (2001).

[318] *Cf.* R. GIL FERNÁNDEZ (1996), pp. 333-404; R. GIL FERNÁNDEZ (2001).

[319] *Cf.* C. DOMERGUE (1987), vol. I, CO99, p. 168, nº 1; A. ARÉVALO GONZÁLEZ (1996), pp. 51-82.

[320] *Cf.* J. BERNIER LUQUE *ET ALII* (1981), p. 96; A. ARÉVALO GONZÁLEZ (1999), Cap. VIII. Hallazgos, pp. 133-200, Hallazgo 31.

[321] *Cf.* P. VIDAL GONZÁLEZ (1989), p. 349; A. ARÉVALO GONZÁLEZ (1999), Cap. VIII. Hallazgos, pp. 133-200, Hallazgo 27.

[322] *Cf.* J. BERNIER LUQUE *ET ALII* (1981), p. 103; A. ARÉVALO GONZÁLEZ (1999), Cap. VIII. Hallazgos, pp. 133-200, Hallazgo 30a.

[323] *Cf.* N. SANTOS GENER (1952-1953), p. 174; C. BLÁZQUEZ CERRATO (1992), pp. 186-187; A. ARÉVALO GONZÁLEZ (1999), Cap. VIII. Hallazgos, pp. 133-200, Hallazgo 25.

[324] *Cf.* D. VAQUERIZO, J. F. MURILLO, J. R. CARRILLO, M. F. MORENO, A. LEÓN, M. D. LUNA y A. Mª ZAMORANO (1994), pp. 194-205 (La circulación monetaria en el *territorium* de *Mellaria*).

[325] *Cf.* A. ARÉVALO GONZÁLEZ (1996), pp. 51-82.

[326] *Cf.* J. FORTEA y J. BERNIER (1970); A. ARÉVALO GONZÁLEZ (1999), Cap. VIII. Hallazgos, pp. 133-200, Hallazgo 29.

[327] *Cf.* Hallazgo en Puente Genil (Córdoba), publicado en La Vanguardia, el 15 de Agosto de 1963, *Noticiario Arqueológico Hispánico* VII, 1963, pp. 268-269.

[328] *Cf.* D. VAQUERIZO GIL, J. F. MURILLO REDONDO y F. QUESADA SANZ (1991), pp. 3-17; A. ARÉVALO GONZÁLEZ (1999), Cap. VIII. Hallazgos, pp. 133-200, Hallazgo 33.

[329] *Cf.* A. ARÉVALO GONZÁLEZ (1999), Cap. VIII. Hallazgos, pp. 133-200, Hallazgo 26.

[330] *Cf.* A. PADILLA ARROBA (2003) (en preparación).

[331] *Cf.* A. PADILLA ARROBA (2004) (en preparación).

[332] *Cf.* A. ARÉVALO GONZÁLEZ (1999), Cap. VIII. Hallazgos, pp. 133-200, Hallazgo 43; I. DE LA TORRE CASTELLANO y T. FUENTES VÁZQUEZ (2004), vol. II. Actividades sistemáticas y puntuales, pp. 151-157.

[333] *Cf.* P. RODRÍGUEZ OLIVA y F. PEREGRÍN PARDO (1980), pp. 187-200; C. BLÁZQUEZ CERRATO (1992), pp. 195-198; A. ARÉVALO GONZÁLEZ (1999), Cap. VIII. Hallazgos, pp. 133-200, Hallazgo 44.

[334] *Cf.* T. FUENTES VÁZQUEZ (2002), pp. 159-202, Hallazgo IX, pp. 168-170.

[335] *Cf.* C. DE MERGELINA (1946), pp. 15-26; F. MATEU Y LLOPIS (1947-1948), pp. 55-95, nº 256; J. E. FERRER PALMA y P. RODRÍGUEZ OLIVA (1978), pp. 327-342.

ases sin indicación de serie. En Brácana[336] se localizó junto a tres bronces de *Castulo*, uno de *Iliberri* y uno de *Gades*, un bronce de *Obulco* sin mayor indicación de serie. Estas monedas fueron donadas por don Luis Dávila de León al Museo Arqueológico de Granada junto con una lucerna romana. También sin indicación de serie se han encontrado en Granada una moneda de *Obulco* en el Moral (Íllora)[337], otra en Galera[338] y otra en las inmediaciones de Láchar[339].

En la provincia de Sevilla se conservan una moneda perteneciente a los semises de la serie III, grupo 1, en Lora del Río[340] y dos ases de la serie Vb, grupo 1, de los que no conocemos su procedencia exacta[341]. Sin indicación de serie tenemos diez monedas de *Obulco* o *Castulo*, sin distinguir qué número corresponde a cada ceca, aparecidas en la ciudad antigua de *Italica* (Santiponce)[342]. Alguna de ellas ha podido ser ya citada anteriormente, al hablar de las excavaciones de 1903-1904. En las Cabezas de San Juan[343] también se ha encontrado un semis de *Castulo* u *Obulco* del que desconocemos su indicación de serie.

Contamos con varios hallazgos en la provincia de Málaga: en el yacimiento de Cerro del Aljibe (Coín)[344] se ha hallado un semis de imitación inédito de la serie VI; entre los restos de la antigua ciudad de *Acinipo* (Ronda la Vieja)[345] se han localizado cinco reacuñaciones de monedas de *Acinipo* sobre monedas de *Obulco*; en la alcazaba de la ciudad de Málaga[346] se encontró un as sin indicación de serie; en el casco urbano[347] de esta misma ciudad han ido apareciendo un número indeterminado de monedas de la ceca de *Obulco*. También desconocemos el número total de monedas que habría en diferentes hallazgos aparecidos en varios yacimientos localizados en el Valle de Abdalajís[348], como son Cerro Toizares, El Bermejal, El Nacimiento I, Fuente Abad, La Esperilla, La Huertecilla, Peñón Negro y Sierra del Castillo.

En la provincia de Cádiz se ha hallado un semis de la serie VI, grupo 3, procedente de Arcos de la Frontera[349]. En este mismo municipio, M. Mancheño[350] describe el hallazgo de un número indeterminado de monedas de diferentes cecas, entre las que tendríamos algunas de *Obulco*. En la zona del Campo de Gibraltar[351] se han encontrado tres ases y dos semises sin indicación de serie, con una cronología entre el año 120 y el 20 a. C. y todas pertenecientes a la colección numismática del Museo Municipal de Algeciras.

En la provincia de Huelva contamos con dos hallazgos, uno casual en la propia ciudad de Huelva[352], perteneciente a los ases de la serie III y, en la actualidad, en la Colección Cardim y otro compuesto por siete monedas y procedente del yacimiento minero de Sotiel Coronada (Calañas)[353], del que no conocemos la indicación de serie de las piezas.

En Portugal se han encontrado un as de la serie Va, grupo 1, y un semis de la serie VI, grupo 2, en Monte Figueiro[354], así como un número indeterminado de monedas en Minas Santo Domingos (Mértola, Algarve)[355].

En la provincia de Badajoz han aparecido en el asentamiento de Hornachuelos (Ribera del Fresno)[356] veintitrés monedas de *Obulco*, de las que tenemos un as de la serie IV, grupo 1, un as de la serie IV, grupo 5, un as de la serie IV, grupo 6, ocho ases de la serie IV, grupo 7, un semis de la serie IV, grupo 1, cinco ases de la serie Va, grupo 1, un as de la serie Vb, grupo 1, un as de la serie Vb, grupo 2, un semis de la serie VI, grupo 2, un semis de la serie VI, grupo 1 a 4, y dos semises sin indicación de serie. También en Badajoz, en el yacimiento de Cogolludo (Orellana la Vieja)[357] se han encontrado dos semises de la serie VI, grupo 2, y en el yacimiento de La Tabla de las Cañas (Capilla)[358] se ha encontrado un as de la segunda mitad del s. II a. C., pero del que desconocemos la serie a la que pertenecería.

En la provincia de Cáceres encontramos varias monedas de *Obulco*. Así, en el yacimiento de Villasviejas del Tamuja (Botija)[359] se han producido varios hallazgos. A

---

[336] *Cf.* J. EGUARAS IBÁNEZ (1950-1951), p. 185; M. P. GARCÍA-BELLIDO (1982), p. 105, Hallazgo 11; A. ARÉVALO GONZÁLEZ (1999), Cap. VIII. Hallazgos, pp. 133-200, Hallazgo 45.

[337] *Cf.* I. DE LA TORRE CASTELLANO y T. FUENTES VÁZQUEZ (2004), vol. II. Actividades sistemáticas y puntuales, pp. 151-157.

[338] *Cf.* I. DE LA TORRE CASTELLANO y T. FUENTES VÁZQUEZ (2004), vol. II. Actividades sistemáticas y puntuales, pp. 151-157.

[339] *Cf.* I. DE LA TORRE CASTELLANO y T. FUENTES VÁZQUEZ (2004), vol. II. Actividades sistemáticas y puntuales, pp. 151-157.

[340] *Cf.* A. ARÉVALO GONZÁLEZ (1999), Cap. VIII. Hallazgos, pp. 133-200, Hallazgo 12.

[341] *Cf.* P. VIDAL GONZÁLEZ (1989), p. 353; A. ARÉVALO GONZÁLEZ (1999), Cap. VIII. Hallazgos, pp. 133-200, Hallazgo 13.

[342] *Cf.* F. CHAVES TRISTÁN (1979), pp. 77-86; A. ARÉVALO GONZÁLEZ (1999), Cap. VIII. Hallazgos, pp. 133-200, Hallazgo 11.

[343] *Cf.* B. MORA SERRANO (2007), pp. 211-236.

[344] *Cf.* B. MORA SERRANO, J. FERNÁNDEZ RUIZ y J. GONZÁLEZ MARTÍN (2002), pp. 223-242.

[345] *Cf.* C. GOZALBES CRAVIOTO (1990), pp. 7-17.

[346] *Cf.* B. MORA SERRANO y D. SEDEÑO FERRER (1989-1990), pp. 159-170.

[347] *Cf.* F. MELERO GARCÍA (2001), pp. 457-467.

[348] *Cf.* F. MELERO GARCÍA (2001), pp. 457-467.

[349] *Cf.* A. ARÉVALO GONZÁLEZ (1999), Cap. VIII. Hallazgos, pp. 133-200, Hallazgo 22.

[350] *Cf.* M. MANCHEÑO Y OLIVARES (1901).

[351] *Cf.* L. A. DEL CASTILLO NAVARRO (1999), pp. 57-68.

[352] *Cf.* A. ARÉVALO GONZÁLEZ (1999), Cap. VIII. Hallazgos, pp. 133-200, Hallazgo 10.

[353] *Cf.* F. CHAVES TRISTÁN y P. OTERO MORÁN (2002), pp. 182-185.

[354] *Cf.* J. DA SILVA RUIVO (1995), pp. 155-160.

[355] *Cf.* J. LEITE DE VASCONCELLOS (1917), p. 120; C. BLÁZQUEZ CERRATO (1992), p. 216; A. ARÉVALO GONZÁLEZ (1999), Cap. VIII. Hallazgos, pp. 133-200, Hallazgo 5.

[356] *Cf.* F. J. JIMÉNEZ ÁVILA (1990); M. P. GARCÍA-BELLIDO (1993), p. 88; C. BLÁZQUEZ CERRATO (2002), pp. 135-140.

[357] *Cf.* C. BLÁZQUEZ CERRATO (2002), pp. 130-131.

[358] *Cf.* M. C. DOMÍNGUEZ DE LA CONCHA y J. GARCÍA BLANCO (1991), pp. 235-245; C. BLÁZQUEZ CERRATO (2002), p. 151.

[359] *Cf.* J. L. SÁNCHEZ ABAL y S. GARCÍA JIMÉNEZ (1988), p. 153 y 158; J. L. SÁNCHEZ ABAL y J. ESTEBAN ORTEGA (1988), pp. 1017-1031; S. GARCÍA JIMÉNEZ (1989), pp. 139-142; C. BLÁZQUEZ CERRATO (1995), pp. 243-258; A. M. MARTÍN

2. CIRCULACIÓN MONETARIA DE LAS CECAS IBÉRICAS MERIDIONALES DE LA ULTERIOR

colecciones particulares pertenecen un as de la serie IV, grupo 5, dos ases de la serie IV, grupo 7, un semis de la serie IV, grupo 1, dos ases de la serie Vb, grupo 1, dos semises de la serie VI, grupo 1, un semis de la serie VI, grupo 2, y tres ases y cinco semises sin indicación de serie. También de este yacimiento procede un conjunto de monedas pertenecientes a colecciones particulares y de las que nos informa Miguel G. de Figuerola: dos ases de la serie IV, grupo 7, dos semises de la serie VI, grupo 2 y cuatro semises de *Obulco* o *Castulo* sin indicación de serie. También en Botija han aparecido tres semises de la serie VI, grupo 1, dos de ellos procedentes de El Aguijón de Pantoja[360] y uno de El Pardal[361], todas pertenecientes a colecciones particulares. En El Castillejo (Santiago del Campo)[362] han aparecido casualmente un as de la serie IV, grupo 7, y dos ases sin indicación de serie. En El Coto (Fregenal de la Sierra)[363] se han recogido en superficie un semis de la serie VI, grupos 1 al 4 y un semis de *Castulo* u *Obulco* sin indicación de serie.

En la provincia de Murcia[364], sin más concreción, se han localizado siete monedas que en la actualidad se conservan en la Colección Apostólica Vaticana. De ellas, dos pertenecen a los ases de la serie IV, grupo 7, dos a los ases de la serie Va, grupo 1, una a los ases de la serie Va, grupo 2, uno a los ases de la serie Vb, grupo 1 y una a los semises de la serie VI, grupo 2. En Antigón (Villar del Arzobispo, Valencia)[365] se ha encontrado un duplo de la serie I, grupo 1. También en Valencia, en el yacimiento de El Molón (Camporrobles)[366], se han hallado un duplo de la serie I, grupo 2, y un semis de la serie VI, grupo 3. El duplo presenta una particularidad, pues se trata de una moneda híbrida de *Abra* y *Obulco*: el anverso de la moneda pertenece a los duplos de la serie II de *Abra* y el reverso a los duplos de la serie I de *Obulco*. En la ciudad de Sagunto (Valencia) se han localizado un as de la serie Va, grupo 1 y un semis de la serie VI, grupo 3. De estas monedas, una se encuentra en el museo local[367] y la otra en la Colección particular de Ripollès-Adelantado[368]. También en esta provincia, en Los Villares (Caudete de las Fuentes)[369], han aparecido una moneda de *Obulco* o *Castulo* sin indicación de serie y un semis, igualmente sin indicación de serie, que forma parte de las colecciones particulares de Rafael y Francisco Gabaldón. En la provincia de Castellón, en los alrededores de Segorbe[370], se halló en el primer cuarto del siglo XVIII, según dos manuscritos de fray Bartolomé Ribelles, dos monedas de esta ceca, un semis de la serie IV, grupo 2, y un semis sin indicación de serie (en 1806 ambas formaban parte del monetario de Pascual Fornés). Entre los escombros de unas obras realizadas en la ciudad de Barcelona[371] en el s. XVIII se encontró un as de *Obulco* sin indicación de serie que debió circular en la antigua *Barcino*. En la provincia de Huesca[372] se localizó una moneda de *Obulco* de la que no hay más información. De la provincia de Zaragoza se han documentado dos hallazgos de monedas de esta ceca: el primero de ellos fue hallado en el término de Calatayud[373] y está formado por cinco ejemplares de *Obulco*, de los que uno pertenece a los ases de la serie II, grupo 2, dos a los ases de la serie Va, grupo 1, y otros dos a los semises de la serie VI, grupo 1; el segundo hallazgo zaragozano procede de la zona de Valdeherrera[374], en donde se ha encontrado de forma esporádica un importante lote de monedas, entre las que tenemos tres ases y dos semises sin indicación de serie pertenecientes a la ceca de *Obulco*. En la región de Sigüenza (Guadalajara)[375] se ha encontrado un as de esta ceca de la serie IV, grupo 7. De la zona del Viso, en Alcalá de Henares (Madrid)[376], procede una moneda de *Obulco* sin indicación de serie. En la provincia de Segovia tenemos dos hallazgos de monedas de esta ceca: el primero se ha localizado en el yacimiento arqueológico de la antigua *Cauca* (Coca)[377] y está formado por un as de la serie IV,

---

BRAVO (1995), pp. 139-142; A. ARÉVALO GONZÁLEZ (1999), Cap. VIII. Hallazgos, pp. 133-200, Hallazgo 7a; C. BLÁZQUEZ CERRATO (2002), pp. 159-162.

[360] *Cf.* A. ARÉVALO GONZÁLEZ (1999), Cap. VIII. Hallazgos, pp. 133-200, Hallazgo 7b.

[361] *Cf.* A. ARÉVALO GONZÁLEZ (1999), Cap. VIII. Hallazgos, pp. 133-200, Hallazgo 7c.

[362] *Cf.* A. ARÉVALO GONZÁLEZ (1995a), p. 42; C. BLÁZQUEZ CERRATO (2002), pp. 150-151; F. CHAVES TRISTÁN y P. OTERO MORÁN (2002), pp. 196-198.

[363] *Cf.* L. BERROCAL RANGEL (1988b); A. ARÉVALO GONZÁLEZ (1999), Cap. VIII. Hallazgos, pp. 133-200, Hallazgo 9.

[364] *Cf.* P. P. RIPOLLÈS ALEGRE (1982a), pp. 116-121; P. P. RIPOLLÈS ALEGRE (1982b), pp. 87-118+ 36 Láms; C. BLÁZQUEZ CERRATO (1992), pp. 218-225; A. ARÉVALO GONZÁLEZ (1999), Cap. VIII. Hallazgos, pp. 133-200, Hallazgo 48.

[365] *Cf.* V. LLATAS BURGOS (1957), p. 162; F. MATEU Y LLOPIS (1958a), pp. 67-78; nº 905; P. P. RIPOLLÈS ALEGRE (1982a), p. 61; A. ARÉVALO GONZÁLEZ (1999), Cap. VIII. Hallazgos, pp. 133-200, Hallazgo 53.

[366] *Cf.* P. P. RIPOLLÈS ALEGRE (1985), pp. 319-356; C. BLÁZQUEZ CERRATO (1992), pp. 184-185; A. ARÉVALO GONZÁLEZ (1999), Cap. VIII. Hallazgos, pp. 133-200, Hallazgo 52.

[367] *Cf.* P. P. RIPOLLÈS ALEGRE (1977), pp. 244-253; P. P. RIPOLLÈS ALEGRE (1982a), pp. 137-138; A. ARÉVALO GONZÁLEZ (1999), Cap. VIII. Hallazgos, pp. 133-200, Hallazgo 54.

[368] *Cf.* P. P. RIPOLLÈS ALEGRE y M. M. LLORENS (2002) p. 524, nº 103 (Apéndice II. Nuevos hallazgos de monedas de cecas foráneas en el territorio de *Arse-Saguntum*).

[369] *Cf.* E. PLA BALLESTER (1961), p. 236; P. P. RIPOLLÈS ALEGRE (1979), pp. 131-133; P. P. RIPOLLÈS ALEGRE (1980a), pp. 51 y 112-116; P. P. RIPOLLÈS ALEGRE (1982a), p. 170.

[370] *Cf.* P. P. RIPOLLÈS ALEGRE y F. ARASA GIL (1996), pp. 405-418.

[371] *Cf.* F. MATEU Y LLOPIS (1953a), pp. 225-264, nº 500; P. P. RIPOLLÈS ALEGRE (1982a), p. 65; A. ARÉVALO GONZÁLEZ (1999), Cap. VIII. Hallazgos, pp. 133-200, Hallazgo 59.

[372] *Cf.* E. COLLANTES VIDAL (1979), vol. I, p. 117-124; E. COLLANTES PÉREZ-ARDA (1979), vol. II, pp. 163-169; C. BLÁZQUEZ CERRATO (1992), pp. 213-214; A. ARÉVALO GONZÁLEZ (1999), Cap. VIII. Hallazgos, pp. 133-200, Hallazgo 61.

[373] *Cf.* A. DOMÍNGUEZ ARRANZ y Mª. P. GALINDO (1984), pp. 63-103; A. ARÉVALO GONZÁLEZ (1999), Cap. VIII. Hallazgos, pp. 133-200, Hallazgo 62.

[374] *Cf.* F. BURILLO MOZOTA y M. OSTALÉ (1983-1984), pp. 287-309; C. BLÁZQUEZ CERRATO (1992), pp. 235-237.

[375] *Cf.* C. MARCOS ALONSO y P. OTERO MORAN (1990), p. 54; A. ARÉVALO GONZÁLEZ (1995a), pp. 39-48; A. ARÉVALO GONZÁLEZ (1999), Cap. VIII. Hallazgos, pp. 133-200, Hallazgo 55.

[376] *Cf.* A. DOMÍNGUEZ ARRANZ (1991), p. 202.

[377] *Cf.* J. F. BLANCO GARCÍA (1986), pp. 21-24; J. F. BLANCO GARCÍA (1987a), pp. 99-102; J. F. BLANCO GARCÍA (1987b); J. F. BLANCO GARCÍA (1990), pp. 13-17; C. BLÁZQUEZ CERRATO (1992), pp. 187-195; A. ARÉVALO GONZÁLEZ (1999), Cap. VIII. Hallazgos, pp. 133-200, Hallazgo 56.

grupo 7, y el segundo se ha encontrado en Turégano[378] y está compuesto por un as de esta ceca sin indicación de serie.

Por último, contamos con dos hallazgos extrapeninsulares, de los cuales el más alejado procede de la zona del Rhin-Danubio, de la ciudad de Riedlingen (Alemania)[379], y en él encontramos un as de *Obulco* de la serie Va, grupo 1; el segundo hallazgo, compuesto por tres piezas, se ha localizado en la región francesa del Midi-Pyrénées[380]. Estos ejemplares forman parte de la colección Theophile Azémar y pertenecen, dos a los ases de la serie IV, grupo 7, y uno a los semises de la serie VI, grupos 1 al 4.

Finalmente, contamos con un importante número de ejemplares de la ceca de *Obulco*, ciento ochenta y cinco, localizados en museos, pero que tendrían una procedencia local o regional. Así, en la Colección de la Universidad de Sevilla[381] se han documentado siete monedas de esta ceca, de las que una pertenece a los duplos de la serie I, grupo 1, una a los semises de la serie III, grupo 1, dos a los ases de la serie IV, grupo 3, una a los ases de la serie IV, grupo 7, una a los semises de la serie IV, grupo 2, y una a los ases de la serie Vb, grupo 1. En el Museo Arqueológico de Logroño[382] se han localizado otras cinco monedas de *Obulco*: dos ases de la serie III, un as de la serie IV, grupo 7, un as de la serie Va, grupo 1, y un as sin indicación de serie. En el Monetario de la Universidad de Valencia[383] también contamos con una importante representación de monedas obulconenses, más concretamente doce monedas, de las que una pertenece a los semises de la serie III, grupo 2, una a los ases de la serie IV, grupo 5, una a los ases de la serie IV, grupo 6, seis a los ases de la serie IV, grupo 7, una a los ases de la serie Vb, grupo 1, y dos a los semises de la serie VI, grupo 2. En el Museo de la Sociedad Martins Sarmento (Portugal)[384] se han localizado un as de la serie IV, grupo 1, y un semis de la serie VI, grupo 2, procedentes de la región de Guimarães.

En la Colección Recio Veganzones de Martos (Jaén)[385] se conservan trece monedas de esta ceca procedentes de la zona, más concretamente un as de la serie IV, grupo 2, cuatro ases de la serie IV, grupo 4, un as de la serie IV, grupo 6, tres ases de la serie IV, grupo 7, un semis de la serie IV, grupo 1, un semis de la serie IV, grupo 3, y dos ases de la serie VIb, grupo 1 ó 2. También encontramos monedas de *Obulco* en el Museo Arqueológico Provincial de Alicante[386], donde se han depositado un as de la serie IV, grupo 3, un as de la serie IV, grupo 4, y tres ases de la serie Va, grupo 1, de procedencia local. Más al norte, en el Museo Comarcal de Manresa (Barcelona)[387] se localizan un as de la serie IV, grupo 3, un as de la serie Va, grupo 1, y un as de la serie Vb, grupo 1. Sólo contamos con una moneda de esta ceca en el Museo Arqueológico Provincial de Lugo[388], y se trata de un as de la serie IV, grupo 4. También a los ases de la serie IV, grupo 4, corresponde una moneda hallada en el Museo de Cádiz[389], en el que también encontramos un as de la serie IV, grupo 7, un semis de la serie IV, grupo 4, un semis de la serie VI, grupo 1, un semis de la serie VI, grupo 3, y un semis de la serie VI, grupo 4[390]. En el Museo de Ciudad Real[391] tenemos dos monedas halladas en Villanueva de la Fuente, un as de la serie IV, grupo 4, y un as de la serie IV, grupo 7, así como una moneda hallada en el Cerro de Alarcos, un as de la serie Vb, grupo 1. A los ases de la serie VI, grupo 4, pertenece una moneda localizada en el Museo Municipal de Alcoy (Alicante)[392]. A esta misma serie y grupo pertenece un as encontrado en el Museo Provincial de Tarragona[393], en el que encontramos otras seis piezas: dos ases de la serie IV, grupo 6, dos ases de la serie IV, grupo 7, un as de la serie Va, grupo 2 y un semis de la serie VI, grupo 2.

En el Museo Provincial de León[394] se ha documentado un as de la serie IV, grupo 5, aparecido de forma esporádica en el yacimiento de *Lancia*. En el Gabinete del Seminario de San Atón[395] se han estudiado cuatro monedas, de las que hay un as de la serie IV, grupo 6, un as de la serie Va, grupo 1, y dos piezas sin indicación de valor y serie. A la

---

[378] *Cf.* M. ABAD VARELA (2001), pp. 573-590.
[379] *Cf.* A. BALIL (1974), pp. 63-74.
[380] *Cf.* G. SAVÈS y L. VILLARONGA I GARRIGA, (1975), pp. 91-135.
[381] *Cf.* F. CHAVES TRISTÁN (1994b), pp. 27-45.
[382] *Cf.* M. A. MARTÍN BUENO (1974), pp. 65-85; P. P. RIPOLLÈS ALEGRE (1982a), pp. 105-107; C. BLÁZQUEZ CERRATO (1992), pp. 145-150; A. ARÉVALO GONZÁLEZ (1999), Cap. VIII. Hallazgos, pp. 133-200, Hallazgo 60.
[383] *Cf.* R. ARROYO ILERA (1984); C. BLÁZQUEZ CERRATO (1992), pp. 167-177; A. ARÉVALO GONZÁLEZ (1999), Cap. VIII. Hallazgos, pp. 133-200, Hallazgo 50.
[384] *Cf.* F. MATEU Y LLOPIS (1947-1948), pp. p. 78, n° 268; I. PEREIRA, J. P. BOST y J. HIERNARD (1974); R. M. S. CENTENO (1987), Museo de Martins Sarmento, n° 15-16; C. BLÁZQUEZ CERRATO (1992), p. 212; A. ARÉVALO GONZÁLEZ (1999), Cap. VIII. Hallazgos, pp. 133-200, Hallazgo 2.
[385] *Cf.* A. PADILLA ARROBA (2008) (en preparación).
[386] *Cf.* P. P. RIPOLLÈS ALEGRE (1982a), pp. 215-234; C. BLÁZQUEZ CERRATO (1992), pp. 102-112; A. ARÉVALO GONZÁLEZ (1999), Cap. VIII. Hallazgos, pp. 133-200, Hallazgo 49.
[387] *Cf.* S. DATZIRA I SOLER (1980), pp. 183-197; P. P. RIPOLLÈS ALEGRE (1982a), pp. 107-109; C. BLÁZQUEZ CERRATO (1992), pp. 155-159; A. ARÉVALO GONZÁLEZ (1999), Cap. VIII. Hallazgos, pp. 133-200, Hallazgo 58.
[388] *Cf.* F. MATEU Y LLOPIS (1951), n° 419; R. M. S. CENTENO (1987), Museo Arqueológico Provincial de Lugo, n° 6; C. BLÁZQUEZ CERRATO (1992), pp. 150-151.
[389] *Cf.* A. ARÉVALO GONZÁLEZ (1999), Cap. VIII. Hallazgos, pp. 133-200, Hallazgo 17.
[390] Esta última moneda se localizó en un hallazgo casual en la zona de Bolonia, aunque está depositada en el Museo Arqueológico de Cádiz (*Cf.* A. ARÉVALO GONZÁLEZ (1999), Cap. VIII. Hallazgos, pp. 133-200, Hallazgo 20).
[391] *Cf.* M. FERNÁNDEZ RODRÍGUEZ y F. J. LÓPEZ FERNÁNDEZ (1988), pp. 23-32.
[392] *Cf.* P. P. RIPOLLÈS ALEGRE (1982a), pp. 210-214.
[393] *Cf.* P. P. RIPOLLÈS ALEGRE (1982a), pp. 149-160; A. ARÉVALO GONZÁLEZ (1999), Cap. VIII. Hallazgos, pp. 133-200, Hallazgo 57.
[394] *Cf.* M. C. FERNÁNDEZ ALLER (1978), pp. 113-275; R. M. S. CENTENO (1987), Museo Arqueológico Provincial de León, n° 21; C. BLÁZQUEZ CERRATO (1992), pp. 139-145; C. BLÁZQUEZ CERRATO (2002), pp. 94-102.
[395] *Cf.* R. GÓMEZ VILLAFRANCA (1910); C. BLÁZQUEZ CERRATO (1992), pp. 118-126; C. BLÁZQUEZ CERRATO (2002), pp. 86-93.

2. CIRCULACIÓN MONETARIA DE LAS CECAS IBÉRICAS MERIDIONALES DE LA ULTERIOR

Cámara Municipal de Oporto (Portugal)[396] pertenecen tres ases de la serie IV, grupo 7, de *Obulco*. Además de la moneda estudiada en Lugo, contamos con la presencia de monedas de *Obulco* en otros dos museos gallegos: en el Museo Arqueológico Provincial de Orense[397] se han encontrado un as de la serie IV, grupo 7, y un semis de la serie VI, grupo 2, y en el Museo Arqueológico Provincial de Pontevedra[398] se han localizado un as de la serie IV, grupo 7, y dos ases de la serie Vb, grupo 1. A los ases de la serie Va, grupo 1, pertenecen una moneda encontrada en la Colección Numismática de la Biblioteca Ossolinski (Wroclaw, Polonia)[399], dos del Museo Arqueológico Provincial de Oviedo[400], una del Museo de Antropología "Dr. Mendes Corrêa" do Oporto (Portugal)[401], una del Museo Arqueológico Municipal de Jerez de la Frontera (Cádiz)[402] y una del Museo de Nules, hallada en Torre Motxa (Nules, Castellón)[403]. En el Museo Arqueológico Provincial de Gerona[404] sólo encontramos una moneda de *Obulco*, que pertenece a los ases de la serie Va, grupo 2. Además del as de la serie Vb, grupo 1, estudiado anteriormente en el Monetario de la Universidad de Valencia, en esta provincia contamos con uno más en el Museo Arqueológico de Sagunto[405] y con otro en el Museo de Los Villares (Caudete de las Fuentes)[406]. En el Museo Arqueológico Municipal de Elche (Alicante)[407] encontramos un semis de la serie VI, grupo 2.

Por último, contamos con varios hallagos en museos en los que no se identifica la serie de las monedas de *Obulco* que los componen, como es el caso del Museo Arqueológico y Etnográfico de Granada[408], en el que sólo se dice que hay cuarenta y dos monedas de esta ceca, todas ellas con procedencia regional o local, pero de las que no se da más información; en el Museo Arqueológico Provincial de Cáceres[409] también contamos con veinticinco monedas de *Obulco* pero sin determinar su serie; igualmente ocurre con el Museo de Évora (Portugal)[410], en el que contamos con treinta ejemplares de esta ceca. Aún menos información tenemos de las monedas de *Obulco* registradas en el Museo de Zaragoza[411], pues además de carecer de información sobre su serie y valor, desconocemos el número de piezas que lo integrarían.

En un análisis general de la circulación monetaria de la ceca de *Obulco*, podemos decir que de los quinientos seis ejemplares estudiados, cuatro pertenecen a la serie I (0'79%), seis a la serie II (1,19%), trece a la serie III (2,57%), ciento cincuenta y dos a la serie IV (30,04%), sesenta a la serie Va (11,86%), veintinueve a la serie Vb (5,73%), sesenta a la serie VI (11,86%), uno a una serie incierta de imitaciones (0,20%) y de los restantes ciento ochenta y uno no tenemos indicación de su serie (35,77%). Entre las monedas de la serie IV con grupo conocido (hay diez inciertas) tenemos ocho del grupo 1 (5,63%), seis del grupo 2 (4,23%), nueve del grupo 3 (6,34%), quince del grupo 4 (10,56%), ocho del grupo 5 (5,63%), veintisiete del grupo 6 (19,01%) y sesenta y nueve del grupo 7 (48,59%).

Por lo que respecta a los valores presentes, contamos con cuatro duplos (0,79%), doscientos setenta y siete ases (54,74%), ciento dos semises (20,16%), un cuadrante (0,20%) y de las restantes ciento veintidós monedas desconocemos su indicación de valor (24,11%), aunque seguramente la mayoría serían ases o semises, los valores más acuñados por esta ceca.

En cuanto a la cronología de las monedas analizadas, cuatro ejemplares (los pertenecientes a la serie I) fueron acuñados a finales del s. III a. C. (0,79%), diecinueve (los pertenecientes a las series II y III) fueron emitidos durante la primera mitad del s. II a. C. (3,75%), ciento cincuenta y tres (los pertenecientes a la serie IV y a la incierta) entre mediados y finales del s. II a. C (30,24%), ochenta y nueve (los pertenecientes a la serie V) entre finales del s. II e inicios del s. I a. C. (17,59%) y sesenta (los pertenecientes a la serie VI) durante el segundo tercio del siglo I a. C., desde el 67 a. C. hasta época cesariana (11,86%). De las restantes ciento ochenta y una monedas desconocemos su cronología (35,77%), aunque muchas de ellas habrían sido emitidas en los periodos en los que encontramos mayor volumen de acuñaciones.

---

[396] *Cf.* R. M. S. CENTENO (1987), Gabinete de numismática da Câmara Municipal, nº 91-93; A. ARÉVALO GONZÁLEZ (1999), Cap. VIII. Hallazgos, pp. 133-200, Hallazgo 3b.

[397] *Cf.* R. M. S. CENTENO (1987), Museo Arqueológico Provincial de Orense, nº 30-31.

[398] *Cf.* A. GARCÍA ALÉN (1952-1953), pp. 99-140; R. M. S. CENTENO (1987), Museo Arqueológico Provincial de Pontevedra, nº 88-90; C. BLÁZQUEZ CERRATO (1992), pp. 162-167; A. ARÉVALO GONZÁLEZ (1999), Cap. VIII. Hallazgos, pp. 133-200, Hallazgo 1.

[399] *Cf.* L. MORAWIECKI (1984), pp. 43-57.

[400] *Cf.* M. ESCORTELL PONSODA (1971), pp. 13-45; R. M. S. CENTENO (1987), Museo Arqueológico Provincial de Oviedo, nº 29-30; C. BLÁZQUEZ CERRATO (1992), pp. 159-162.

[401] *Cf.* R. M. S. CENTENO (1987), Museo de Antropologia "Dr. Mendes Corrêa", nº 11; A. ARÉVALO GONZÁLEZ (1999), Cap. VIII. Hallazgos, pp. 133-200, Hallazgo 3a.

[402] *Cf.* A. ARÉVALO GONZÁLEZ (1999), Cap. VIII. Hallazgos, pp. 133-200, Hallazgo 18.

[403] *Cf.* M. GOMIS JUSTO (1993), pp. 55-66.

[404] *Cf.* P. P. RIPOLLÈS ALEGRE (1982a), pp. 191-200.

[405] *Cf.* P. P. RIPOLLÈS ALEGRE (1977), pp. 243-272.

[406] *Cf.* P. P. RIPOLLÈS ALEGRE (1982a), pp. 201-209; A. ARÉVALO GONZÁLEZ (1999), Cap. VIII. Hallazgos, pp. 133-200, Hallazgo 51.

[407] *Cf.* J. M. ABASCAL y A. ALBEROLA (2007), pp. 37-39.

[408] *Cf.* F. MATEU Y LLOPIS (1953a), p. 225; M. P. GARCÍA-BELLIDO (1982), pp. 105-106, Hallazgo 12.

[409] *Cf.* C. CALLEJO SERRANO (1957); C. BARRANTES LÓPEZ y S. PANIAGUA BERROCAL (1987), pp. 107-120; C. BLÁZQUEZ CERRATO (1992), pp. 126-132; C. BLÁZQUEZ CERRATO (2002), pp. 93-96.

[410] *Cf.* M. FARINHA DOS SANTOS y G. MARQUES (1977), pp. 795-810; C. BLÁZQUEZ CERRATO (1992), pp. 132-136.

[411] *Cf.* M. BELTRÁN LLORIS (1988), p. 84.

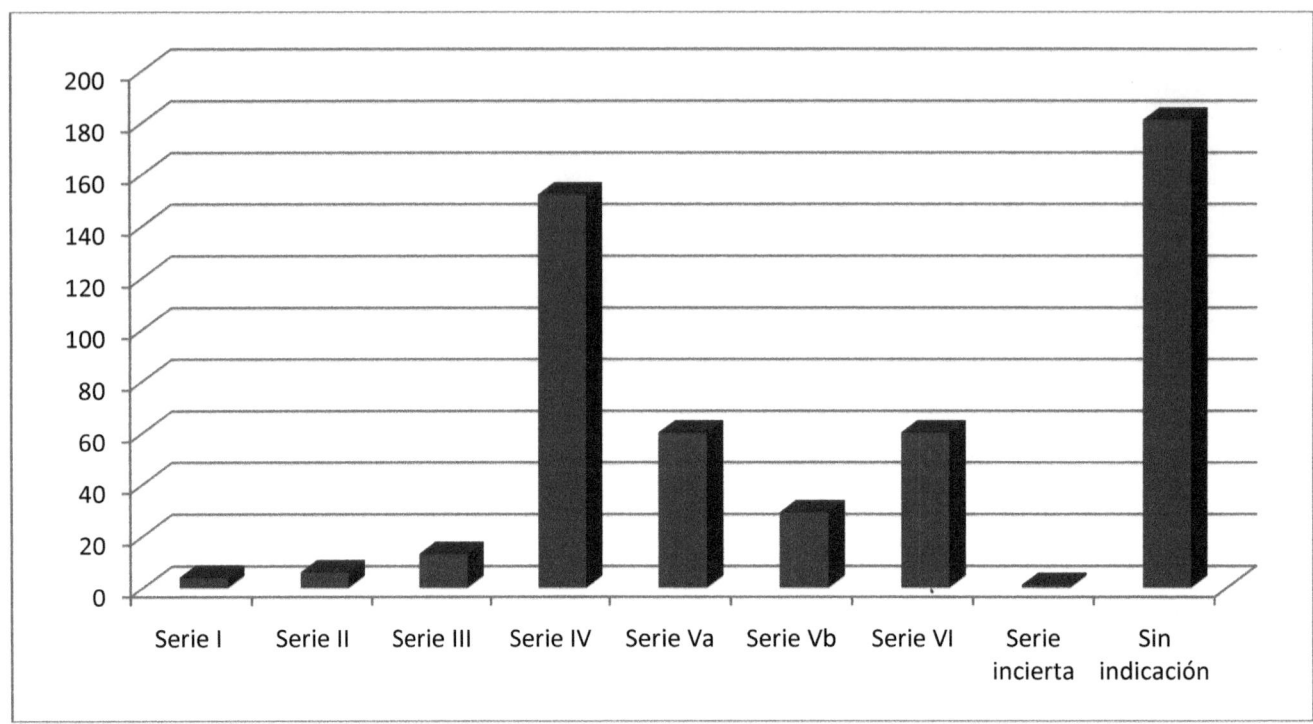

Gráfica 10: Distribución del monetario de la ceca de *Obulco* por series

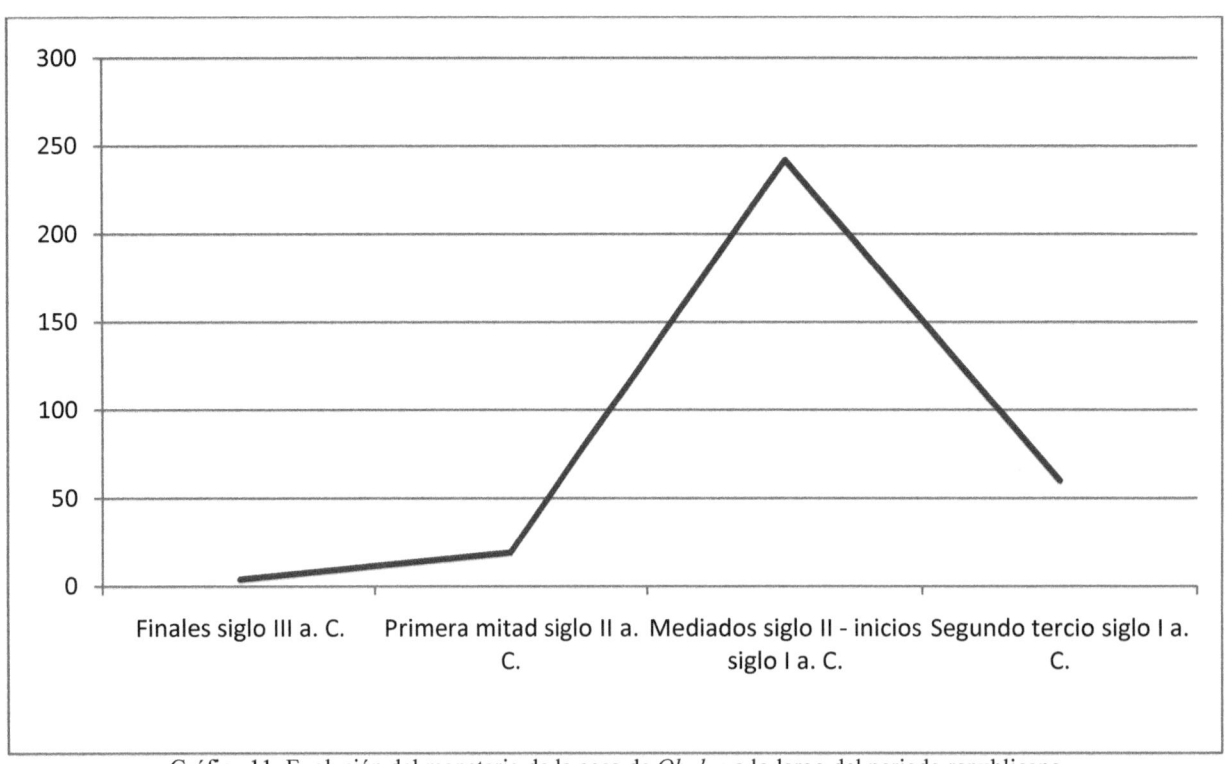

Gráfica 11: Evolución del monetario de la ceca de *Obulco* a lo largo del periodo republicano

Por último, las procedencias de los hallazgos son muy variadas, pues las monedas de la ceca de *Obulco* tuvieron una importante circulación. Ésta es especialmente intensa en las provincias de Jaén, Granada, Córdoba, Cáceres y Badajoz. En la provincia de Jaén, lugar donde se ubicaría la ceca de *Obulco* (concretamente en Porcuna) se ha encontrado un total de sesenta y una monedas (12,06%). Por desgracia, en la zona de Porcuna se han podido documentar tan sólo trece monedas (2,57% del total de monedas y 21,31% de las halladas en la provincia de Jaén), todas ellas procedentes de hallazgos esporádicos y conservadas en colecciones particulares. En las vecinas

2. CIRCULACIÓN MONETARIA DE LAS CECAS IBÉRICAS MERIDIONALES DE LA ULTERIOR

provincias de Granada y Córdoba se han hallado noventa y cinco (18,77%) y cuarenta y siete (9,29%) ejemplares de *Obulco*, respectivamente, y en las provincias extremeñas de Cáceres y Badajoz, setenta y un (14,03%) y treinta y un (6,13%) ejemplares de esta ceca, respectivamente. En Portugal también contamos con gran cantidad de hallazgos, y se han podido documentar cuarenta y cuatro monedas (8,70%). En el sur de la Península, además de los hallazgos anteriores, se han encontrado quince monedas en la provincia de Sevilla (2,96%), ocho en la de Huelva (1,58%), dieciocho en la de Cádiz (3,56%), tres en Gibraltar (0,59%), once en la provincia de Málaga (2,17%) y tres en la de Almería (0,59%).

En el resto de la costa mediterránea española también se han localizado varias monedas de esta ceca. Así, en la provincia de Murcia encontramos ocho monedas (1,58%), en la de Alicante una (0,20%), en la de Valencia veintiséis (5,14%), en la de Castellón tres (0,59%), en la de Tarragona siete (1,38%), en la de Barcelona cuatro (0,79%), en la de Gerona una (0,20%) y en la isla de Menorca una (0,20%).

La presencia monetaria en el interior de la Península es mucho menor, a excepción de la zona minera de la provincia de Ciudad Real, donde se han localizado doce monedas (2,37%) y de la provincia de Zaragoza, en la que se han hallado diez monedas (1,98%). Así, encontramos una moneda en la provincia de Guadalajara (0,20%), otra en la de Huesca (0,20%), cinco en La Rioja (0,99%), una en la comunidad de Madrid (0,20%), dos en la provincia de Segovia (0,40%) y una en la de León (0,20%). En Galicia y en la fachada cantábrica también hemos encontrado algunos ejemplares. Así, en la provincia de Pontevedra se han hallado tres monedas (0,59%), en la de Orense dos (0,40%), en la de Lugo una (0,20%) y en Asturias dos (0,40%).

Finalmente, contamos con cuatro hallazgos extrapeninsulares, entre ellos tenemos cuatro monedas aparecidas en Francia (0,79%), una en Alemania (0,20%), una en Polonia (0,20%) y una en Croacia (0,20%).

Resumiendo la circulación monetaria de la ceca de *Obulco* podemos decir que contamos con pocos ejemplares procedentes de tesorillos, sólo doce, que en su mayoría se han localizado en la zona de Jaén (ocho), pues sólo dos se han hallado en la provincia de Sevilla (Montemolín), uno en la zona de Cáceres (Botija) y otro en la isla de Menorca (Mahón). Entre las monedas halladas en tesorillos no contamos con ninguna de las tres primeras series, pues nueve corresponden a la serie IV y tres a la serie V. Tampoco contamos con la presencia de todos los valores acuñados por la ceca, pues sólo se ha encontrado un semis y las restantes once piezas pertenecen a los ases. Tampoco se han encontrado monedas de las dos primeras series en los hallazgos procedentes de excavaciones, e igualmente abundan los ejemplares de las series IV y V. En estos hallazgos hay una mayor presencia de monedas con indicación de valor, y aunque siguen siendo mayoritarios los ases, ya podemos ver una mayor cantidad de semises. Por lo que respecta a las procedencias, se encuentra bien representada la zona cordobesa de las minas de Sierra Morena, con dieciocho ejemplares, las minas de Ciudad Real (Diógenes y La Bienvenida), con nueve ejemplares, o los yacimientos arqueológicos de Cáceres el Viejo (doce monedas), *Conimbriga* (cinco monedas), Villaricos (tres monedas) o *Carteia* (dos monedas). Ya entre los hallazgos esporádicos encontramos ejemplares de todas las series emitidas por *Obulco*. Entre ellos tenemos tres duplos de la serie I y cuatro ases de la serie II. También tenemos dentro de este apartado representación de todos los valores emitidos por la ceca, pues además de los duplos de la serie I, encontramos gran cantidad de ases y semises y el único cuadrante que hemos podido documentar (hallado en el Cerro de Los Alcores, Porcuna).

En cuanto a las procedencias de los hallazgos esporádicos, sin duda alguna en este apartado se ha registrado la mayor diversidad de lugares en los que han aparecido monedas de *Obulco*, aunque podemos dividir estos hallazgos en dos ámbitos económicos distintos: por un lado tenemos aquellos hallazgos procedentes de zonas con marcado carácter agrícola, como son la campiña de Jaén, el valle del Guadalquivir, el valle del río Genil o el valle del Abdalajís (Málaga), y por otro lado tenemos aquellas zonas con hábitats mineros, entre los que encontramos la zona de Sierra Morena (con Fuente Espí en la provincia de Jaén o La Loba, Mina del Sortijón o la mina de Santa Bárbara en la provincia de Córdoba), la zona de las minas de Riotinto (Sotiel) o la zona minera de Extremadura (Botija). Muchos de los hallazgos de la zona norte no indican unas relaciones económicas o comerciales con la zona de *Obulco*, sino que se tratarían más bien de hallazgos aislados.

En el apartado dedicado a las monedas de esta ceca localizadas en museos, se han estudiado ejemplares de casi todas las series, a excepción de la serie II, aunque de la serie I sólo se ha encontrado un duplo en la Colección de la Universidad de Sevilla. Entre los valores representados tenemos dicho duplo, varios semises y multitud de ases. En cuanto a las procedencias, se han documentado monedas en museos y colecciones andaluzas como la Colección de la Universidad de Sevilla, la colección Recio Veganzones de Martos (Jaén), el Museo Arqueológico y Etnográfico de Granada, el Museo de Cádiz o el Museo Arqueológico Municipal de Jerez de la Frontera. Otros museos que aportan un importante número de ejemplares son el Museo Arqueológico de Logroño, el Monetario de la Universidad de Valencia, el Museo Arqueológico Provincial de Alicante, el Museo Provincial de Tarragona, el Gabinete del Seminario de San Atón (Badajoz), el Museo Arqueológico Provincial de Cáceres y el Museo de Évora (Portugal).

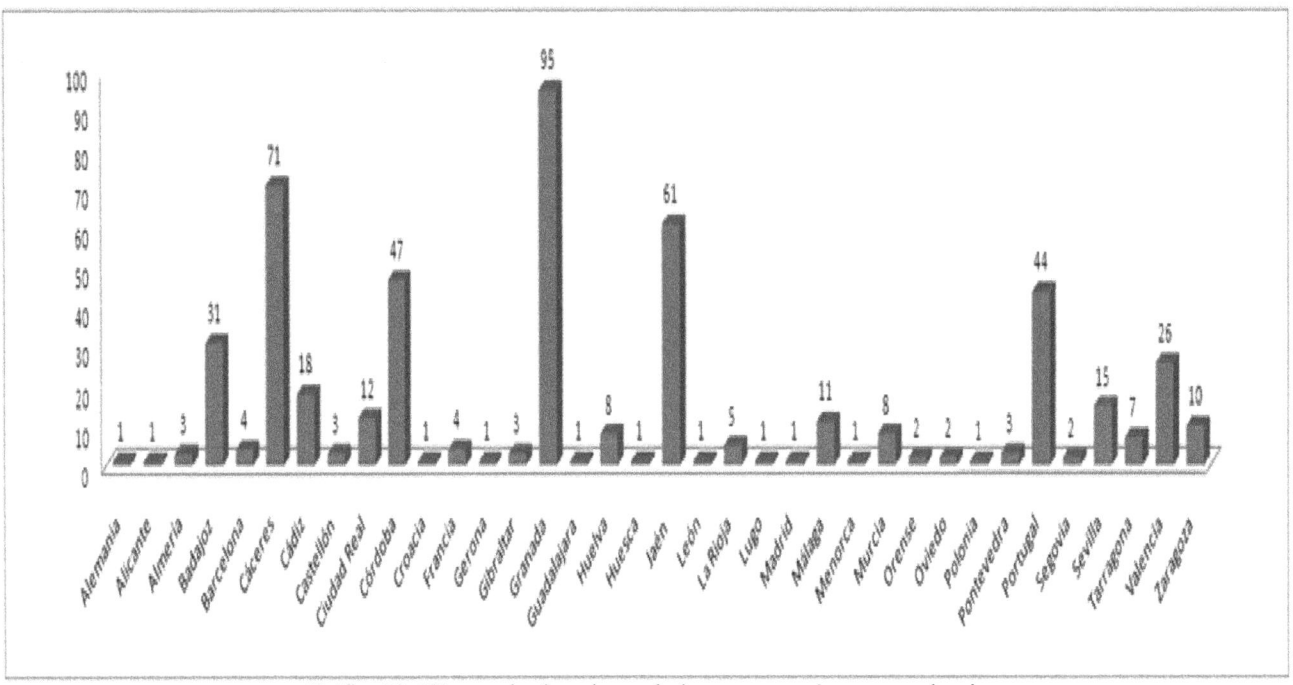

Gráfica 12: Número de ejemplares obulconenses según su procedencia

Por tanto, vemos cómo la ceca de *Obulco* tuvo una importante circulación monetaria, especialmente de las series IV y Va, y aunque contamos con pocos hallazgos procedentes de tesorillos y de excavaciones, podemos concluir que las monedas de esta ceca circularon por dos ámbitos distintos: por un lado, por zonas agrícolas como la campiña jienense, el valle del Guadalquivir o el valle del Genil y, por otro, por centros mineros como los de Sierra Morena, Ciudad Real, Huelva o Extremadura.

2.5. Salacia/ Ke.t.o.u.i.bo.n

a) Análisis de la ceca.

SALACIA / Ke.t.o.u.i.bo.n (Santa Maria do Castelo, Alcácer do Sal, Distrito de Setúbal, Portugal). 38° 21'N-8° 33'W. Ptol. 39° 25'N- 5° 5'E. Factoría fenicia en la fachada atlántica de Portugal, localizada en la hoz del río Sado, en Santa Maria do Castelo, Alcácer do Sal, Distrito de Setúbal. El topónimo ibérico de la ciudad aparece, según Untermann, con escritura sudlusitana y se leería como *Ketouibon*, aunque para A. Faria la lectura sería *Cantnipo* o *Beuipum*. El topónimo latino de la ceca sería *Salacia Urbs Imperatoria*, nombre presente en Plinio y en las emisiones monetales.

Fuentes: está constatada en las fuentes literarias, epigráficas, arqueológicas y numismáticas que relacionamos a continuación:

Fuentes literarias: Mela, *Chro.* 3.8: *Salacia*; Plin., *nat.* 4.116: *in ora [...] Salacia, cognominata Vrbs Imperatoria*; 4.117: *oppida veteris Latii [...] Salacia*; 8.191; Ptol. 2.5.2: Σαλάκεια; Itin. Ant. 417.4: *Salacia*; 418.6; 426.4; Marcian., *peripl.* II.13: Σάλακρα; Ravenn. 306.14: *Salatia*.

Fuentes epigráficas: *CIL*. II, 32 (= *IRCPacense*, 183) (Alcácer do Sal, Setúbal, Portugal): *Iovi O(ptimo) M(aximo) / Flavia L(uci) f(ilia) Rvfina / Emeritensis fla/minica · provinc(iae) / Lvsitaniae item col(oniae) / Emeritensis perpet(ua) / et mvnicipi(i) · Salacien(sis) / d(ecreto) d(ecurionum)*; *CIL*. II, 518 (Mérida): *D(is) M(anibus) s(acrum) / L(ucius) Licinivs Fvndan[i]anvs / Salaciensis ann(orum) LXX / Albania Modestina / vxor marito pientis/simo fecit svb cvra / P(ubli) Albiciani Sal(- - -) h(ic) s(itus) e(st) s(it) t(ibi) t(erra) l(evis)*; *AE* 1999, 857 (Lisboa): *L(ucio) Cornelio / L(uci) f(ilio) Gal(eria) Boccho / Salaciensi / flamini provi[n]/ciae Lvsitania[e] / praef(ecto) fabrvm V / trib(uno) milit(um) leg(ionis) VII / Avg(ustae) / d(ecreto) d(ecurionum)*.

Fuentes arqueológicas: los primeros restos que conocemos en la zona se localizan en el área del castillo y proceden del Bronce Final. De los ss. VII y VI a. C. se ha documentado abundante material fenicio y en la cercana necrópolis de Olival do Señor dos Mártires constatamos la presencia de cerámicas griegas del s. IV a. C. Durante el periodo republicano la ciudad estaba bajo el ámbito gaditano, como demuestra la presencia de abundantes ánforas de tipología púnica gaditana en la acrópolis de la ciudad. *Salacia* vivirá su momento de auge entre el final del periodo republicano y el altoimperial, como demuestra el hallazgo de abundantes restos de columnas, elementos arquitectónicos, mosaicos, *Terra Sigillata Itálica* y *Terra Sigillata Gálica*. A partir del s. II d. C. los materiales escasean, por lo que intuimos una pérdida de importancia a favor de las ciudades vecinas de *Tróia* y *Caetobriga*.

2. CIRCULACIÓN MONETARIA DE LAS CECAS IBÉRICAS MERIDIONALES DE LA ULTERIOR

Fuentes numismáticas: la ciudad emite nueve series de bronce entre la segunda mitad del s. II a. C. y mediados del s. I a. C.

Las monedas de esta ciudad son estudiadas por VIVES, *MonHisp.*, vol. 3, serie 8ª, ceca 5, pp. 24-27. Lám. LXXXIV.1-11; UNTERMANN, *MLH.*, pp. 342-344, A.103: *(Ke)touibon? / Salacia*; *CNH.* (1994), pp. 133-135: *Salacia / Ketouibon*; *HMHA* (1997), "Las acuñaciones ibéricas meridionales, turdetanas y de *Salacia* en la *Hispania Ulterior*", pp. 214-216: *Ketouibon? / Salacia* y "Las acuñaciones cívicas de la península Ibérica (44 a. C.-54 d. C.)", p. 340: *Municipium Salacia Imperatoria*; GARCÍA-BELLIDO y otros (2001), *Diccionario, s.v.* + *be.u.ibu.m / Salacia / IMP(eratoria) SAL(acia)*; ARÉVALO GONZÁLEZ (2005), *Sylloge Nummorum Graecorum*, pp. 49-51 y 234-237: *¿beuibum? / Salacia*.

Historia de la ciudad: como ya hemos citado anteriormente, el primer poblamiento en la zona lo encontramos durante el Bronce Final, aunque será durante el periodo orientalizante cuando comiencen a establecerse las primeras factorías fenicias, unidas claramente a la explotación de salazones y sal. Posteriormente la ciudad entra a formar parte del ámbito comercial gaditano, centrando su actividad en la captura del atún y en las industrias salazoneras. Durante la época republicana *Salacia* ya estaba dentro de la Turdetania, según palabras de Ptolomeo (2.5.2). Con César se le concede el estatuto privilegiado de municipio con derecho latino (Plin., *nat.* 4.117) y posteriormente, con Sexto Pompeyo, se le añade el cognomen *Salacia Urbs Imperatoria*. Posiblemente este personaje acuñó en la ciudad una serie de denarios con la leyenda *SEX MAG IMP SAL*. En época imperial la ciudad era *mansio* en la vía XII entre *Emerita* y *Olisipo*, y en la vía XXI entre *Baesuris* y *Pax Iulia*. Ya a finales del s. II d. C. comienza la decadencia de *Salacia*.

La ciudad basa su economía en las explotaciones pesqueras y en las industrias de salazones. También son importantes en la zona los recursos salinos del estuario del río Sado, como demuestra su topónimo latino *Salacia*. La ciudad se benefició en época imperial de ser *mansio* entre las vías *Emerita-Olisipo* y *Baesuris-Pax Iulia*.

Historia monetaria: Ketouibon / Salacia emite nueve series de bronce entre la segunda mitad del s. II a. C. y mediados del s. I a. C., las primeras ocho series con el topónimo ibérico sudlusitano *ke.t.o.u.i.bo.n.* y con una cronología de la segunda mitad del s. II a. C. y la última serie con topónimo latino *IMPERATORIA SALACIA* y con una cronología de mediados del s. I a. C. La primera serie acuña ases y semises, con unidades con un peso medio de 15 grs., más próximo a las emisiones celtibéricas que a las turdetanas, y con iconografía claramente de influencia gaditana; los ases presentan en anverso Cabeza de Melqart con leonté y clava y en reverso Dos atunes y en medio leyenda sudlusitana *ke.t.o.u.i.bo.n.* y los semises, el mismo anverso y en reverso Atún y encima leyenda sudlusitana *ke.t.o.u.i.bo.n.* La segunda serie acuña ases y semises, el primer valor con un peso medio de 12 grs.; la iconografía de los ases es similar a la de la primera serie, pero en los anversos se añade la leyenda latina *ODACIS·A*; en cuanto a los semises, presentan en anverso Cabeza masculina laureada y detrás tridente y en reverso Atún, encima leyenda sudlusitana *ke.t.o.u.i.bo.n.* y debajo *ODA·A·S*. La tercera serie acuña ases y semises, las primeras con un peso de 15 grs.; en cuanto a la iconografía, los ases presentan en anverso Cabeza masculina barbada y laureada, con tipología africana, y delante leyenda latina *CANDNIL·SISCRA·F* y en reverso Dos atunes y entre ellos leyenda sudlusitana *ke.t.o.u.i.bo.n.*; los semises presentan en anverso Cabeza de Melqart con leonté y clava y en reverso Atún, encima leyenda sudlusitana *ke.t.o.u.i.bo.n.* y debajo leyenda latina *SISBE·A·S*. La cuarta serie acuña sólo ases con un peso medio de 12 grs. y presenta en anverso Cabeza masculina barbada y laureada y delante la leyenda latina *SISBE SISCRA* y en reverso Dos atunes y entre ellos leyenda sudlusitana *ke.t.o.u.i.bo.n.* La quinta serie acuña ases con un peso medio de 9 grs. y presenta en anverso Cabeza de Melqart con leonté y clava y en reverso Dos delfines y entre ellos leyenda sudlusitana *ke.t.o.u.i.bo.n.* La sexta serie acuña ases con un peso medio de 13 grs. que presentan en anverso Cabeza de Melqart con leonté y clava y delante la leyenda latina *ANDVGEP·SISVC F·TVL* y en reverso Dos delfines y en medio leyenda sudlusitana *ke.t.o.u.i.bo.n.* La séptima emisión acuña ases con un peso medio de 17 grs. que presentan en anverso Cabeza de Melqart con leonté y clava y delante leyenda latina *SISVCVRHIL* y en reverso Dos delfines y en medio leyenda sudlusitana *ke.t.o.u.i.bo.n.* La octava emisión acuña ases y semises; los ases tienen un peso medio de 15 grs., y presentan en anverso Cabeza de Melqart con leonté y clava y delante leyenda latina *CANTNIP EDNI? AE·F* y en reverso Dos delfines y leyenda sudlusitana *ke.t.o.u.i.bo.n.*; los semises pueden tener diferente iconografía: un primer grupo tiene el anverso semejante a los ases pero con leyenda *CORANI* y en reverso presenta *skyphos* y debajo leyenda sudlusitana *ke.t.o.u.i.bo.n.*; otro divisor presenta en anverso Espiga y en reverso Cornucopia, encima letras sin identificar y debajo parte de la leyenda sudlusitana *ke.t.o.u.i.bo.n.*; el tercer grupo presenta en anverso Dos palmas flanqueadas por crecientes y en reverso Hipocampo y leyenda sudlusitana *ke.t.o.u.i.bo.n.*, siendo algunos de sus ejemplares anepígrafos. Por último, la novena serie acuña ases y semises; los ases, con un peso medio de 12 grs., presentan en anverso Cabeza masculina y detrás tridente y en reverso Dos delfines y en medio la leyenda latina *IMP·SAL*.; los semises, con idéntico anverso, presentan en reverso Delfín, encima *IMP* y debajo *SAL*.

Resumiendo, diremos que las nueve series de esta ceca son en bronce. Las primeras ocho series, con el topónimo *ke.t.o.u.i.bo.n.*, tienen una cronología de la segunda mitad del s. II a. C. y la novena serie, con topónimo *IMPERATORIA SALACIA*, tiene una cronología de mediados del s. I a. C. Los valores emitidos son ases y semises, con un peso en las unidades que va desde los 9 a los 15 grs. La iconografía de los ases presenta en anverso Cabeza masculina con diferentes elementos: leonté y clava, con influencia del Melqart gaditano, barbada y laureada, con influencia del Melqart africano o barbada y con tridente, con influencia del Neptuno romano; y en reverso Dos atunes o delfines y el topónimo. La iconografía de los semises es más diversa aún: el anverso de las series primera y tercera presenta Cabeza de Melqart con leonté y clava; el de las series segunda y novena presenta Cabeza barbada con tridente; y el de la serie octava diferentes topologías, entre las que destacan Cabeza de Melqart o dos palmas flanqueadas por crecientes; en cuanto al reverso de los semises, en las primeras tres series presenta Atún y el topónimo, en la serie octava *skyphos*, cornucopia o hipocampo, y en la serie novena delfín y leyenda latina. La escritura utilizada va a ser sudlusitana en la primera serie, bilingüe (sudlusitana-latina) de la serie segunda a la octava y latina en la novena. En cuanto a las leyendas, el topónimo sudlusitano *ke.t.o.u.i.bo.n.* aparece en los reversos de las ocho primeras series y el topónimo *IMP·SAL* en los anversos y reversos de la novena. Además, en las series bilingües encontramos, en todos los anversos y en algún reverso, el nombre de magistrados de la ciudad como: *ODACIS A*, *ODA A S*, *CANDNIL SISCRA F*, *SISBE·A*, *SISBE SISCRA*, *ANDVGEP·SISVC F·TVL*, *SISVCVRHIL*, *CANTNIP EDNI*? *AE·F* y *CORANI*. No sabemos si estos nombres propios sólo hacen mención a magistrados o si también pueden referirse a algún cargo o magistratura; esta duda surge al encontrarse algunos de estos nombres repetidos en varias ocasiones. Por último, diremos que durante mucho tiempo se ha pensado que la serie de denarios con la leyenda *SEX MAG IMP SAL* y en relación con Sexto Pompeyo pudo haberse acuñado en esta ceca, ya que se interpreta que *SEX MAG* hace alusión al personaje que emite la serie e *IMP·SAL* a la ceca de emisión, que en este caso sería *Imperatoria Salacia*.

Bibliografía:

ARÉVALO GONZÁLEZ, A. (1997), "Las acuñaciones ibéricas meridionales, turdetanas y de *Salacia* en la *Hispania Ulterior*", en *Historia Monetaria de Hispania Antigua*, pp. 214-216.
ARÉVALO GONZÁLEZ, A. (2005), *Sylloge Nummorum Graecorum. Volumen 2. Hispania. Ciudades del área meridional. Acuñaciones con escritura indígena*, Museo Arqueológico Nacional, Madrid, pp. 49-51 y 234-237.
CHAVES TRISTÁN, F. y GARCÍA VARGAS, E. (1991), "Reflexiones en torno al área comercial de *Gades*: estudio numismático y económico", en *Alimenta. Estudio en Homenaje al Dr. Michel Ponsich, Gerión, Anejos III*, pp. 139-168.
CORREA, J. A. (1982), "Singularidad del letrero indígena de las monedas de *Salacia*", *Numisma* 177-179, pp. 69-74.
FARIA, A. M. DE (1989), "A numária de CANTNIPO", *Conimbriga* 28, pp. 71-99.
FARIA, A. M. DE (1994), "Nomes de magistrados em moedas hispanicas", *Portugalia* 15, pp. 33-60.
FARIA, A. M. DE (1995), "Moedas de época romana cuhnadas em territorio actualmente portugues", en GARCÍA-BELLIDO, M. P. y CENTENO, R. M. S. (eds.), *Actas del I EPNA. La moneda hispánica. Ciudad y territorio (Madrid, 1994)*, Anejos AEA XIV, Madrid, pp. 143-154.
FARIA, A. M. DE (1996), "Nomes de magistrados en moedas hispanicas. Correcçoes e aditamentos", *Conimbriga* 35, pp. 147-187.
GALSTERER, H. (1971), *Untersuchungen zum römischen Städtewesen auf der Iberischen Halbinsel*, Berlín.
GARCÍA-BELLIDO, M. P. (1991), "Las religiones orientales en la península Ibérica: documentos numismáticos I", *AEA* 64, pp. 37-81.
GARCÍA-BELLIDO, M. P. y BLÁZQUEZ CERRATO, C. (1995), "Formas y usos de las magistraturas en las monedas hispánicas", en GARCÍA-BELLIDO, M. P. y CENTENO, R. M. S. (eds.), *Actas del I EPNA. La moneda hispánica. Ciudad y territorio (Madrid, 1994)*, Anejos AEA XIV, Madrid, pp. 381-428.
GARCÍA-BELLIDO, M. P. y BLÁZQUEZ CERRATO, C. (2001), *Diccionario de cecas y pueblos hispánicos. Vol. II. Catálogo de cecas y pueblos que acuñan moneda*, Madrid, s.v. +BE.U.IBU.M / SALACIA / IMP(ERATORIA) SAL(ACIA).
HOZ, J. DE (1989), "El desarrollo de la escritura y las lenguas en la zona meridional", en AUBET, Mª. E. (ed.), *Tartessos*, Barcelona, pp. 523-587.
RIPOLLÈS ALEGRE, P. P. (1997), "Las acuñaciones cívicas de la península Ibérica (44 a. C.-54 d. C.)", en *Historia Monetaria de Hispania Antigua*, p. 340.
TIR, J-30 (Madrid. 2000) s.v. *SALACIA*.
UNTERMANN, J. (1975), *Monumenta Linguarum Hispanicarum I. Die Münzlegenden*, Wiesbaden, 2 vols.
VILLARONGA I GARRIGA, L. (1994), *Corpus Nummum Hispaniae ante Augusti Aetatem*, Barcelona, pp. 133-135.

b) Análisis de la circulación monetaria.

Para el estudio de la circulación monetaria de la ceca de *Salacia* contamos con veintitrés hallazgos y un total de veintiocho monedas. Entre estas piezas, tenemos dos procedentes de excavaciones arqueológicas (7,14%), veinticuatro aparecidas en hallazgos esporádicos (85,72%) y dos localizadas en museos (7,14%).

Las dos monedas encontradas en excavaciones arqueológicas proceden del poblado de Pedrao (Setúbal, Portugal)[412]. La primera de ellas pertenece a los ases de la serie I, acuñada en la segunda mitad del s. II a. C. y la segunda a los ases de la serie VI u VIII, acuñadas también en este periodo, pues las primeras ochos series se emitieron todas durante la segunda mitad del s. II a. C.

---

[412] *Cf.* C. TAVARES DA SILVA, J. SOARES y M. FARINHA DOS SANTOS (1973 a y b), pp. 7-13 y 245-305; M. P. GARCÍA-BELLIDO (1982), pp. 101-102, Hallazgo 5; C. ALFARO ASINS (1988), Hallazgos Monetales, pp. 87-124. Hallazgo, nº 14.

2. CIRCULACIÓN MONETARIA DE LAS CECAS IBÉRICAS MERIDIONALES DE LA ULTERIOR

La mayoría de los hallazgos y ejemplares estudiados de esta ceca tienen un origen esporádico o casual. Así, contamos con un total de veinte hallazgos y veinticuatro monedas. Entre los ejemplares analizados en este apartado tenemos una pieza procedente de Badajoz[413] que pertenece a los ases de la serie I. También a la serie I pertenecerá un as encontrado en la ciudad portuguesa de Tavira (distrito de Faro)[414] y otro localizado en el yacimiento de Villasviejas del Tamuja (Botija, Cáceres)[415], incluido en las monedas de M. G. de Figuerola. A los ases de la serie II pertenece un ejemplar procedente de Beja (Portugal)[416]. De la serie III tenemos un as hallado en S. Miguel de Odrinhas (São João das Lampas, Sintra, Portugal)[417]. A la serie VIII, última acuñada en la segunda mitad del s. II a. C., pertenece un semis localizado en Leiria (Portugal)[418], dos semises encontrados en Monte Figueiro (Algarve, Portugal)[419] y otros dos hallados en el yacimiento de Cerro Patría (Vejer de la Frontera, Cádiz)[420]. A los semises de la serie IX, acuñada ya a mediados del s. I a. C., pertenece una moneda procedente de Puebla de Don Fabrique (Granada)[421]. Finalmente, contamos con varios hallazgos de los que desconocemos la indicación de serie de las monedas de *Salacia* presentes; incluso en alguno de ellos tampoco podemos precisar el número concreto de ejemplares hallados. Así, se han encontrado tres monedas en la villa portuguesa de Beringel (Beja, Portugal)[422], una pieza en Castro de Chibanes (Setúbal, Portugal)[423], un as en la ciudad de Lagos (distrito de Faro, Portugal)[424], una moneda en Monte Moliao[425], dentro de esta misma región de Lagos, un as en el Poblado de Pedrao (Setúbal, Portugal)[426] y seis ejemplares en la ciudad de Serpa (distrito de Beja, Portugal)[427]. Entre los hallazgos de los que desconocemos el número total de piezas encontradas, tenemos uno de varias monedas localizado en Alcácer do Sal (Setúbal, Portugal)[428], tres en la provincia de Málaga, uno de ellos en el yacimiento de Cerro Toizares[429], otro en el de El Nacimiento I[430] y otro en el de Sierra del Castillo[431], y, por último, uno de varias monedas en el yacimiento arqueológico de *Mirobriga* (Santiago do Cacém, Setúbal, Portugal)[432].

Sólo contamos con dos hallazgos de monedas de esta ceca procedentes de museos. El primero se localizó en el Museo de Évora[433] y está formado por dos monedas de las que desconocemos su indicación de serie. El segundo hallazgo se produjo en el Museo de Zaragoza[434], y no tenemos información sobre el número de ejemplares de *Salacia* presentes. Las monedas de ambos hallazgos tendrían una procedencia regional.

Del análisis general de todos los hallazgos monetarios de la ceca de *Salacia*, podemos decir que de las veintiocho piezas estudiadas, cuatro pertenecen a la serie I (14,29%), una a la serie II (3,57%), otra a la serie III (3,57%), otra a la serie IV (3,57%), cinco a la serie VIII (1,86%), una a la serie IX (3,57%) y de las restantes quince piezas desconocemos su indicación de serie (53,57%). Como podemos ver, existe una escasa representación entre las series estudiadas, pues de las seis series recogidas sólo la I y la VIII presentan más de un ejemplar. Además, de las series V a VII no hay presencia y de más de la mitad de los ejemplares analizados no hay indicación de su serie.

Por lo que respecta a los valores presentes, ocho piezas pertenecerán a los ases (28,57%), seis a los semises (21,43%) y de las restantes quince monedas carecemos de su indicación de valor (50%), aunque posiblemente muchas de ellas correspondan a ases. Por otro lado, la mayoría de las monedas analizadas fueron acuñadas durante la segunda mitad del s. II a. C., pues ocho de las nueve series se emitieron durante este periodo. De los ejemplares en los que conocemos su cronología, doce se emitieron en la segunda mitad del s II a. C. (42,86%) y sólo uno a mediados del s. I a. C. (3,57%). Entre las piezas estudiadas contamos con quince de las que desconocemos su fecha de emisión (53,57%), aunque muchas de ellas habrían sido acuñadas en la segunda mitad del s II a. C.

---

[413] *Cf.* J. GAILLARD (1854), n° 10; T. ROMERO DE CASTILLA (1897), pp. 269-270 n° 33, p. 290 n° 3 y p. 294 n° 15; P. VIDAL GONZÁLEZ (1989), p. 346, n° 7; L. BERROCAL RANGEL (1992), p. 163; L. VILLARONGA I GARRIGA (1994), p. 400; C. BLÁZQUEZ CERRATO (2002), p. 122.

[414] *Cf.* P. VIDAL GONZÁLEZ (1989), pp. 343-361.

[415] *Cf.* J. L. SÁNCHEZ ABAL y S. GARCÍA JIMÉNEZ (1988), pp. 153 y 158; J. L. SÁNCHEZ ABAL y J. ESTEBAN ORTEGA (1988), pp. 1017-1031; S. GARCÍA JIMÉNEZ (1989), pp. 139-142; C. BLÁZQUEZ CERRATO (1995), pp. 243-258; A. M. MARTÍN BRAVO (1995), pp. 139-142; C. BLÁZQUEZ CERRATO (2002), pp. 159-162.

[416] *Cf.* P. VIDAL GONZÁLEZ (1989), pp. 343-361.

[417] *Cf.* J. DA SILVA RUIVO (1995), pp. 155-160.

[418] *Cf.* J. DA SILVA RUIVO (1995), pp. 155-160.

[419] *Cf.* J. DA SILVA RUIVO (1995), pp. 155-160.

[420] *Cf.* F. CHAVES TRISTÁN, E. GARCÍA VARGAS y E. FERRER ALBELDA (2000), pp. 1463-1486.

[421] *Cf.* M. CAMPO (1976), n° 64.

[422] *Cf.* J. LEITE DE VASCONCELLOS (1895), p. 84; I. PEREIRA, J. P. BOST y J. HIERNARD (1974).

[423] *Cf.* A. I. MARQUES DA COSTA (1910), pp. 75-76; I. PEREIRA, J. P. BOST y J. HIERNARD (1974).

[424] *Cf.* J. LEITE DE VASCONCELLOS (1895), p. 83; I. PEREIRA, J. P. BOST y J. HIERNARD (1974).

[425] *Cf.* M. L. E. DA V. A. DOS SANTOS (1972), pp. 362-363; MARQUES DA COSTA, A. I. (1910), p. 222; I. PEREIRA, J. P. BOST y J. HIERNARD (1974).

[426] *Cf.* C. TÁVARES DA SILVA, J. SOARES y M. FARINHA DOS SANTOS (1973 a y b), pp. 7-13 y 245-305; M. P. GARCÍA-BELLIDO (1982), pp. 101-102, Hallazgo 5; C. ALFARO ASINS (1988), Hallazgos Monetales, pp. 87-124. Hallazgo, n° 14.

[427] *Cf.* J. LEITE DE VASCONCELLOS (1895), pp. 18-19 y 83; J. LEITE DE VASCONCELLOS (1899-1900), pp. 232-233; I. PEREIRA, J. P. BOST y J. HIERNARD (1974); C. BLÁZQUEZ CERRATO (1992), p. 232.

[428] *Cf.* J. LEITE DE VASCONCELLOS (1895), pp. 80-84; J. LEITE DE VASCONCELLOS (1908), pp. 37-38; I. PEREIRA, J. P. BOST y J. HIERNARD (1974).

[429] *Cf.* F. MELERO GARCÍA (2001), pp. 457-467.

[430] *Cf.* F. MELERO GARCÍA (2001), pp. 457-467.

[431] *Cf.* F. MELERO GARCÍA (2001), pp. 457-467.

[432] *Cf.* F. DE ALMEIDA (1964), pp. 66-68; I. PEREIRA, J. P. BOST y J. HIERNARD (1974).

[433] *Cf.* M. FARINHA DOS SANTOS y G. MARQUES (1977), pp. 795-810; C. BLÁZQUEZ CERRATO (1992), pp. 132-136.

[434] *Cf.* M. BELTRÁN LLORIS (1988), p. 84.

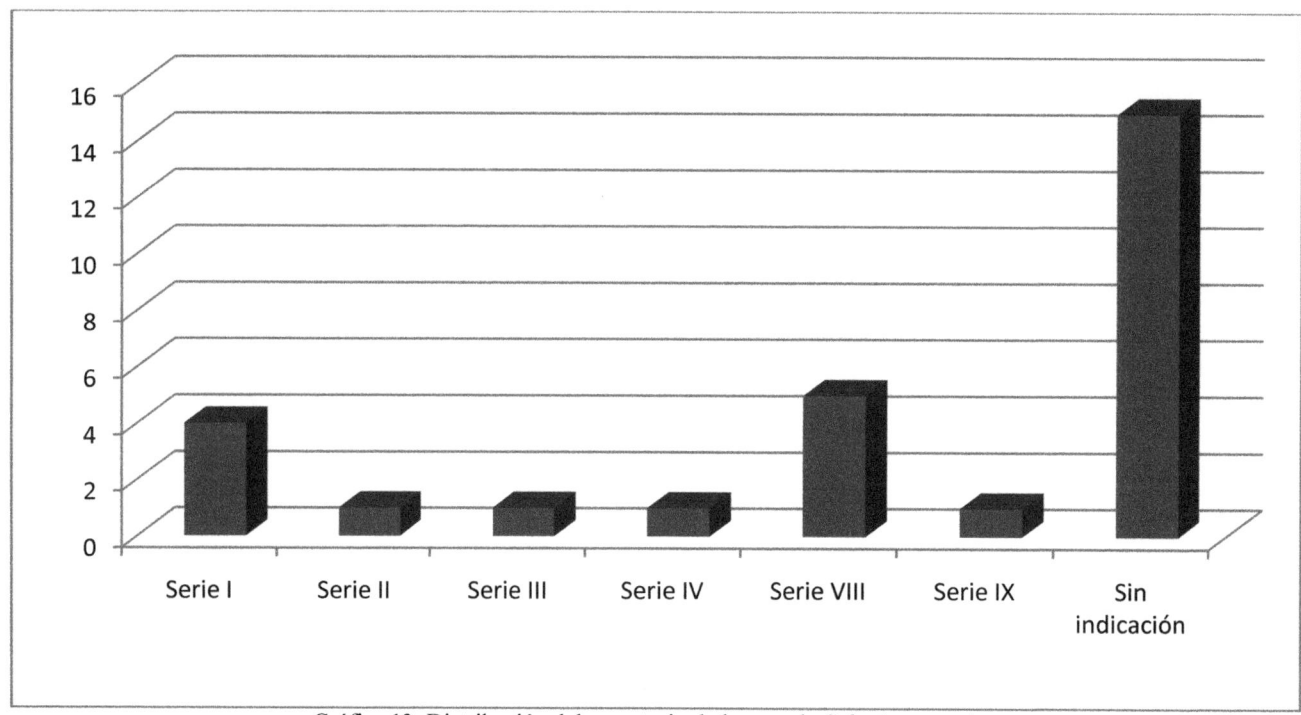

Gráfica 13: Distribución del monetario de la ceca de *Salacia* por series

Finalmente, casi todas las monedas estudiadas se han encontrado en Portugal, siendo especialmente intensa su presencia en la zona sur. Así, de los veintiocho ejemplares analizados veintitrés (82,14%) se han hallado en Portugal, y todos, menos el de Leiria, en la zona sur. Entre los hallazgos del sur destacan aquellos producidos en el distrito de Setúbal, en el que se han encontrado dos piezas en las excavaciones arqueológicas realizadas en el poblado de Pedrao, varias monedas en el yacimiento de *Mirobriga* y bastantes en la ciudad de Alcácer do Sal, lugar en el que se ha ubicado la ciudad antigua de *Salacia*. Además de los hallazgos portugueses, se han localizado dos monedas en la vecina comunidad extremeña, con un ejemplar en Cáceres y otro en Badajoz (3,57% respectivamente), y tres en Andalucía, de las que dos se han hallado en la provincia de Cádiz (7,14%) y sólo una en la de Granada (3,57%).

2.6. Urkesken

a) Análisis de la ceca.

URKESKEN (Localización incierta). Aunque tradicionalmente[435] se ha identificado esta ceca con la ciudad de *Urci*, que ya citaban Mela (Mela, *Chro.* 2.94), Plinio (Plin., *nat.* 3.9) y Ptolomeo (Ptol. 2.6.13) como una ciudad costera de los bastetanos en donde habitaban los *Urcitani*, recientemente algunos autores[436] la localizan en la zona levantina, sobre todo por el parecido de la escritura y los tipos con las monedas de *Kelin* e *Ikalkusken*. Recientemente, García-Bellido ha apuntado la posibilidad de que sea la ceca de los *Ilorcitani* citados por Plinio (Plin., *nat.* 3. 25). Los hallazgos monetarios tampoco ayudan a su localización, ya que sólo contamos con dos hallazgos, uno en Zaragoza y otro en Barcelona. Por lo tanto, la ceca podría estar localizada en Almería, Valencia, Albacete o Cuenca. Por todo ello, mantenemos su posible adscripción a la *Ulterior* hasta que contemos con nuevos datos.

Fuentes: esta ciudad solamente está constatada en las fuentes numismáticas que relacionamos a continuación:

Fuentes numismáticas: la ciudad emite tres escasas series de bronces durante la segunda mitad del s. II a. C.

Las monedas de esta ciudad son estudiadas por VIVES, *MonHisp.*, vol. 2, serie 6ª, ceca 92, p. 164. Lám. LXVII.1-3; UNTERMANN, *MLH.*, pp. 324-325, A. 96: *Urkesken*; *CNH.* (1994), p. 329: *Urkesken*; *HMHA* (1997), "Las acuñaciones ibéricas meridionales, turdetanas y de *Salacia* en la *Hispania Ulterior*", pp. 206-207: *Urkesken*; GARCÍA-BELLIDO y otros (2001), *Diccionario, s.v. Urkesken.*

Historia monetaria: Urkesken emite tres escasas series de bronce durante la segunda mitad del s. II a. C. El valor emitido en las tres series será la unidad o as, con un peso que irá desde los 12 a los 22 grs. La iconografía será idéntica en las tres series, con pequeñas diferencias de estilo, presentando en anverso Cabeza masculina con

---

[435] *Cf.* A. DELGADO (1876), p. 429; J. UNTERMANN (1975), 96g; A. ARÉVALO GONZÁLEZ (1997), pp. 206-207.

[436] *Cf.* L. VILLARONGA I GARRIGA (1994), p. 329; *TIR, J-30* (2000), pp. 348-350; M. P. GARCÍA-BELLIDO y C. BLÁZQUEZ CERRATO (2001), p. 396.

2. CIRCULACIÓN MONETARIA DE LAS CECAS IBÉRICAS MERIDIONALES DE LA ULTERIOR

collar, acompañada detrás de delfín y delante de estrella, y en reverso Jinete lancero y en exergo la leyenda ibérica meridional *u.r.ke.s.ke.n*. Es curioso que nunca se cite el topónimo sino el étnico, es decir, no se menciona la ciudad sino a sus habitantes.

Bibliografía:

ARÉVALO GONZÁLEZ, A. (1997), "Las acuñaciones ibéricas meridionales, turdetanas y de *Salacia* en la *Hispania Ulterior*", en *Historia Monetaria de Hispania Antigua*, pp. 206-207.
DELGADO, A. (1876), *Nuevo método de clasificación de las medallas autónomas de España*, Sevilla, vol. 3, p. 429.
GARCÍA-BELLIDO, M. P. y BLÁZQUEZ CERRATO, C. (2001), *Diccionario de cecas y pueblos hispánicos. Vol. II. Catálogo de cecas y pueblos que acuñan moneda*, Madrid, s.v. URKESKEN.
TIR, J-30 (Madrid. 2000) s.v. URKESKEN.
TOVAR, A. (1974), *Iberische Landeskunde. Die Völker und die Städte des alten Hispanien, Band 1. Baetica*, Baden-Baden.
UNTERMANN, J. (1975), *Monumenta Linguarum Hispanicarum I. Die Münzlegenden*, Wiesbaden, 2 vols.
VILLARONGA I GARRIGA, L. (1980b), "Sistematitzaciò de les monedes de bronze de *Ikalkusken, Kelin* i *Urkesken*", *AN* 10, pp. 41-59.
VILLARONGA I GARRIGA, L. (1994), *Corpus Nummum Hispaniae ante Augusti Aetatem*, Barcelona, p. 329.

b) Análisis de la circulación monetaria.

Tan sólo contamos con dos hallazgos de la ceca de U*rkesken*, hecho que indicaría la poca difusión de sus monedas. La primera pieza procede de un hallazgo esporádico en Valdeherrera o en los alrededores de Calatayud[437], en la provincia de Zaragoza, y consiste en un as sin indicación de serie recogido por lugareños de la zona. La segunda moneda la localizamos en el Museo Comarcal de Manresa (Barcelona)[438] y, aunque desconocemos su procedencia, debe provenir de un hallazgo regional. Esta pieza es un as de la serie II, con una cronología de la segunda mitad del s. II a. C.

Poco se ha podido analizar de la circulación monetaria de la ceca de *Urkesken* debido al escaso número de monedas encontradas. Ni tan siquiera se ha podido confirmar la ubicación de la ciudad, pues, por desgracia, los hallazgos se han encontrado muy lejos de la zona propuesta para su localización, el sureste peninsular.

2.7. Circulación de monedas ibéricas meridionales inciertas de la Ulterior

Dentro de las monedas pertenecientes a las ciudades que utilizaron la escritura ibérica meridional tenemos dos ejemplares de los que desconocemos la ceca de acuñación. Uno de ellos procede de las excavaciones arqueológicas realizadas en el centro de fundición de El Cerro del Plomo (mina de El Centenillo, Jaén)[439] por C. Domergue. Esta moneda corresponde a un as que presenta en anverso Pico minero y en reverso Racimo de uvas, y en ambas caras la leyenda *OR(etum)*. Por la cerámica campaniense a la que aparece asociada, se data en la primera mitad del s. I a. C. La segunda pieza también corresponde a un as, procede de un hallazgo esporádico realizado en la región francesa de Midi-Pyrénées (Francia)[440] y se conserva dentro de las colecciones de Vielle-Toulouse. Esta moneda presenta en anverso Espiga y el reverso se encuentra en muy mal estado de conservación, por lo que podría pertenecer a las emisiones con leyenda ibérica o a las emisiones con leyenda latina.

---

[437] *Cf.* F. BURILLO MOZOTA y M. OSTALÉ (1983-1984), pp. 287-309; C. BLÁZQUEZ CERRATO (1992), pp. 235-237.
[438] *Cf.* S. DATZIRA I SOLER (1980), pp. 183-197; P. P. RIPOLLÈS ALEGRE (1982a), pp. 107-109; C. BLÁZQUEZ CERRATO (1992), pp. 155-159.
[439] *Cf.* C. DOMERGUE (1971), pp. 267-363; M. P. GARCÍA-BELLIDO (1982), pp. 107-110, Hallazgo 17.
[440] *Cf.* G. SAVÈS y L. VILLARONGA I GARRIGA (1978), pp. 27-45.

3. Análisis general de las cecas ibéricas meridionales de la Ulterior

Una vez que hemos estudiado pormenorizadamente cada una de las cecas ibéricas meridionales, vamos a realizar un análisis general de la circulación monetaria de todas ellas. Así, contamos con un total de mil novecientas veintisiete monedas procedentes de cecas que utilizan, en una o varias de sus emisiones, la escritura ibérica meridional. En cuanto a la distribución de estos ejemplares por el tipo de hallazgo, tenemos ciento cuarenta y dos monedas procedentes de tesorillos (7,37%), doscientas sesenta y cuatro halladas en excavaciones arqueológicas (13,70%), ochocientas cuarenta y cuatro encontradas en hallazgos esporádicos o casuales (43,80%) y seiscientas setenta y siete localizadas en museos, aunque todas ellas tendrían una procedencia local o regional (35,13%).

Dentro de las cecas ibéricas meridionales, *Castulo* será la que mayor número de ejemplares presente, con mil doscientas sesenta y nueve piezas y un 65,85% del total de ejemplares estudiados en este apartado. Le sigue en representación la ceca de *Obulco*, con quinientas seis monedas y un 26,26%. Mucha menos presencia de ejemplares presentan las cecas de *Iliberri*, con ciento dieciséis piezas y un 6,02%, y de *Salacia*, con veintiocho monedas y un 1,45%. Una mínima representación tenemos de las cecas de *Abra* y *Urkesken*, con cuatro y dos ejemplares respectivamente, que suponen un 0,21% y un 0,10% del total. Y de la ceca de *Iltiraka* no hemos podido constatar ningún hallazgo, pues los pocos ejemplares conocidos se conservan en museos y colecciones particulares y no hay ningún tipo de indicación sobre su procedencia, por lo que no son estimables a la hora de hacer un estudio sobre circulación monetaria. Además, contamos con dos ejemplares pertenecientes a cecas ibéricas meridionales pero de los que desconocemos, por su mal estado de conservación, la ceca de acuñación.

Por lo que respecta a las monedas analizadas, todas ellas fueron acuñadas en bronce, ya que éste fue el único metal emitido por estas cecas, aunque en algunos ejemplares, sobre todo en las emisiones más tardías de las cecas de *Obulco* y *Castulo*, encontramos importantes porcentajes de otros metales como plomo y estaño. Además, habría que añadir la presencia de dos plomos monetiformes de la ceca de *Castulo*.

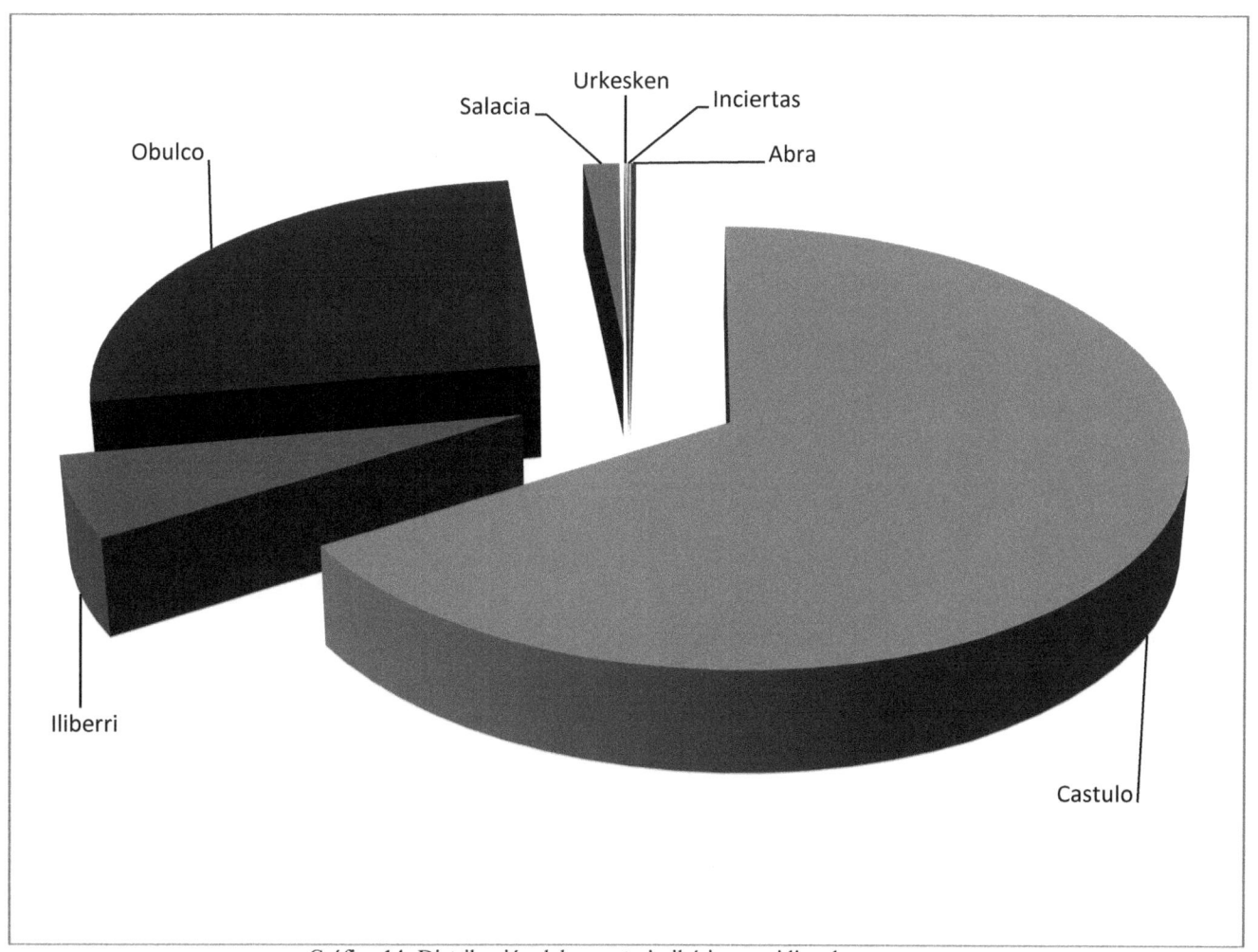

Gráfica 14: Distribución del monetario ibérico meridional por cecas

En cuanto al número de emisiones acuñadas y su valoración numérica, habrá que destacar las cecas de *Castulo*, *Salacia* y *Obulco* como las que mayor cantidad de series presentan, más concretamente diez, nueve y seis series, respectivamente, aunque las series de la ceca portuguesa son escasas y, en cambio, las de las dos cecas jiennenses son muy abundantes. De las series emitidas por estas cecas, tenemos representadas en este estudio nueve de las diez de *Castulo*, faltando ejemplares sólo de la serie X, seis de las nueve de *Salacia*, no habiendo presencia de las series V a la VII, y de todas las series de la ceca de *Obulco*. En el caso de la ceca de *Iliberri*, ésta presenta cuatro emisiones, que, aunque no muy numerosas, contienen un mayor número de ejemplares que las tres emisiones de las cecas de *Abra* y *Urkesken*, que acuñan muy pocas piezas. De estas tres cecas sólo aparece representada en todas sus series en este estudio la de *Iliberri*, ya que de las cecas de *Abra* y *Urkesken* sólo encontramos representación de ejemplares de la serie II.

Entre los valores emitidos destaca la presencia de novecientas setenta y dos monedas pertenecientes a los ases o unidades (50,44%) y de quinientas setenta y una a los semises (29,11%), pues tan sólo contamos con quince duplos (0,78%), catorce cuadrantes (0,73%) y dos plomos (0,10%). De las restantes trescientas sesenta y tres piezas no tenemos indicación sobre su valor (18,84%).

Por lo que respecta a la fecha en la que estas monedas fueron acuñadas, aunque en los estudios pormenorizados de cada una de las cecas se ha intentado concretar la cronología de cada una de las emisiones, en este análisis general vamos a encuadrarlas en periodos de tiempo más amplios. Así, al periodo que va desde finales del s. III a inicios del s. II a. C. corresponderían cuarenta y seis ejemplares (2,39%); a la primera mitad del s. II a. C., ciento noventa y siete (10,22%); a la segunda mitad del s. II a. C., seiscientas trece (31,81%); a la primera mitad del s. I a. C., doscientas sesenta y seis (13,80%); a mediados del s. I a. C., sesenta y uno (3,17%) y a la segunda mitad del s. I a. C., noventa (4,67%). Además, contamos con seiscientas cincuenta y cuatro piezas de las que desconocemos el periodo en el que fueron acuñadas.

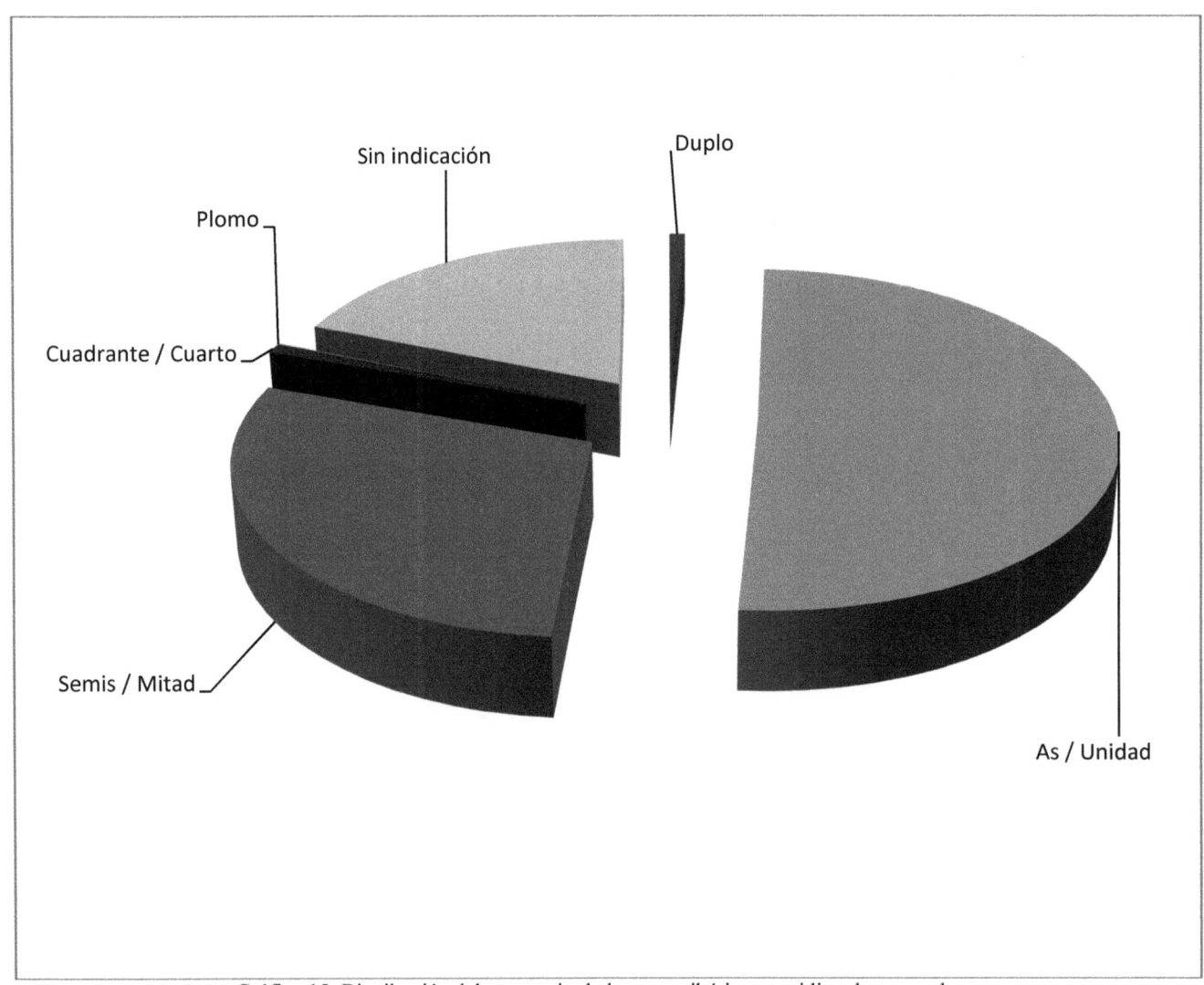

Gráfica 15: Distribución del monetario de las cecas ibéricas meridionales por valor

3. ANÁLISIS GENERAL DE LAS CECAS IBÉRICAS MERIDIONALES DE LA ULTERIOR

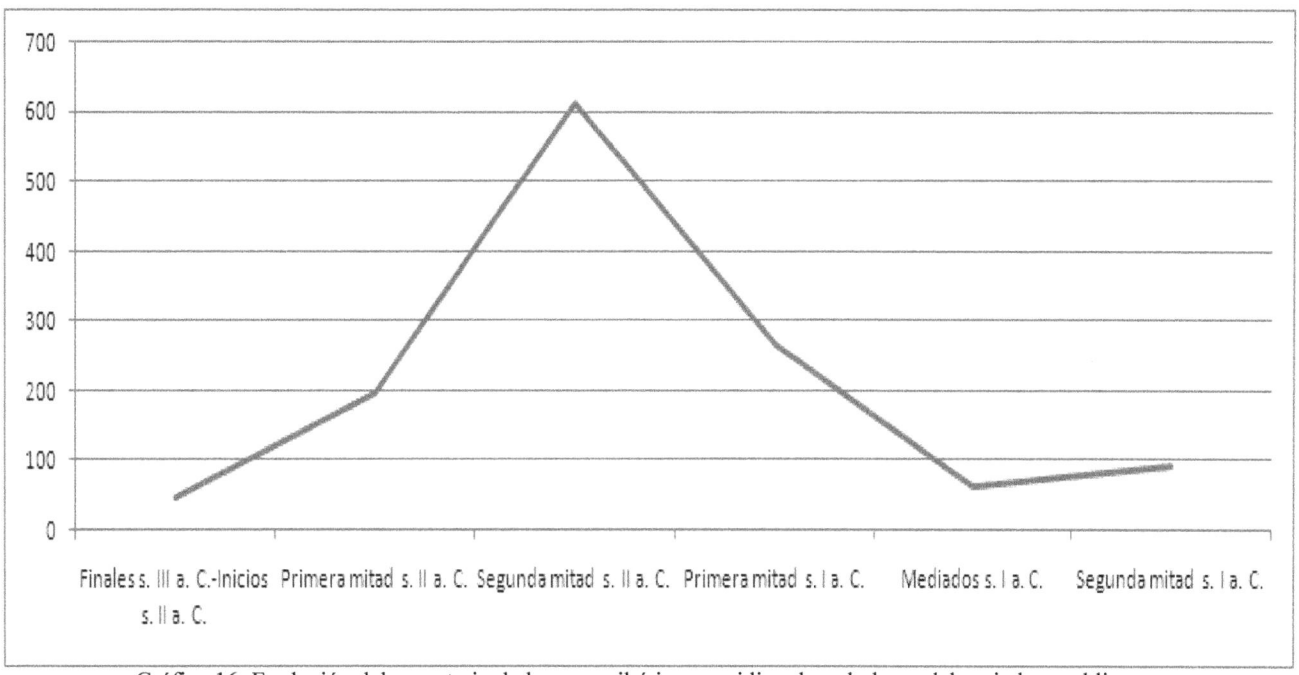

Gráfica 16: Evolución del monetario de las cecas ibéricas meridionales a lo largo del periodo republicano

Como podemos ver, la mayoría de las monedas analizadas fueron emitidas en el periodo que va entre la segunda mitad del s. II y la primera mitad del s. I a. C. y pertenecen fundamentalmente a cecas como *Castulo* y *Obulco*. Del periodo que va desde finales del s. III a inicios del s. II a. C. encontramos muy pocos ejemplares, pues a este periodo corresponden las primeras y escasas emisiones de las cecas de *Castulo*, *Obulco*, *Iliberri* (las de leyenda latina *FLORENTIA*) y *Abra*. Entre las piezas de la primera mitad del s. II a. C. abundan las de las series II a IV.B de la ceca de *Castulo* (ciento setenta y siete monedas), pues sólo tenemos diecinueve ejemplares de las series II-III de *Obulco* y uno de *Abra*. Ya a partir de mediados del s. I a. C. podemos observar cómo la acuñación de monedas ibéricas comienza a decrecer hasta llegar a desaparecer en el periodo de Augusto, pues durante el segundo tercio del s. I a. C. sólo encontramos sesenta y un ejemplares, de los que sesenta corresponden a la ceca de *Obulco*, y durante la segunda mitad de este mismo siglo, noventa ejemplares, que todos pertenecientes a imitaciones de la serie de *Castulo*.

Finalmente, vamos a realizar un análisis conjunto de la procedencia de todas las piezas estudiadas. Así, vemos cómo las mayores concentraciones de ejemplares las encontramos en las provincias de Granada, con doscientos noventa y nueve ejemplares (15,52%), Cáceres, con doscientos ochenta y tres (14,69%) y Jaén, con doscientos (10,38%), en Portugal, con ciento cuarenta ejemplares (7,27%), y en las provincias de Huelva, Valencia, Córdoba, Murcia y Badajoz, con ciento treinta y dos (6,85%), ciento once (5,76%), ciento seis (5,50%), noventa y siete (5,03%) y ochenta y siete ejemplares (4,51%), respectivamente. La presencia de una importante cantidad de monedas en las provincias de Jaén y Granada está íntimamente relacionada con la ubicación de las cecas ibéricas meridionales, pues exceptuando la de *Salacia*, en Portugal, y *Urkesken*, en Almería?, el resto de las cecas se han localizado en la provincia de Jaén (*Castulo*, *Obulco* y *Abra*) y Granada (*Iliberri*).

La mayoría de las monedas localizadas en la provincia de Córdoba proceden de la zona de Sierra Morena, en la que abundarían las monedas de *Obulco* y *Castulo*, ya que, como dijimos en el estudio de estas cecas, la moneda utilizada en las minas de Sierra Morena provendría mayoritariamente de estas dos cecas y sobre todo de la de *Castulo*. Algo similar ocurre con las monedas halladas en la provincia de Huelva, pues la mayoría se concentraría en la zona minera de Riotinto, en la que, como pasaba en Sierra Morena, se utiliza de forma habitual el numerario de cecas ibéricas como *Castulo*. Este mismo fenómeno podría ocurrir también en los casos de las monedas encontradas en la provincia de Murcia, en la que muchas piezas podrían proceder de la zona de las minas de Cartagena, y en la provincia de Ciudad Real, en la que se han encontrado treinta y seis monedas (1,87%) que, en su mayoría, proceden de los yacimientos mineros de Diógenes y La Bienvenida. También encontramos una importante circulación monetaria en las provincias extremeñas de Cáceres y Badajoz, siendo especialmente intensa en zonas mineras, como por ejemplo la de Botija, y en los antiguos campamentos romanos, como por ejemplo el de Cáceres el Viejo. Asimismo, en Portugal se ha hallado gran cantidad de piezas procedentes de cecas ibéricas, sobre todo de la ceca de *Salacia*, localizada en la zona de Alcácer do Sal (Setúbal), destacando el hecho de que veintitrés de las veintiocho piezas documentadas de esta ceca se han localizado en este país. Por otra parte, la mayoría de las monedas encontradas en Portugal se ha documentado en la mitad sur y en la zona costera y entre ellas son especialmente importantes las procedentes de las cecas de *Castulo* y *Obulco*.

En el sur de la Península, además de en los lugares citados anteriormente, se han hallado treinta y seis piezas en la provincia de Almería (1,87%), veinticuatro en la de Málaga (1,25%), sesenta en la de Cádiz (3,11%), sólo tres en Gibraltar (0,16%) y cuarenta y cinco en la provincia de Sevilla (2,34%). Como podemos ver, entre las restantes provincias andaluzas destaca especialmente la presencia de monedas de cecas ibéricas en la zona del valle del Guadalquivir y en la provincia de Cádiz, en la que se han encontrado varios ejemplares en los yacimientos de *Baelo Claudia* y *Carteia*. En la provincia de Málaga se han hallado algunas monedas en la zona de la serranía y en algunos puntos muy concretos de la costa. Llama la atención que en la provincia de Almería se haya encontrado tan escaso número de ejemplares, más teniendo en cuenta que aquí se podría localizar la ceca de *Urkesken*, de la cual sólo se han documentado dos monedas, una en Zaragoza y otra en Manresa.

También en la provincia de Valencia se ha documentado un número significativo de ejemplares de cecas ibéricas, lo que permitiría pensar que las monedas de estas cecas circulaban, además de por las zonas mineras del sur peninsular y del valle del Guadalquivir, por la costa mediterránea. Apoya esta teoría la presencia de monedas de cecas ibéricas en otras provincias de la costa mediterránea como Alicante, en la que encontramos cincuenta y siete monedas (2,96%), Castellón, con doce monedas (0,62%), Tarragona, con treinta (1,56%), Barcelona, con dieciocho (0,93%) y Gerona, con diez monedas (0,52%).

A la vista de los hallazgos, la presencia en el interior y zona norte de la Península es muy escasa y más bien testimonial, pues pese a la gran cantidad de monedas analizadas sólo se han localizado cinco ejemplares en la provincia de Albacete (0,26%), tres en la de Cuenca (0,16%), dos en la de Guadalajara (0,10%), cinco en la de Teruel (0,26%), veintitrés en la de Zaragoza (1,19%), uno en la de Lérida (0,05%), tres en la de Huesca (0,16%), nueve en la de La Rioja (0,47%), tres en la de Soria (0,16%), uno en la de Madrid (0,05%), dos en la de Segovia (0,10%), uno en la de Burgos (0,05%), ocho en la de Salamanca (0,42%), tres en la de León (0,16%), siete en el Principado de Asturias (0,26%), uno en la provincia de Lugo (0,05%), ocho en la de Orense (0,42%) y veintidós en la de Pontevedra (1,14%). De todos los hallazgos de estas provincias destacan en especial las veintitrés monedas localizadas en la provincia de Zaragoza, casi todas procedentes de los yacimientos de *Arcobriga*, *Bilbilis* y Valdeherrera, y las veintidós encontradas en la de Pontevedra, la mayoría de ellas procedentes de zonas mineras.

Por último, contamos con varias piezas documentadas en hallazgos extrapeninsulares. Aunque la mayoría no aporta mucha información, destacan las tres monedas de *Castulo* halladas en un tesorillo en la zona de Graçac (Croacia), una moneda de *Obulco* descubierta en las excavaciones de Stikada (Croacia) y las encontradas en el yacimiento marroquí de *Tamuda* (Tetuán). Entre estos hallazgos extrapeninsulares contamos con trece monedas documentadas en las Islas Baleares (0,68%), de las que diez proceden de la isla de Mallorca (0,52%) y tres de la de Menorca (0,16%), seis en Francia (0,31%), una en Alemania (0,05%), cuatro en Croacia (0,21%), tres en Polonia (0,16%) y siete en el norte de África (0,36%), de las que cuatro proceden de Marruecos (0,21%) y dos de Argelia (0,10%).

3. ANÁLISIS GENERAL DE LAS CECAS IBÉRICAS MERIDIONALES DE LA ULTERIOR

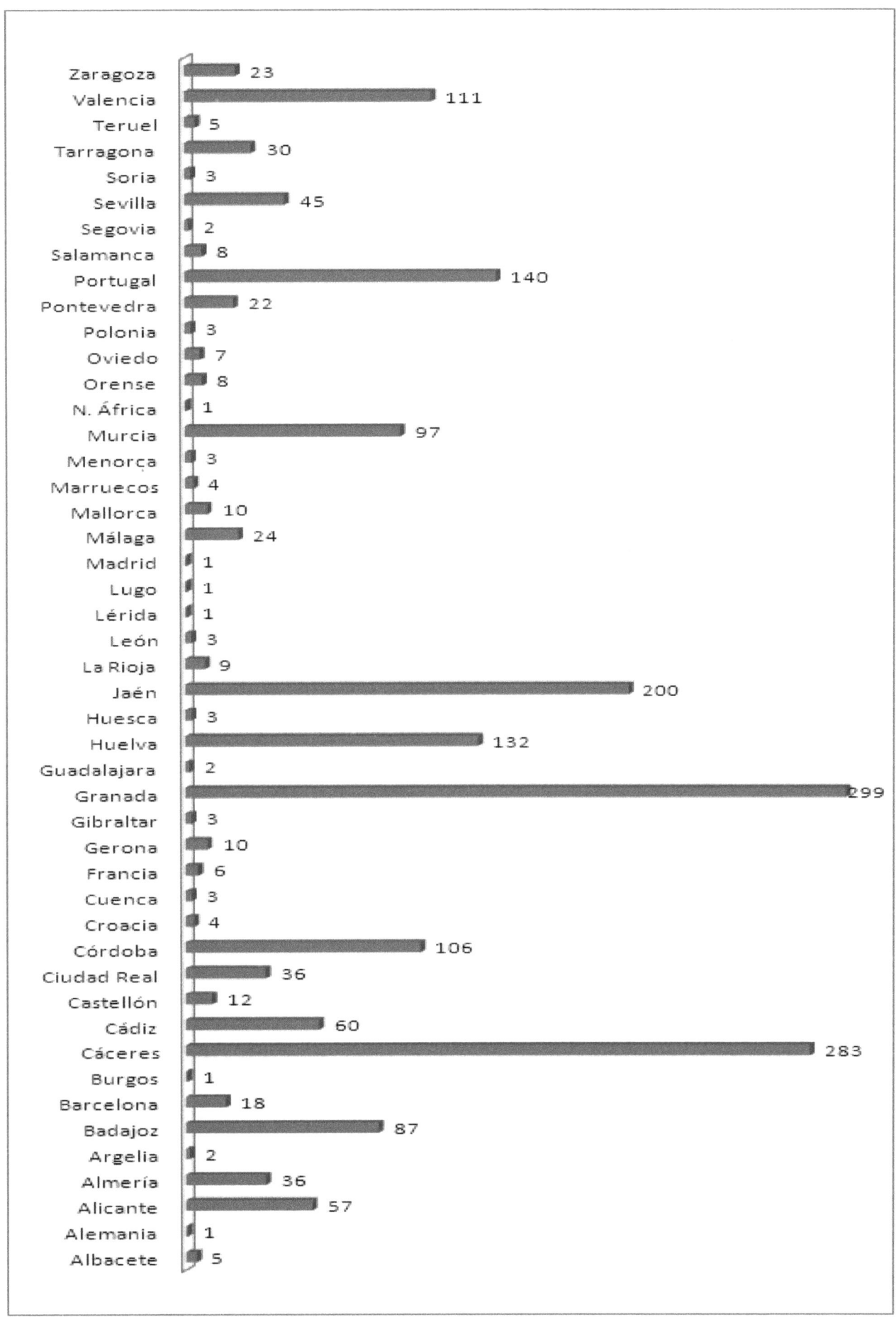

Gráfica 17: Número de ejemplares de cecas ibéricas meridionales según su procedencia

4. Conclusiones

Como hemos podido ver a lo largo de este trabajo, durante el periodo romano-republicano algunas ciudades ibéricas de la provincia *Ulterior* decidieron acuñar moneda con una escritura, tipología y metrología propias. Entre estas ciudades destacan por su número de emisiones y circulación monetaria las de *Castulo*, *Obulco* e *Iliberri*, aunque también se ha podido constatar la circulación de piezas de otras ciudades como *Abra*, *Salacia* y *Urkesken*.

La circulación monetaria de piezas con escritura ibérica meridional en sus leyendas es importante en el territorio de la *Ulterior*, aunque, como hemos podido ver, existe una amplia dispersión en el resto de la península, localizándose numerosos ejemplares sobre todo en la costa mediterránea. Además, se ha podido documentar la presencia de piezas de estas cecas en diferentes puntos del continente europeo y del Norte de África, aunque en estos casos se trataría de una presencia escasa y meramente testimonial.

Si comparamos el número de ejemplares procedentes de cecas ibéricas meridionales de la *Ulterior* que han sido documentados en diferentes hallazgos con el de otros grupos de cecas que emitieron moneda en la provincia *Ulterior* durante el periodo romano-republicano[441], caso de las cecas de origen fenicio o latino, observamos cómo todos estos grupos presentan un número muy similar de ejemplares. Así, de un total de cinco mil seiscientos treinta y un ejemplares procedentes de cecas de la *Ulterior*, mil novecientos veintisiete proceden de cecas ibéricas meridionales (34,22%), mil novecientos sesenta y nueve de cecas fenicias (34,97%) y mil setecientos treinta y cinco de cecas latinas (30,81%). Sin embargo, pese a que contamos, como podemos ver, con un importante número de piezas acuñadas en cecas de la *Ulterior*, que en la mayoría de los casos tuvieron una dispersión local, no debemos olvidar que la mayoría de las monedas que circularon en este territorio tendrían procedencia romana, pues de las cincuenta y tres mil novecientas treinta cuatro piezas documentadas cuarenta y seis trescientas diez son de origen romano-republicano (85,86%). A esto habría que sumar mil seiscientos un ejemplares procedentes de cecas de la *Citerior* (2,97%) y ciento cinco procedentes de cecas griegas extrapeninsulares y norteafricanas (0,19%).

Como conclusión al estudio de la circulación monetaria de las cecas ibéricas meridionales de la *Ulterior*, podemos decir que la mayoría de las piezas documentadas procederían de hallazgos esporádicos y de monedas depositadas en museos, siendo escaso el número de ejemplares procedentes de excavaciones arqueológicas y, sobre todo, de tesorillos.

Llama especialmente la atención la escasez de ejemplares ibéricos documentados en atesoramientos, que además pertenecen a cecas muy concretas como *Castulo*, *Obulco* e *Iliberri*, y a periodos muy determinados. El hecho de que contemos con pocos ejemplares de estas cecas ibéricas en tesorillos quizás esté en relación con que todas las piezas son acuñadas en bronce como consecuencia de una imposición por parte de Roma. Como sabemos, la casi totalidad de piezas descubiertas en atesoramientos corresponden a ejemplares en plata, mucho más valorados en este momento y, consecuentemente, con una mayor posibilidad de ser atesorados.

En cuanto al tema de la limitación a las ciudades de la *Ulterior* de acuñar en plata, pese a contar este territorio con ricas minas de este metal, podemos decir que el motivo que habría llevado a los romanos a establecer esta imposición estaría en que Roma habría concedido el monopolio de la explotación de las minas de plata a *societates* que pagarían al estado en este metal.

Como hemos dicho, estas ciudades ibéricas sólo acuñarán en bronce, lo que nos plantea la pregunta de a qué uso habrían ido destinadas estas monedas. En este sentido, creemos que las monedas de bronce habrían sido utilizadas para las transacciones de la vida cotidiana y para los intercambios comerciales con otras ciudades. En el caso de *Castulo*, sabemos que las monedas habrían sido usadas por los trabajadores asalariados de las minas cercanas para sus gastos comunes. Pese a estos apuntes, la función de la moneda en la antigüedad es un tema que aún plantea muchos problemas, aunque actualmente se tiende a pensar que la moneda de plata sería utilizada mayoritariamente para el pago de impuestos y a las tropas, mientras que la moneda de bronce, en la *Ulterior* suministrada mayoritariamente por cecas locales como las ibéricas, se utilizaría para los pequeños intercambios.

Por otra parte, la mayoría de valores documentados en los hallazgos corresponde a ases y semises, siendo muy pequeña la proporción de duplos o cuadrantes. También se ha constatado la presencia de algunas piezas de plomo, quizás en relación con la abundancia de minas de este metal en la zona en la que se localizan estas cecas, especialmente en *Castulo*.

Otro factor a tener en cuenta sería el periodo en que estas piezas fueron acuñadas. Pese a que las primeras emisiones se produjeron durante la Segunda Guerra Púnica, la mayoría de acuñaciones tuvieron lugar durante el s. II a. C., siendo ya escasos los ejemplares emitidos en el s. I a. C., sobre todo después del periodo de las guerras civiles entre cesarianos y pompeyanos, en que se comenzarían a cerrar todos los talleres.

En cuanto a la procedencia de las piezas, la mayoría de ellas ha sido documentada en un territorio más o menos próximo al lugar de emisión. En aquellas cecas con un mayor volumen de emisiones y circulación, como es el caso de *Castulo* u *Obulco*, las piezas tendrían una mayor dispersión, aunque, sin embargo, habrían circulado mayoritariamente dentro de los límites de la provincia

---

[441] *Cf.* I. D. RUIZ LÓPEZ (2010), pp. 1905-1942.

Ulterior. Así, podemos delimitar una zona en la que sería mayoritaria la presencia de monedas procedentes de cecas ibéricas meridionales, que correspondería principalmente a la parte suroriental de la península Ibérica, y a la que podríamos añadir determinadas cuencas mineras como las de Sierra Morena o Riotinto. Los principales poblados mineros de Sierra Morena en los que se han podido documentar un importante número de piezas ibéricas son El Centenillo en la provincia de Jaén, La Loba en la de Córdoba, y Diógenes, Valderrepisa y La Bienvenida en la de Ciudad Real. Además, también encontramos un importante número de piezas en el bajo valle del Guadalquivir, en los campamentos romanos de Cáceres, en la zona minera de Botija o en la costa sur de Portugal.

Por lo que respecta a las piezas ibéricas halladas fuera de la provincia *Ulterior*, destacan los ejemplares procedentes de la costa levantina y catalana, los hallados en Francia o el Norte de África y hasta cuatro piezas localizadas en Croacia, una de ellas procedente de un tesorillo y otra de unas excavaciones (ambas en zonas mineras).

Para finalizar, diremos que las monedas acuñadas por las cecas ibéricas meridionales de la *Ulterior* tuvieron una amplia circulación por este territorio, llegando incluso en algunos casos a lugares muy lejanos. Pese a que en la *Ulterior* circuló mayoritariamente el numerario romano, las ciudades ibéricas pusieron en funcionamiento algunos de los talleres hispanos del sur más importantes, pues cecas como las de *Castulo* u *Obulco* llegaron a emitir un volumen de piezas muy similar al de otras cecas de sur de *Hispania* como *Gadir* o *Carteia*, que abastecían a importantes núcleos comerciales. Concretamente, *Castulo* llegaría a abastecer amplias zonas dedicadas a la explotación de las minas, mientras que *Obulco* lo haría con grandes territorios dedicados a la explotación agropecuaria.

Como podemos ver, se trataría de cecas cuyo estudio se hace imprescindible para conocer más profundamente lo que supuso el proceso de emisión y circulación de moneda en el territorio de la provincia *Ulterior* durante el periodo romano-republicano.

5. Bibliografía

ABAD VARELA, M. (1995), "Nuevos hallazgos monetarios de superficie en *Cástulo*", *ETF. Serie II, Historia Antigua* 8, pp. 321-330.

ABAD VARELA, M. (2001), "La moneda y su circulación durante la antigüedad en Segovia", en HERNÁNDEZ GUERRA, L., SAGREDO SAN EUSTAQUIO, L. y SOLANA SAINZ, J. M. (eds.), *Actas del I Congreso Internacional de Historia Antigua. La península hace 2000 años (Valladolid, 2000)*, Valladolid, pp. 573-590.

ABASCAL, J. M. y ALBEROLA, A. (2007), *Monedas antiguas de los Museos de Elche. Publicaciones del Gabinete de Antigüedades de la Real Academia de la Historia. Bibliotheca Numismática Hispana* 5, Madrid.

ALFARO ASINS, C. (1985), "Monedas con indicación de procedencia recientemente integradas en la sección de numismática del MAN I", *Bol. MAN* 3, pp. 137-149.

ALFARO ASINS, C. (1988), *Las monedas de Gadir / Gades*, Madrid.

ALFARO ASINS, C. (1993), "La ceca de *Gadir* y las acuñaciones hispano-cartaginesas", en *Numismática Hispano-Púnica. Estado actual de la investigación. VII Jornadas de Arqueología Fenicio-Púnica (Ibiza, 1992)*, Ibiza, pp. 27-61.

ALFARO ASINS, C. (2000), "Nuevos datos sobre la ceca púnica de *Tagilit*, Tijola, (Almería)", en BARTHELEMY, M. y AUBET SEMMLER, Mª. E. (coords.), *Actas del IV CIEFP (Cádiz, 1995)*, Cádiz, vol. 1, pp. 433-437.

ALFARO ASINS, C., ARÉVALO GONZÁLEZ, A., CAMPO DIAZ, M., CHAVES TRISTÁN, F., DOMÍNGUEZ ARRANZ, A. y RIPOLLÈS ALEGRE, P. P. (1997), *Historia monetaria de Hispania antigua*, Madrid.

ALMAGRO GORBEA, Mª J. (1983), "Villaricos. Memorias de Excavaciones Arqueológicas de 1983", *Arqueología* 83, p. 14.

ALMAGRO GORBEA, Mª J. (1986a), "Excavaciones en la necrópolis púnica de Villaricos", en *Actas del Congreso Homenaje a Luis Siret (Cuevas del Almanzora, 1984)*, Sevilla, pp. 625-637.

ALMAGRO GORBEA, Mª. J. (1986b), "Un tesorillo de monedas ibéricas y púnicas de la Antigua *Baria*", *CPUG* 11, pp. 331-353.

ALMEIDA, F. DE (1964), *Ruinas de Miróbriga dos Célticos (Santiago do Cacém)*, Setúbal.

ALMENDRAL LUCAS, J. M. (2002), "Caminos antiguos entre *Cástulo* y Córdoba", *Revista de obras públicas* 3421, pp. 53-62.

ARÉVALO GONZÁLEZ, A. (1987), "Las monedas de *Obulco*", *RArq* 74, pp. 29-45.

ARÉVALO GONZÁLEZ, A. (1989a), "Las monedas bilingües de *Obulco*", *GN* 94-95, pp. 143-147.

ARÉVALO GONZÁLEZ, A. (1989b), "Los elementos diferenciadores de las primeras acuñaciones de *Obulco*", en *Actas del VII CNN (Madrid, 1989)*, Madrid, pp. 195-202.

ARÉVALO GONZÁLEZ, A. (1990), "Análisis de las reacuñaciones sobre *Obulco*", *CPAM* 17, pp. 307-314.

ARÉVALO GONZÁLEZ, A. (1993a), *Las monedas de Obulco*, Tesis Doctoral, Universidad Autónoma de Madrid (microfichas), Madrid.

ARÉVALO GONZÁLEZ, A. (1993b), "¿Marcas de valor o símbolos en las monedas de la *Ulterior*?", *Numisma* 232, pp. 47-59.

ARÉVALO GONZÁLEZ, A. (1995a), "La dispersión de las monedas de *Ilipa Magna*", en *Actas del IX CNN (Elche, 1994)*, Elche, pp. 39-48.

ARÉVALO GONZÁLEZ, A. (1995b), "Sobre la circulación monetaria de la ciudad de *Sisapo* (Almodóvar del Campo, Ciudad Real)", en GARCÍA-BELLIDO, M. P. y CENTENO, R. M. S. (eds.), *Actas del I EPNA. La moneda hispánica. Ciudad y territorio (Madrid, 1994)*, *Anejos AEA* XIV, Madrid, pp. 129-137.

ARÉVALO GONZÁLEZ, A. (1996), "La circulación monetaria en las minas de Sierra Morena: el distrito de Córdoba", *Numisma* 237, pp. 51-82.

ARÉVALO GONZÁLEZ, A. (1999), *La ciudad de Obulco: sus emisiones monetales*, Sigüenza.

ARÉVALO GONZÁLEZ, A. (2005), *Sylloge Nummorum Graecorum. Volumen 2. Hispania. Ciudades del área meridional. Acuñaciones con escritura indígena*, Museo Arqueológico Nacional, Madrid.

ARROYO ILERA, R. (1984), *Numario de la Universidad de Valencia*, Valencia.

ARTEAGA, O. (1986-1989), "El municipio pontificiense de *Obulco*. Nuevos datos arqueológicos para su estudio", *Empúries* 48-50, pp. 36-45.

ARTEAGA, O. (1987), "Excavaciones arqueológicas sistemáticas en el Cerro de Los Alcores (Porcuna, Jaén). Informe preliminar sobre la campaña de 1985", *AAA* 1985, Sevilla, vol. II, pp. 279-288.

ARTEAGA, O., NOCETE, F., RAMOS, J., RECUERDA, A. y ROOS, A. Mª. (1987), "Excavaciones sistemáticas en el Cerro de El Albalate (Porcuna, Jaén)", *AAA* 1986, Sevilla, vol. II, pp. 395-400.

ARTEAGA, O., RAMOS, J., NOCETE, F., ROOS, A. Mª. y BURGOS, A. (1990), "La ciudad ibero-romana de *Obulco*. Aproximación al estudio comparado de los contextos arqueológicos de su territorio", *AAA* 1988, Sevilla, vol. II, pp. 238-243.

ARTEAGA, O., RAMOS, J., NOCETE, F., ROOS, A. Mª. y LIZCANO, R. (1991), "Reconstrucción del proceso histórico en el territorio de la ciudad ibero-romana de *Obulco* (Porcuna, Jaén)", *AAA* 1989, Sevilla, vol. II, pp. 260-268.

ARTEAGA, O., RAMOS, J. y ROOS, A. Mª. (1992a), "Acerca del trazado urbano y la ordenación catastral de la *"civitas" obulconense* (Porcuna, Jaén). Campaña de 1989", *AAA* 1990, Sevilla, vol. II, pp. 225-229.

ARTEAGA, O., RAMOS, J. y ROOS, A. Mª. (1992b), "El abandono de un sector urbano en *Obulco* en época Flavia", *AAA* 1990, Sevilla, vol. II, pp. 310-317.

ARTEGA, O. y BLECH, M. (1987), "La romanización en las zonas de Porcuna y Mengíbar (Jaén)", en *Los asentamientos ibéricos ante la romanización*, pp. 86-99.

BALIL, A. (1974), "Moneda hispánica en la zona Rhin-Danubio", *Conimbriga* 13, pp. 63-74.

BARRANTES LÓPEZ, C. y PANIAGUA BERROCAL, S. (1987), "Monedas de Jinete ibérico en el Museo Arqueológico Provincial de Cáceres", *GN* 86-87, pp. 107-120.

BELTRÁN LLORIS, M. (1973-1974), "Problemas de la arqueología cacereña. El campamento romano de Cáceres el Viejo (Cáceres): estudio numismático", *Numisma* 120-131, pp. 255-310.

BELTRÁN LLORIS, M. (1976), *Arqueología e historia de las ciudades antiguas del Cabezo de Alcalá de Azaila (Teruel)*, Zaragoza.

BELTRÁN LLORIS, M. (1978), "La cronología de los tesoros monetarios de Azaila", *Numisma*, 150-155, pp. 93-125.

BELTRÁN LLORIS, M. (1988), *Museo de Zaragoza, Secciones de Arqueología y Bellas Artes*, Zaragoza.

BELTRÁN, P. (1945), "La cronología del poblado ibérico del Cabezo de Alcalá (Azaila), según las monedas allí aparecidas", *BASE* II, pp. 135-179.

BERNIER LUQUE, J., SÁNCHEZ ROMERO, C., JIMÉNEZ URBANO, J. y SÁNCHEZ ROMERO, A. (1981), *Nuevos yacimientos arqueológicos en Córdoba y en Jaén*, Córdoba.

BERROCAL RANGEL, L. (1988a), *Excavaciones en Capote (Baeturia Céltica). I*, Fregenal de la Sierra.

BERROCAL RANGEL, L. (1988b), *La Edad del hierro en la cuenca de Ardila*, Memoria de Licenciatura inédita, Madrid.

BERROCAL RANGEL, L. (1991), "Avance al estudio del depósito votivo alto-imperial del Castrejón de Capote (Higuera la Real, Badajoz)", *EA* II, pp. 331-345.

BERROCAL RANGEL, L. y CANTO GARCÍA, A. (1990), "Aproximación al estudio de la numismática prerromana del suroeste peninsular: el ejemplo del Castro Capote", *GN* 97-98, pp. 67-77.

BLANCO FREJEIRO, A. (1987a), "Las escultura de Porcuna I. Estatuas de guerreros", *BRAH* 184 (3), pp. 405-445.

BLANCO FREJEIRO, A. (1987b), "Las escultura de Porcuna II. Hierofantes y cazadores", *BRAH* 185 (1), pp. 1-27.

BLANCO GARCÍA, J. F. (1986), *Coca arqueológica*, Madrid.

BLANCO GARCÍA, J. F. (1987a), "Moneda celtibérica y cronología en Cauca (Coca)", *GN* 86-87, pp. 99-102.

BLANCO GARCÍA, J. F. (1987b), *Moneda y circulación monetaria en Coca (s. II a. C- V d. C.)*, Segovia.

BLANCO GARCÍA, J. F. (1990), "Nuevas aportaciones a la circulación monetaria ibérica de Coca (Segovia)", *GN* 97-98, pp. 13-17.

BLANCO JIMÉNEZ, F. J. (1987), "Estudio numismático de la necrópolis romana de Cádiz", *AAA* 1986; Sevilla, vol. II, pp. 531-539.

BLÁZQUEZ CERRATO, C. (1989-1990), "Hallazgos numismáticos en Extremadura", *Anas* 2-3, pp. 211-228.

BLÁZQUEZ CERRATO, C. (1992), *La dispersión de las monedas de Avgvsta Emerita*, Cuadernos Emeritenses 5, Mérida.

BLÁZQUEZ CERRATO, C. (1995), "Sobre las cecas celtibéricas de *tamusia* y *sekaisa* y su relación con Extremadura", *AEA* 68, pp. 243-258.

BLÁZQUEZ CERRATO, C. (2002), *Circulación monetaria en el área occidental de la península Ibérica. La moneda en torno al "Camino de la Plata"*, Montagnac.

BLÁZQUEZ MARTÍNEZ, J. M. (1975), "*Castulo* I", *AAH* VIII, Madrid.

BLÁZQUEZ MARTÍNEZ, J. M. (1979), "*Castulo* II", *EAE* 105, Madrid.

BLÁZQUEZ MARTÍNEZ, J. M. (1985), "The phokaian sculpture of *Obulco* in Southern Spain", *American Journal of Archaeology* 89, pp. 61-69.

BLÁZQUEZ MARTÍNEZ, J. M. y ARCE MARTÍNEZ, J. (1978), "Monedas del Bajo Imperio en *Castulo*", *Numisma* 28, pp. 359-397.

BLÁZQUEZ MARTÍNEZ, J. M., CONTRERAS DE LA PAZ, R. y URRUELA QUESADA, J. J. (1984), "*Castulo* IV", *EAE* 131, Madrid.

BLÁZQUEZ MARTÍNEZ, J. M. y GARCÍA-GELABERT PÉREZ, M. P. (1987), "El iberismo en la ciudad de *Castulo*", en *Los asentamientos ibéricos ante la romanización (Madrid, 1986)*, Madrid, pp. 43-54.

BLÁZQUEZ MARTÍNEZ, J. M. y GARCÍA-GELABERT PÉREZ, M. P. (1992), "Secuencia histórica de *Castulo* (Linares, Jaén)", en *Estudio de arqueológica ibérica y romana. Homenaje a Enrique Pla Ballester*, Valencia, pp. 391-396.

BLÁZQUEZ MARTÍNEZ, J. M. y GARCÍA-GELABERT PÉREZ, M. P. (1993), "*Castulo* en Bajo Imperio", en *Actas del I Coloquio de Historia Antigua de Andalucía (Córdoba, 1988)*, Córdoba, vol. II, pp. 289-304.

BLÁZQUEZ MARTÍNEZ, J. M. y GARCÍA-GELABERT PÉREZ, M. P. (1994a), *Cástulo, ciudad ibero-romana*, Madrid.

BLÁZQUEZ MARTÍNEZ, J. M. y GARCÍA-GELABERT PÉREZ, M. P. (1994b), "La importancia de *Castulo* (Linares) en la Alta Andalucía", en *Actas del II Congreso de Historia de Andalucía. Historia Antigua (Córdoba, 1991)*, Córdoba, pp. 331-343.

BLÁZQUEZ MARTÍNEZ, J. M. y GARCÍA-GELABERT PÉREZ, M. P. (1999), *Cástulo (Jaén, España). II. El conjunto arquitectónico del Olivar*, BAR International Series 789, Oxford.

BLÁZQUEZ MARTÍNEZ, J. M., GARCÍA-GELABERT PÉREZ, M. P. y ARENAS, J (1987), "La Edad de Bronce en *Castulo*, Linares. Resultado de una prospección", *TP* 44, pp. 289-302.

BLÁZQUEZ MARTÍNEZ, J. M., GARCÍA-GELABERT PÉREZ, M. P. y LÓPEZ PARDO, F. (1984), "Evolución del patrón de asentamiento de *Castulo*. Fases iniciales", *Arqueología Espacial* 4, pp. 241-252.

BLÁZQUEZ MARTÍNEZ, J. M., GARCÍA-GELABERT PÉREZ, M. P. y LÓPEZ PARDO, F. (1985), "*Castulo* V", *EAE* 140, Madrid.

BLÁZQUEZ MARTÍNEZ, J. M. y VALIENTE MAYAS, S. (1981), "*Castulo* III", *EAE* 117, Madrid.

BOST, J. P., CHAVES, F., DEPEYROT, G., HIERNARD, J. y RICHARD, J. C. (1987), *Belo IV. Les Monnaies*, Madrid.

BURILLO MOZOTA, F. y OSTALÉ, M. (1983-1984), "Sobre la situación de las ciudades celtibéricas de *Bilbilis* y *Segeda*", *Kalathos* 3-4, pp. 287-309.

5. BIBLIOGRAFÍA

CABRÉ, J. (1921), "Dos tesoros de monedas de bronce, autónomas, de la acrópolis ibérica de *Azaila* (Teruel)", *MNE* II, pp. 25-33.

CABRÉ, J. y CALVO, I. (1918), "Excavación en la cueva y Collado de los Jardines Santa Elena (Jaén). Memoria de los trabajos realizados en el año 1917", *MJSEA* 22, Madrid.

CALLEJO SERRANO, C. (1957), *La colección monetaria del Museo de Cáceres*, Cáceres.

CAMPO, M. (1976), *Las monedas de Ebusus*, Barcelona.

CANTO GARCÍA, A. (1985), "Hallazgos numismáticos en Alarcos (Ciudad Real)", en *Actas del I CAME*, Huesca, Tomo V, pp. 209-218.

CASARIEGO, A., CORES, G. y PLIEGO, F. (1987), *Catálogo de plomos monetiformes de la Hispania antigua*, Madrid.

CASTILLO NAVARRO, L. A. DEL (1995), "La tésera y las monedas ibéricas, hispanorromanas y romanas del Museo de Gibraltar", *Almoraima* 13, pp. 131-136.

CASTILLO NAVARRO, L. A. DEL (1999), "Monedas ibéricas, hispanorromanas y romanas de la colección numismática del Museo Municipal de Algeciras", *Almoraima* 21, pp. 57-68.

CENTENO, R. M. S. (1987), *Circulação monetária no Noroeste de Hispânia até 192*, Oporto.

CHAPA, T. y PEREIRA, J. (1991), "Los Castellones de Ceal (Hinojares, Jaén). Informe de la campaña de 1989", *AAA* 1989, Sevilla, vol. II, pp. 165-170.

CHAVES TRISTÁN, F. (1979), "Avance sobre la circulación monetaria en *Itálica*", en I *SNB*, Barcelona, vol. II, pp. 77-86.

CHAVES TRISTÁN, F. (1982), "Monedas halladas en las excavaciones de *Carteia*, Carteia I", *EAE* 120, pp. 287-309.

CHAVES TRISTÁN, F. (1986), "Hallazgo de monedas en Riotinto (Huelva)", en *Homenaje al profesor Antonio Beltrán*, Zaragoza, pp. 863-872.

CHAVES TRISTÁN, F. (1987-1988), "Aspectos de la circulación monetaria de dos cuencas mineras andaluzas: Riotinto y *Cástulo* (Sierra Morena)", *Habis* 18-19, pp. 613-637.

CHAVES TRISTÁN, F. (1989), "La ceca de *Urso*: nuevos testimonios", en GONZÁLEZ, J. (ed.), *Estudios sobre Urso Colonia Iulia Genetiva*, Sevilla, pp. 113-132.

CHAVES TRISTÁN, F. (1991-1993), "Consideraciones sobre los tesorillos de moneda de bronce en *Hispania*. República e inicios del Imperio Romano. II", *AN* 21-23, pp. 267-284.

CHAVES TRISTÁN, F. (1994a), "Tesaurizaciones de monedas de bronce en la península Ibérica. La República y el inicio del Imperio: nuevos datos. I", en SAÉZ, P. y ORDÓÑEZ, S. (eds.), *Homenaje al profesor Presedo*, Sevilla, pp. 375-389.

CHAVES TRISTÁN, F. (1994b), *La colección numismática de la Universidad de Sevilla*, Sevilla.

CHAVES TRISTÁN, F. (1996), *Los Tesoros en el Sur de Hispania. Conjuntos de denarios y objetos de plata durante los siglos II y I a. C.*, Sevilla.

CHAVES TRISTÁN, F. (2006), "Un hallazgo de monedas de *Corduba* en Extremadura", *Numisma* 250, pp. 363-392.

CHAVES TRISTÁN, F. y GARCÍA VARGAS, E. (1991), "Reflexiones en torno al área comercial de *Gades*: estudio numismático y económico", en *Alimenta. Estudio en Homenaje al Dr. Michel Ponsich, Gerión, Anejos III*, pp. 139-168.

CHAVES TRISTÁN, F., GARCÍA VARGAS, E. y FERRER ALBELDA, E. (2000), "Sertorio: de África a *Hispania*", en *Atti del XIII Convengo Internazionale "L'Africa Romana" (Djerba, 1998)*, Roa, pp. 1463-1486.

CHAVES TRISTÁN, F. y GARCÍA-BELLIDO, M. P. (1980), "Tesorillo de bronces del s. II a. C. hallado en el término de Écija", en *II SNB*, Barcelona, pp. 171-174.

CHAVES TRISTÁN, F. y OTERO MORÁN, P. (2002), "Los hallazgos monetales", en BLÁZQUEZ MARTÍNEZ, J. M., DOMERGUE, C. y SILLIÈRES, P. (dirs.), *La Loba (Fuenteobejuna, province de Cordoue, Espagne): la mine et le village minier anticues*, Bordeaux, pp. 163-230.

COLLANTES PÉREZ-ARDÁ, E. (1978), "Hallazgo de denarios romanos de *Cástulo* (Jaén)", *Numisma* 150-155, pp. 19-24.

COLLANTES PÉREZ-ARDA, E. (1979), "La circulación monetaria en *Hispania*, en el período romano-republicano", en I *SNB*, Barcelona, vol. II, pp. 163-169.

COLLANTES VIDAL, E. (1972), "Anotaciones sobre la moneda de *Abra*", *AN* 2, pp. 139-147.

COLLANTES VIDAL, E. (1979), "Una muestra de la circulación monetaria en la zona de *Osca*", en I *SNB*, Barcelona, vol. I, pp. 117-124.

CONTRERAS DE LA PAZ, R. (1999), *Historia biográfica de la antigua Cástulo. Familias y personajes. Entorno histórico, político, administrativo, militar, familiar, lingüístico, religioso, social, económico y cultural*, Córdoba.

CORREA, J. A. (1982), "Singularidad del letrero indígena de las monedas de *Salacia*", *Numisma* 177-179, pp. 69-74.

CORREA, J. A. (1983), "Ibérico: *CAST(I)LO, IBOLC(A)*. Latín: *CASTULO, OBULCO*", *Habis* 14, pp. 107-113.

CORZO PÉREZ, S., PINEDA DE LAS INFANTAS BEATO, G., DORADO CANTERO, R., VILA OBLITAS, M. y PUERTO FERNÁNDEZ, J. L. (2006), "Circulación monetaria en la *pars rustica* del yacimiento arqueológico de "Los Molinillos" Benalmádena-Costa (Málaga)", en *Actas del XII CNN (Madrid-Segovia, 2004)*, Madrid, pp. 341-358.

CORZO SÁNCHEZ, J. R. (1995), "Comunicaciones y áreas de influencia de las cecas de la *Hispania Ulterior*", en GARCÍA-BELLIDO, M. P. y CENTENO, R. M. S. (eds.), *Actas del I EPNA. La moneda hispánica. Ciudad y territorio (Madrid, 1994), Anejos AEA* XIV, Madrid, pp. 81-90.

CRAWFORD, M. H. (1969), *Roman Republican Coin Hoards*, London.

CRAWFORD, M. H. (1978), "Trade and Movement of coinage across the Adriatic in the Hellenistic period", en CARSON, R. y KRAAY, M. (ed.), *Scripta Nummaria Romano presented to H. Sutherland*, Londres, pp. 1-11.

DATZIRA I SOLER, S. (1980), "La moneda ibèrica i hispano-romana del Museu Comarcal de Manresa", en *II SNB*, Barcelona, pp. 183-197.

DELGADO, A. (1871, 1873 y 1876), *Nuevo método de clasificación de las medallas autónomas de España*, Sevilla, 3 vols.

DOMERGUE, C. (1967), "La mine antique de Diógenes (province de Ciudad Real)", *MCV* 3, pp. 29-81.

DOMERGUE, C. (1971), "El Cerro del Plomo, mina "El Centenillo", Jaén", *NAE* 16, pp. 267-363.

DOMERGUE, C. (1987), *Catalogue des mines et des fonderies antiques de la Péninsule Ibérique*, Madrid, 2 vols.

DOMÍNGUEZ ARRANZ, A. (1991), *Medallas de la antigüedad. Las acuñaciones ibéricas y romanas de Osca*, Huesca.

DOMÍNGUEZ ARRANZ, A. y GALINDO, Mª. P. (1984), "Hallazgos numismáticos en el término de Calatayud", *GN* 74-75, pp. 63-103.

DOMÍNGUEZ DE LA CONCHA, M. C. y GARCÍA BLANCO, J. (1991), "La Tabla de las Cañas (Capilla, Badajoz). Apuntes preliminares", *EA* II, pp. 235-245.

DONAT ZOPO, J. (1959), "La Cova dels Estudiants (Náquera, Valencia)", *APL* 8, pp. 203-211.

EGUARAS IBÁNEZ, J. (1950-1951), "Noticias del Museo Arqueológico de Granada", *MMAP* 11-12, p. 185.

ENCARNAÇAO, J. DE (1984), *Inscriçôes romanas do Coventus Pacensis*, Coimbra.

ESCORTELL PONSODA, M. (1971), "Acuñaciones autónomas de España Romana en el Museo Arqueológico Provincial", *Archivum* 21, pp. 13-45.

ESCRIG NÚÑEZ, E. (1966), "Numismática saguntina", *Arse* 8, pp. 11-12.

ESTEVE GUERRERO, M. (1945), "*Excavaciones de Asta Regia (Mesas de Asta, Jerez). Campaña de 1942-1943*", *AAH* III, Madrid.

ESTEVE GUERRERO, M. (1950), "*Excavaciones de Asta Regia (Mesas de Asta, Jerez), Campaña de 1945-46*", *Inf. y M.* 22, Madrid.

ESTEVE GUERRERO, M. (1972), "Excavaciones de *Asta Regia* (Mesas de Asta, Jerez). Campaña de 1949-1950 y de 1955-56", *CEHJ* 19, Jerez de la Frontera.

FARIA, A. M. (1984-1985), "As moedas do acampamento romano da Lomba do Canho", *Nummus*, 2ª serie, nº 7-8, pp. 37-42.

FARIA, A. M. DE (1989), "A numária de *CANTNIPO*", *Conimbriga* 28, pp. 71-99.

FARIA, A. M. DE (1994), "Nomes de magistrados em moedas hispanicas", *Portugalia* 15, pp. 33-60.

FARIA, A. M. DE (1995), "Moedas de época romana cuhnadas em territorio actualmente portugues", en GARCÍA-BELLIDO, M. P. y CENTENO, R. M. S. (eds.), *Actas del I EPNA. La moneda hispánica. Ciudad y territorio (Madrid, 1994)*, Anejos *AEA* XIV, Madrid, pp. 143-154.

FARIA, A. M. DE (1996), "Nomes de magistrados en moedas hispanicas. Correcçoes e aditamentos", *Conimbriga* 35, pp. 147-187.

FARINHA DOS SANTOS, M. y MARQUES, G. (1977), "Moedas com inscripções punicas de quatro oficinas hispoanicas do litoral, pertenecentes a colecçao do Museu de Evora (Portugal)", en *Crónica del XIV CNA (Vitoria, 1975)*, Zaragoza, pp. 795-810.

FERNÁNDEZ ALLER, M. C. (1978), *Epigrafía y Numismática Romanas en el Museo Arqueológico de Léon*, León.

FERNÁNDEZ DE AVILÉS, A. (1942), "El poblado minero ibero-romano del Cabezo Agudo, en La Unión", *AEA* 47, pp. 136-152.

FERNÁNDEZ LÓPEZ, M. (1904), *Excavaciones en Itálica*, Sevilla.

FERNÁNDEZ RODRÍGUEZ, M. y GARCÍA BUENO, C. (1993), "La minería romana de época republicana en Sierra Morena: el poblado de Valderrepisa (Fuencaliente, Ciudad Real)", *MCV* 29.1, pp. 25-50 (Apéndice. Monedas halladas en el yacimiento de Valderrepisa (Fuencaliente, Ciudad Real), por C. MARCOS ALONSO, pp. 42-50).

FERNÁNDEZ RODRÍGUEZ, M. y LÓPEZ FERNÁNDEZ, F. J. (1988), "Monedas ibéricas procedentes de los Fondos del Museo de Ciudad Real", *GN* 88, pp. 23-32.

FERNÁNDEZ-CHICARRO, C. (1955a), "Noticiario arqueológico de Andalucía", *AEA* 91, pp. 150-159.

FERNÁNDEZ-CHICARRO, C. (1955b), "Prospección arqueológica en los términos de Hinojares y La Guardia (Jaén)", *BIEG* 6, pp. 89-99.

FERNÁNDEZ-CHICARRO, C. y OLIVELLA, A. (1964), "Recientes ingresos numismáticos en el Museo Arqueológico de Sevilla", en *Estudios de numismática romana*, Barcelona, pp. 29-31.

FERREIRO LÓPEZ, M. (1981-1982), "Monedas aparecidas en Asta Regia", *Bol. MusCád* 3, pp. 61-67.

FERRER PALMA, J. E., RODRÍGUEZ OLIVA, P. (1978), "Hallazgos monetarios en la Peñas de los Gitanos (Montefrío, Granada)", *CPUG* 3, pp. 327-342.

FORNELL MUÑOZ, A. (1996), "Las vías romanas entre Castulo y *Acci*", *FlorIlib* 7, pp. 125-140.

FORTEA, J. y BERNIER, J. (1970), *Recintos y fortificaciones ibéricas en la Bética*, Salamanca.

FUENTES VÁZQUEZ, T. (1997), "Algunas consideraciones sobre la cronología de las monedas de *Iliberri* (Granada)", *Numisma* 240, pp. 7-22.

FUENTES VÁZQUEZ, T. (2002), *La ceca ibero-romana de Iliberri, Granada*, Granada.

GAILLARD, J. (1854), *Catalogue des monnaies antiques et du moyen age recuillies en Espagne, dans les iles Balears et en Portugal de 1850 a 1854*, París.

GALSTERER, H. (1971), *Untersuchungen zum römischen Städtewesen auf der Iberischen Halbinsel*, Berlín.

GARCÍA ALÉN, A. (1952-1953), "La moneda hispánica en el Museo de Pontevedra", *Museo de Pontevedra* 7, pp. 99-140.

GARCÍA GARRIDO, M. (1984), "Nuevas aportaciones al estudio de las monedas de *Abra*", *AN* 14, pp. 79-89.

GARCÍA JIMÉNEZ, S. (1989), "Las monedas del jinete ibérico aparecidas en la provincia de Cáceres", *GN* 94-95, pp. 139-142.

GARCÍA Y BELLIDO, A. (1957a), "Hallazgos en la Ría de Huelva", *AEA* 30, pp. 116-117.

GARCÍA Y BELLIDO, A. (1957b), "Notas sobre hallazgos numismáticos", *AEA* 30, pp. 114-116.

GARCÍA Y BELLIDO, A. (1985), *Andalucía Monumental, Itálica*, Granada.

5. BIBLIOGRAFÍA

GARCÍA-BELLIDO, M. P. (1976), "Las series más antiguas de *Cástulo*", *Numisma* 128-143, pp. 97-110.

GARCÍA-BELLIDO, M. P. (1980), "A propósito de una moneda minera aparecida en Sierra Morena", en *II SNB*, Barcelona, pp. 199-202.

GARCÍA-BELLIDO, M. P. (1982), *Las monedas de Cástulo con escritura indígena. Historia numismática de una ciudad minera*, Barcelona.

GARCÍA-BELLIDO, M. P. (1986), "Nuevos documentos sobre minería y agricultura romanas en *Hispania*: testimonios monetales", *AEA* 59, pp. 13-46.

GARCÍA-BELLIDO, M. P. (1991), "Las religiones orientales en la península Ibérica: documentos numismáticos I", *AEA* 64, pp. 37-81.

GARCÍA-BELLIDO, M. P. (1993), "Sobre las dos supuestas ciudades de la Bética llamadas *Arsa*. Testimonios púnicos en la *Baeturia* Túrdula", *Anas* 4-5, pp. 81-92.

GARCÍA-BELLIDO, M. P. y BLÁZQUEZ CERRATO, C. (1995), "Formas y usos de las magistraturas en las monedas hispánicas", en GARCÍA-BELLIDO, M. P. y CENTENO, R. M. S. (eds.), *Actas del I EPNA. La moneda hispánica. Ciudad y territorio (Madrid, 1994)*, *Anejos AEA* XIV, Madrid, pp. 381-428.

GARCÍA-BELLIDO, M. P. y BLÁZQUEZ CERRATO, C. (2001), *Diccionario de cecas y pueblos hispánicos. Vol. I. Introducción a la numismática antigua de la península Ibérica. Vol. II. Catálogo de cecas y pueblos que acuñan moneda*, Madrid.

GARCÍA-GELABERT PÉREZ, M. P. (1987), "Evolución socio-política de *Cástulo*: sociedad en jefatura", *Lucentum* 6, pp. 29-42.

GARCÍA-GELABERT PÉREZ, M. P. (1991), "El yacimiento arqueológico de *Castulo*", *Antigüedad y cristianismo* 8, pp. 289-304.

GIL FARRÉS, O. (1966), *La moneda hispánica en la Edad Antigua*, Madrid.

GIL FERNÁNDEZ, R. (1996), "Estudio de un grupo de monedas procedente de los yacimientos romanos de Los Paseillos, La Herradora, Las Campiñuelas y Los Torilejos", *ETF. Serie II, HA* 9, pp. 333-404.

GIL FERNÁNDEZ, R. (1997), "Estudio de un grupo de monedas hallado en el yacimiento romano de la Isla de la Moza, Monturque (Córdoba)", *FlorIlib* 8, pp. 587-678.

GIL FERNÁNDEZ, R. (2001), *Monturque en época romana a través de sus monedas*, Córdoba.

GÓMEZ-MORENO GONZÁLEZ, M. (1888), *Medina Elvira*, Granada.

GÓMEZ-MORENO GONZÁLEZ, M. (1902), *Arqueología granadina, "El defensor de Granada", viernes 28 de noviembre*, Granada.

GÓMEZ MORENO, M. (1889), *Monumentos romanos y visigóticos de Granada*, Granada.

GÓMEZ MORENO, M. (1907a), *Granada y su provincia. Monumentos arquitectónicos de España*, Madrid.

GÓMEZ MORENO, M. (1907b), "El municipio *Ilurconense*", *BRAH* 50 (3), pp. 182-195.

GÓMEZ MORENO, M. (1925), *Catálogo Monumental de León*, Madrid.

GÓMEZ MORENO, M. (1949), *Misceláneas. Historia. Arte. Arqueología I*, Madrid.

GÓMEZ VILLAFRANCA, R. (1910), *Catálogo del Gabinete Numismático del Seminario Conciliar de San Antón*, Badajoz.

GOMIS JUSTO, M. (1993), "El Monetario del Museo de Nules: contribución al estudio de la circulación monetaria en la zona", *GN* 111, pp. 55-66.

GONZÁLEZ NAVARRETE, J., ARTEAGA, O. y UNGHETTI, C. (1980), "La necrópolis del "Cerrillo Blanco" y el poblado de "Los Alcores" (Porcuna, Jaén)", *NAH* 10, pp. 183-217.

GONZÁLEZ ROMÁN, C. (1983), *Cástulo y la romanización de la Oretania*, Linares.

GONZÁLEZ ROMÁN, C. (1991), *Corpus de Inscripciones Latinas de Andalucía. Vol. III. Jaén (2 tomos)*, Sevilla.

GONZÁLEZ ROMÁN, C. y MORALES RODRÍGUEZ, E. M. (2008), "El *ager* del *municipium Florentinum Iliberritanum* (Granada)", en MANGAS, J. y NOVILLO, M. A. (eds.), *El territorio de las ciudades romanas (Madrid, 2007)*, Madrid, pp. 249-278.

GOZALBES CRAVIOTO, C. (1990), "Notas sobre dispersión de hallazgos de monedas libio-fenicias en Málaga", *Cuadernos del Archivo Municipal de Ceuta* III, nº 6-7, pp. 7-17.

GOZALBES CRAVIOTO, E. (1987), *Economía de la Mauritania Tingitana (siglos I a. de C.- II de C.)*, Tesis Doctoral, Universidad de Granada (microfichas).

GOZALBES CRAVIOTO, E. (1991), *La ciudad antigua de Rusadir, aportaciones a la historia de Melilla en la antigüedad*, Melilla.

GOZALBES CRAVIOTO, E. (1994), "Moneda y proyección económica: la difusión de las monedas de cecas hispano-romanas en el norte de África", *Numisma* 234, pp. 47-59.

GOZALBES CRAVIOTO, E. (2005), "Las excavaciones arqueológicas de 1921-1922 en *Tamuda* (Tetuán, Marruecos)", *Cuadernos del Archivo Central de Ceuta* 14, pp. 325-342.

GOZALBES FERNÁNDEZ DE PALENCIA, M. (1997), "Los hallazgos numismáticos de una necrópolis de *Valentia* (C/Virgen de la Misericordia)", *AAC* 8, pp. 197-212.

GUADÁN, A. M. DE (1980), *La moneda ibérica: catálogo de numismática ibérica e ibero-romana*, Madrid.

GURT ESPARRAGUERA, J. M. (1977), "Circulación monetaria en *Rhode* (Rosas) durante el Imperio Romano", *AN* 7, pp. 103-114.

GURT ESPARRAGUERA, J. M. (1979), "La circulación monetaria en *Rhode* (Rosas) durante el Imperio Romano a través de dos colecciones particulares", en I *SNB*, Barcelona, vol. I, pp. 39-44.

GURT ESPARRAGUERA, J. M. (1985), "*Clunia* III. Hallazgos monetarios. La romanización de la Meseta norte a través de la circulación monetaria en la ciudad de *Clunia*", *EAE* 145, Madrid.

HAEBERLIN, E. J. (1929), "Die Münzen", en SCHULTEN, S., *Numantia IV: die Lager bei Renieblas*, München, pp. 235-283.

HEISS, A. (1870), *Description générale des monnaies antiques de l'Espagne*, París.

HEREDIA ESPINOSA, M. (1962), "Las monedas de *Obulco*", *Boletín de la Real Academia de Córdoba* XXXIII, nº 83, pp. 173-203.

HILDEBRANT, H. J. (1984), "Die Münzen aus Cáceres el Viejo", en G. ÜLBERT, *Cáceres el Viejo. Ein Spätrepublikanischen Legionslager in Spanisch-Extremadura*, Mainz, pp. 257-297.

HOZ, J. DE (1980), "Crónica de lingüística y epigrafía prerromanas de la península Ibérica: 1979", *Zephyrus* XXX-XXXI, pp. 299-323.

HOZ, J. DE (1989), "El desarrollo de la escritura y las lenguas en la zona meridional", en AUBET, Mª. E. (ed.), *Tartessos*, Barcelona, pp. 523-587.

HÜBNER, E. (1869), *Corpus Inscriptionum Latinarum. II. Inscriptiones Hispaniae Latinae*, Berlín.

IBARRA MANZONI, A. (1879), *Ilici, su situación y antigüedades*, Alicante.

JENKINS, G. K. (1965), "Problems of the Celtiberian Coinage", en *Atti del IV Congresso Internazionale di Numismatica (Roma, 1961)*, Roma, vol. II, pp. 219-224.

JIMÉNEZ ÁVILA, F. J. (1990), *Estudio numismático del poblado de Hornachuelos (Ribera del Fresno, Badajoz)*, Series de Arqueología Extremeña nº 4, Cáceres.

JORDÁ CERDÁ, F. (1952), "El poblado ibérico de "La Balaguera" (Puebla Tornesa, Castellón). Resultado De la primera campaña de excavaciones de 1950", *Boletín de la Sociedad Castellonense de Cultura* XXVIII, II, pp. 267 - 296.

JORDÁ CERDÁ, F. (1955), "Los restos ibéricos de "La Balaguera" (Puebla Tornesa, Castellón)", *AEA* 28, pp. 107-111.

JORDÁ CERDÁ, F. (1962), "*Lancia*", *EAE* 1, Madrid.

JÚDICE GAMITO, T. (1981), "A propósito do Castro de Segovia (Elvas). Resistencia a Roma no Sudoeste peninsular", *Historia* 29, pp. 33-43.

KNAPP, R. C. (1977a), "The Date and Purpose of the Iberian Denarii", *NC* 132, pp. 1-18.

KNAPP, R. C. (1977b), *Aspects of the Roman experience in Iberia, 206-100 B.C.*, Vitoria.

KNAPP, R. C. (1979), "Celtiberian conflict with Rome: Policy and Coinage", en *Actas del II Coloquio sobre lenguas y culturas prerromanas de la península Ibérica (Salamanca, 1976)*, Salamanca, pp. 465-472.

KNAPP, R.C. (1987), "Spain", en BURNETT, A. M. y CRAWFORD, M. H. (eds.), *The Coinage of the Roman World in the Late Republic*, Oxford, pp. 19-42.

LEAL LINARES, P. (1995), *Obulco*, Écija.

LEITE DE VASCONCELLOS, J. (1895), *O Arqueólogo Português* 1, pp. 18-19 y 80-84.

LEITE DE VASCONCELLOS, J. (1899-1900), *O Arqueólogo Português* 5, pp. 232-233.

LEITE DE VASCONCELLOS, J. (1908), *O Arqueólogo Português* 12, pp. 37-38.

LEITE DE VASCONCELLOS, J. (1917), "Coisas Velhas", *O Arqueólogo Português* 22, pp. 107-169.

LLATAS BURGOS, V. (1957), "Carta Arqueológica de Villar del Arzobispo y su comarca", *APL* 6, pp. 153-186.

LLOBREGAT CONESA, E. A. (1968), "Una aproximación a la circulación monetaria de la costa alicantina antes del cambio de Era", en *Comunicaciones a la I Reunión de Historia de la Economía Antigua de la península Ibérica*, Valencia, pp. 91-106.

LLOBREGAT CONESA, E. A. (1972), *Contestania Ibérica*, Alicante.

LLOBREGAT CONESA, E. A. (1973-1974), "Recientes hallazgos de monedas de la Edad Antigua en Alicante", *Numisma* 120-131, pp. 91-104.

LÓPEZ MELERO, R., SANCHEZ ABAL, J. L. y GARCÍA JIMÉNEZ, S. (1984), "El bronce de Alcántara. Una *deditio* del 104 a. C.", *Gerión* 2, pp. 265-323.

LÓPEZ PAYER, M., SORIA LERMA, M. y PEÑA JIMÉNEZ, J. (1983), *La minería hispano-romana en el término municipal de Baños de la Encina (Jaén)*, La Carolina (Jaén).

LOSTAL PROS, J. (1992), *Los miliarios de la provincia Tarraconense (Conventos tarraconense, cesaraugustano, cluniense y cartaginense)*, Zaragoza.

MALUQUER DE MOTES, J. (1959), "Una colección numismática en villa de Gata (Cáceres)", *Nummus* I, nº 3, pp. 149-151.

MANCHEÑO Y OLIVARES, M. (1901), *Antigüedades del Partido Judicial de Arcos de la Frontera y los pueblos que existieron en él*, Arcos de la Frontera.

MAÑANES PÉREZ, T. (1982), *Epigrafía y numismática de Astorga romana y su entorno*, Salamanca.

MARCOS ALONSO, C. (1996), "Aportación a la circulación de las imitaciones de divisores romano-republicanos en la península Ibérica", *Numisma* 237, pp. 199-222.

MARCOS ALONSO, C. y OTERO MORÁN, P. (1990), "Algunas monedas encontradas en la región seguntina (Sigüenza)", *GN* 97-98, pp. 53-59.

MARÍN DÍAZ, M. A. (1988a), *Emigración, colonización y municipalización en la Hispania republicana*, Granada.

MARÍN DÍAZ, M. A. (1988b), "Introducción al estudio de las vías romanas en la provincia de Granada", en *Actas del symposium sobre Vías romanas del sureste (Murcia, 1986)*, pp. 113-117.

MARQUES DA COSTA, A. I. (1910), *O Arqueólogo Português* 15, pp. 75-76 y 222.

MARTÍN BRAVO, A. M. (1995), "Dracmas aparecidas en castros de la provincia de Cáceres", en GARCÍA-BELLIDO, M. P. y CENTENO, R. M. S. (eds.), *Actas del I EPNA. La moneda hispánica. Ciudad y territorio (Madrid, 1994)*, Anejos AEA XIV, Madrid, pp. 139-142.

MARTÍN BUENO, M. A. (1974), "Numismática antigua en el Museo Provincial de Logroño", *AN* 4, pp. 65-85.

MARTÍNEZ DE MAZAS, J. (1788), *Descripción del sitio y ruinas de Cástulo y noticias de esta antigua ciudad en el reyno de Jaén*, Madrid.

MARTÍNEZ GARCÍA, J. M. y CAMPS GARCÍA, C. (1985), "Hallazgos monetarios en la Plana de Utiel (Valencia)", *GN* 78, pp. 33-48.

MATEU Y LLOPIS, F. (1943), "Hallazgos monetarios II", *Ampurias* V, pp. 221-238 (Núm. XLII-LXXII).

MATEU Y LLOPIS, F. (1945-1946), "Hallazgos monetarios IV", *Ampurias* VII-VIII, pp. 233-276 (Núm. CXIII-CCXX).

MATEU Y LLOPIS, F. (1947-1948), "Hallazgos monetarios V", *Ampurias* IX-X, pp. 55-95. (Núm. 221-325).

MATEU Y LLOPIS, F. (1949), *Las monedas de Mauritania*, Madrid.

5. BIBLIOGRAFÍA

MATEU Y LLOPIS, F. (1951), "Hallazgos monetarios VI", *Ampurias* XIII, pp. 203-255 (Núm. 326-486).

MATEU Y LLOPIS, F. (1953a), "Hallazgos monetarios VII", *NH* I, nº 1-2, pp. 225-264 (Núm. 487-601).

MATEU Y LLOPIS, F. (1953b), "Hallazgos monetarios VIII", *NH* II, nº 3, pp. 91-105 (Núm. 602-639).

MATEU Y LLOPIS, F. (1956), "Hallazgos monetarios XIV", *NH* V, nº 10, pp. 281-294 (Núm. 848-887).

MATEU Y LLOPIS, F. (1958a), "Hallazgos monetarios XV", *NH* VII, nº 13, pp. 67-78 (Núm. 888-931).

MATEU Y LLOPIS, F. (1958b), "Hallazgos monetarios XVI", *NH* VII, nº 14, pp. 173-191 (Núm. 932-1006).

MATEU Y LLOPIS, F. (1967), "Hallazgos monetarios XX", *NH* XI, nº 21, pp. 45-73 (Núm. 1143-1269).

MATEU Y LLOPIS, F. (1971), "Hallazgos monetarios XXI", *Numisma* 108-113, pp. 177-208 (Núm. 1270-1394).

MATEU Y LLOPIS, F. (1979), "Hallazgos monetarios XXV", *Numisma* 156-161, pp. 121-148 (Núm. 1580-1611).

MELERO GARCÍA, F. (2001), "Circulación monetaria en el Valle de Abdalajís: las cecas hispánicas", en WULFF ALONSO, F., CRUZ ANDREOTTI, C. y MARTÍNEZ MAZA, C. (eds.), *II Congreso de Historia Antigua de Málaga: comercio y comerciantes en la Historia Antigua de Málaga (s. VIII a.C.- 711 d. C.)*, Málaga, pp. 457-467.

MENDOZA EGUARAS, A. (1985), *La Prehistoria y Arqueología granadina a través del Museo Arqueológico de Granada (Discurso en su recepción en la Real Academia de Bellas Artes "Nuestra Señora de las Angustias")*, Granada.

MERGELINA, C. DE (1946), "La estación arqueológica de Montefrío (Granada). II. La acrópolis de Guirrete ("Los Castillejos")", *BSEAA* XII, pp. 15-26.

MOLINA GARRIDO, M. D. (1986), *Las monedas hispano-romanas y romanas depositadas en el Museo Arqueológico de Almería (Contribución al estudio de la numismática antigua en la provincia de Almería)*, Memoria de Licenciatura inédita dirigida por el Prof. Mauricio Pastor Muñoz, Granada.

MORA SERRANO, B. (1991), "Un conjunto de monedas hispanas halladas en Cazorla (Jaén)", *GN* 102, pp. 33-42.

MORA SERRANO, B. (1993), "Hallazgos monetarios en los territorios malacitanos", *Baetica* 15, pp. 183-198.

MORA SERRANO, B. (2007), "Numismática romana: la ceca de *Cvmbaria* y la circulación monetaria", en BELTRÁN FORTES, J. y ESCACENA, J. L. (eds.), *Arqueología en el bajo Guadalquivir. Prehistoria y Antigüedad de Las Cabezas de San Juan*, Sevilla, pp. 211-236.

MORA SERRANO, B., FERNÁNDEZ RUIZ, J. y GONZÁLEZ MARTÍN, J. (2002), "Hallazgos monetarios en el Cerro del Aljibe (Coín, Málaga)", *Baetica* 24, pp. 223-242.

MORA SERRANO, B. y SEDEÑO FERRER, D. (1989-1990), "Referencias literarias sobre hallazgos de moneda antigua en la provincia de Málaga", *Mainake* XI-XII, pp. 159-170.

MORA SERRANO, B. y VERA, J. C. (1995), "Un conjunto de monedas procedentes de La Loba (Fuenteovejuna, Córdoba)", *GN* 119, pp. 25-32.

MORALES, A. (1575), *Antigüedades de las ciudades de España que van nombradas en la Crónica, con la averiguación de sus sitios, y nombres antiguos, que escribía*, Alcalá de Henares (reed. en Madrid en 1792).

MORAWIECKI, L. (1984), "Las monedas antiguas de Hispania en Polonia", *AN* 14, pp. 43-57.

MUÑOZ MUÑOZ, F. y MARTÍNEZ LÓPEZ, C. (1987), "Hallazgos numismáticos antiguos, hispanos, localizados en Vélez-Blanco (Almería)", *BIEA* 7, pp. 159-173.

NAVASCUÉS, J. M. DE (1969 y 1971), *Las monedas hispánicas del M.A.N. de Madrid*, Barcelona, 2 vols.

NEGUERUELA MARTÍNEZ, I. (1990), *Los monumentos escultóricos ibéricos del Cerrillo Blanco de Porcuna (Jaén). Estudio sobre su estructura interna, agrupamientos e interpretación*, Madrid.

ORFILA PONS, M. (2002), *La arqueología en Granada hoy: análisis de los datos de época romana*, Granada.

ORFILA PONS, M. (2005), "*Iliberri*-Elvira (Granada), ciudad romana y cristiana", en SOTOMAYOR MURO, M. y FERNÁNDEZ UBIÑA, J. (eds.), *El Concilio de Elvira y su tiempo*, Granada, pp. 117-135.

ORFILA PONS, M. y RIPOLLÈS ALEGRE, P. P. (2004), "La emisión con leyenda *Florentia* y el tesoro del Albaicín", *FlorIlib* 15, pp. 367-388.

ORFILA PONS, M., ROCA ROUMENS, M., SOTOMAYOR MURO, M. y MORENO ONORATO, M. A. (1994), "*Iliberri*: estudio de la ciudad íbero-romana ubicada en el barrio del Albaicín, Granada", en DUPRÉ RAVENTÓS, X. (coord.), *Actas del XIV Congreso Internacional de Arqueología Clásica. La ciudad en el mundo romana (Tarragona, 1993)*, Tarragona, pp. 295-296.

ORTEGA CABEZUDO, M. C. (2005), "Recuperación y sistematización de un registro arqueológico: las necrópolis iberas e ibero-romanas de *Cástulo*", *Saguntum* 37, pp. 59-71.

PADILLA ARROBA, A. (2003), *Peritaje de la Colección Vallecillos de Guadix*, Granada (en preparación).

PADILLA ARROBA, A. (2004), *Peritaje de la Colección Monteagudo de Guadix*, Granada (en preparación).

PADILLA ARROBA, A. (2006), *Monetario antiguo del Museo de Baza*, Granada (en preparación).

PADILLA ARROBA, A. (2007), "Las monedas de la "Villa de los Robles" (Jaén)", *Numisma* 251, pp. 171-189.

PADILLA ARROBA, A. (2008), *Las monedas de la colección Recio Veganzones (Martos, Jaén)*, Granada (en preparación).

PADILLA ARROBA, A. (2009), "La ciudad de Granada: el *Municipium Florentinum Iliberritanum*", en GONZÁLEZ, J. y PAVÓN TORREJÓN, P. (eds.), *Andalucía romana y visigoda. Ordenación y vertebración del territorio (Sevilla, 2007)*, Roma, pp. 209-228.

PADILLA ARROBA, A. y MARÍN DÍAZ, M. A. (2000), "El tesoro de Granada de 1868: una ocultación del s. IV d. C.", *FlorIlib* 11, pp. 293-320.

PADILLA ARROBA, A. y MARÍN DÍAZ, M. A. (2004), "El tesoro de Granada de 1870 (C/ Alhóndiga): un depósito de época constantiniana", *Habis* 35, pp. 355-380.

PADILLA ARROBA, A., MARÍN DÍAZ, M. A. y GARCÍA MORÁ, F. (1995), "Los estudios numismáticos en la provincia de Granada: estado de la cuestión, problemas y perspectivas", en GARCÍA-BELLIDO, M. P. y CENTENO, R. M. S. (eds.), *Actas del I EPNA. La moneda hispánica. Ciudad y territorio (Madrid, 1994)*, Anejos *AEA* XIV, Madrid, pp. 396-372.

PASTOR MUÑOZ, M. (1983), "Aspectos sociales y económicos del *Municipium Florentinum Iliberritanum*" *AEA* 147-148, pp. 151-167.

PASTOR MUÑOZ, M. (1984-1985), "Aproximación al estudio de la sociedad romana de *Cástulo* a través de la documentación epigráfica", *Zephyrus* XXXVII-XXXVIII, pp. 341-348.

PASTOR MUÑOZ, M. (2002), *Corpus de Inscripciones Latinas de Andalucía. Vol. IV. Granada*, Sevilla.

PASTOR MUÑOZ, M. (2003), "*Epigraphica Granatensis*. I", *FlorIlib* 14, pp. 349-386.

PASTOR MUÑOZ, M. (2004), "*Epigraphica Granatensis*. II", *FlorIlib* 15, pp. 389-409.

PASTOR MUÑOZ, M. y MENDOZA EGUARAS, A. (1987), *Inscripciones Latinas de la provincia de Granada*, Granada.

PASTOR MUÑOZ, M. y PACHÓN ROMERO, J. A. (1982), "La religión romana en *Cástulo* a través de su epigrafía", en HIGUERAS MALDONADO, J. (coord.), *Actas del I CAEC (Jaén, 1981)*, pp. 339-349.

PEREIRA, I., BOST, J. P. y HIERNARD, J. (1974), *Fouilles de Conimbriga. III. Les Monnaies*, París.

PÉREZ FILLOLA, F. (1983), "Monedas inéditas de *Obulco*", *GN* 70, p. 13.

PERICOT, L. (1928), "El poblado ibérico del Charpolar", *APL* 1, pp. 157-162.

PINEDA, M. y S. DE (1842), "Observaciones al programa conjeturas sobre la posición de la antigua *Iliberris*, y examen de las opiniones de Bermúdez de Pedraza", *Revista La Alhambra, serie II, vol.* I, pp. 193-203.

PLA BALLESTER, E. (1961), "Actividades del Servicio de Investigación Prehistórica (1956-1960)", *APL* 9, pp. 211-253.

PORRAS, M. DE (1941), "Los tesoros escondidos", *REE* 15, pp. 221-256.

POSAC MON, C. (1957), "Monedas imperiales romanas halladas en Ceuta", *Tamuda* V-2, pp. 309-315.

POSAC MON, C. (1958), "Monedas púnicas e hispano-romanas halladas en Ceuta", *Tamuda* VI-1, pp. 117-127.

POSAC MON, C. (1962), "Hallazgos romanos en Ceuta", *NAH* 6, pp. 193-199.

PUERTAS TRICAS, R., SOLANO, M. C., RODRÍGUEZ VIDAL, J. y MACHADO PAVÍA, J. (1986), "Excavaciones en Mollina", *NAH, Nueva Serie Arqueología* 28, pp. 61-174.

QUINTERO Y ATAURI, P. (1918), "Memoria de las excavaciones extramuros de la ciudad de Cádiz de 1917", *Memorias de Excavación* nº 4, Madrid.

QUINTERO Y ATAURI, P. (1942), "Monedas Númido-mauritanas, procedentes de las excavaciones en Marruecos", *AEA* 15, pp. 63-70.

RAFEL, N. (1979), "Contribució a l'estudi de la circulació monetària a la comarca del Penedés", en I *SNB*, Barcelona, vol. II, pp. 15-20.

RAMOS FERNÁNDEZ, R. (1975), *La ciudad romana de Ilici*, Alicante.

RAMOS FOLQUÉS, A. (1950), "Hallazgos monetarios en Elche", *NH* VIII, nº 15-16, pp. 133-149.

RAMOS FOLQUÉS, A. (1955), "Memoria de las excavaciones practicadas en La Alcudia (Elche). Campañas 1940-48", *NAH* II, Cuadernos 1-3 (1953), pp. 107-133.

RAMOS FOLQUÉS, A. (1956), "Memoria de las excavaciones practicadas en La Alcudia (Elche). Campañas 1949-1952", *NAH* III-IV, Cuadernos 1-3 (1954-1955), pp. 102-113.

RAMOS FOLQUÉS, A. y RAMOS FERNÁNDEZ, R. (1976), "Excavaciones en la Alcudia de Elche. Durante los años 1968 al 1973", *EAE* 91, Madrid.

RIBAS BERTRÁN, M. y LLADO FONT, J. (1977-1978), "Excavació d'unes habitacions pre-romanes a Burriac (Cabrera de Mataró)", *Pyrenae* 13-14, pp. 153-180.

RIPOLLÈS ALEGRE, P. P. (1977), "El monetario del Museo Arqueológico de Sagunto", *Saguntum* 12, pp. 243-272.

RIPOLLÈS ALEGRE, P. P. (1979), "La ceca de *Kelin*: su posible localización en relación con los hallazgos monetarios", *Saguntum* 14, pp. 127-136.

RIPOLLÈS ALEGRE, P. P. (1980a), *La circulación monetaria en tierras valencianas durante la antigüedad*, Barcelona.

RIPOLLÈS ALEGRE, P. P. (1980b), "El tesoro de Iniesta (Cuenca)", *Saguntum* 15, pp. 119-126.

RIPOLLÈS ALEGRE, P. P. (1982a), *La circulación monetaria en la Tarraconense Mediterránea*, Valencia.

RIPOLLÈS ALEGRE, P. P. (1982b), "*Corpus Nummorum Hispanorum*. 1. Medagliere Vaticano", *Cuadernos de Trabajo de la Escuela Española de Historia y Arqueología en Roma, Itálica* 16, pp. 87-118+36 Láms.

RIPOLLÈS ALEGRE, P. P. (1985), "Hallazgos numismáticos: 1984", *Saguntum* 19, pp. 319-356.

RIPOLLÈS ALEGRE, P. P. y ARASA GIL, F. (1996), "Notícies numismàtiques de fra Bartolomé Ribelles", *Quaderns de prehistòria i arqueologia de Castelló* 17, pp. 405-418.

RIPOLLÈS ALEGRE, P. P. y GÓMEZ GARCÍA, R. (1978), "Hallazgos numismáticos de Camporrobles", *APL* 15, pp. 209-215.

RIPOLLÈS ALEGRE, P. P. y LLORENS, M. M. (2002), *Arse-Saguntum. Historia monetaria de la ciudad y su territorio*, Sagunto.

ROCA, M., MORENO, Mª. A., BURGOS, A. y FERNÁNDEZ GARCÍA, Mª. I. (1990), "Estudio de materiales arqueológicos de la ciudad iberorromana de Granada. Campaña de 1987", *AAA* 1988, Sevilla, vol. II, pp. 235-237.

ROCA, M., MORENO, Mª. A., LIZCANO, R., MÉRIDA, V. y BURGOS, A. (1987), "Excavaciones sistemáticas en la ciudad iberorromana de Granada", *AAA* 1986, Sevilla, vol. II, pp. 367-371.

RODRÍGUEZ NEILA, J. F. (1995), "Organización administrativa de las comunidades hispanas y magistraturas monetales", en GARCÍA-BELLIDO, M. P. y CENTENO, R. M. S. (eds.), *Actas del I EPNA. La*

5. BIBLIOGRAFÍA

moneda hispánica. Ciudad y territorio (Madrid, 1994), Anejos AEA XIV, Madrid, pp. 261-274.

RODRÍGUEZ OLIVA, P. (1978), *La villa romana del faro de Torrox (Málaga)*, Valladolid.

RODRÍGUEZ OLIVA, P. y PEREGRÍN PARDO, F. (1980), "Hallazgos numismáticos en *Ilurco* (Pinos Puente, Granada): las monedas de cecas hispánicas", *Numisma* 165-167, pp. 187-200.

ROMAGOSA, J. (1971), "Azaila: dos tesoros, dos mensajes", *AN* 1, pp. 71-78.

ROMÁN PUNZÓN, J. M. (2006), *Contribución al estudio del poblamiento de época clásica en la Vega oriental de Granada: el yacimiento del Cerro de la Mora (Moraleda de Zafayona, Granada)*, Tesis Doctoral, recurso electrónico de la Universidad de Granada, Granada.

ROMERO DE CASTILLA, T. (1897), *Inventario de las monedas coleccionadas en el Museo de Badajoz*, Badajoz.

ROMERO PÉREZ, M. (2001), "Resultados de la primera fase de la intervención arqueológica en la Villa de la Estación (Antequera, Málaga)", en WULFF ALONSO, F., CRUZ ANDREOTTI, G. y MARTÍNEZ MAZA, C. (eds.), *II Congreso de Historia Antigua de Málaga: comercio y comerciantes en la Historia Antigua de Málaga (s. VIII a.C.- 711 d. C.)*, Málaga, pp. 603-626.

RUANO RUIZ, E. y LUCAS PELLICER, M. R. (1990), "Sobre la arquitectura ibérica de *Cástulo* (Jaén): reconstrucción de una fachada monumental", *AEA* 63, pp. 43-64.

RUIVO, J. (1999), "Moedas do acampamento romano-republicano dos Chões de Alpompé (Santarém)", en CENTENO, R. M. S., GARCÍA-BELLIDO, M. P. y MORA, G. (coords.), *Actas del II EPNA. Rutas, ciudades y moneda hispánica (Porto, 1998)*, Anejos AEA XX, Madrid, pp. 101-110.

RUIZ LÓPEZ, I. D. (2010), *La circulación monetaria en el sur peninsular durante el periodo romano-republicano*, Tesis Doctoral, recurso electrónico de la Universidad de Granada, Granada.

RUIZ LÓPEZ, I. D. (2011a), "Circulación monetaria de las cecas localizadas en la provincia de Granada durante el periodo romano-republicano", *FlorIlib* 22, pp. 297-323.

RUIZ LÓPEZ, I. D. (2011b), *Circulación monetaria de las cecas fenicias de la Ulterior. Circulación de las monedas fenicio-púnicas y libiofenicias acuñadas en el sur peninsular*, Saarbrücken, Alemania.

RUIZ LÓPEZ, I. D. (2011c), "La circulación monetaria en la *Ulterior*: el caso de las cecas ibéricas meridionales", en *Actas del V Congreso Andaluz de Estudios Clásicos "El legado Clásico en Andalucía" (Cádiz, 24-28 Octubre, 2006)*, Cadiz (en prensa).

SÁNCHEZ ABAL, J. L. y ESTEBAN ORTEGA, J. (1988), "Monedas de cecas andaluzas procedentes de *Tanusia*", en *Actas del I CIEG (Ceuta, 1987)*, Madrid, vol. I, pp. 1017-1031.

SÁNCHEZ ABAL, J. L. y GARCÍA JIMÉNEZ, S. (1988), "La ceca de *Tanusia*", en PEREIRA MENAUT, G. (dir.), *Actas del I Congreso Peninsular de Historia Antigua, (Santiago de Compostela, 1986)*, Santiago de Compostela, vol. II, pp. 149-190.

SÁNCHEZ JIMÉNEZ, J. (1945), "Crónica de los Hallazgos Monetarios en la provincia de Albacete", *BASE* I, pp. 91-94.

SÁNCHEZ JIMÉNEZ, J. (1962), "Inventario de los hallazgos monetarios en la provincia de Albacete", *Publicaciones Seminario Arte y Arqueología de Albacete*, pp. 108 y ss.

SANDARS, H. W. (1924), "Apuntes sobre la apellidada "Mina de la Plata" próxima a Baeza, Jaén", *BRAH* 85, pp. 123-145.

SANJUÁN MORENO, M. y JIMÉNEZ DE CISNEROS HERVÁS, D. (1916), "Descubrimientos arqueológicos realizados en las cuevas existentes en las proximidades de Castellar de Santisteban (Jaén)", *BRAH* 68 (2), pp. 170-209.

SANTOS GENER, N. (1952-1953), "Museo Arqueológico de Córdoba. Adquisiciones 1950-1951", *MMAP* 11-12, p. 174.

SANTOS, M. L. E. DA V. A. DOS (1971), *Arqueología Romana do Algarve I*, Lisboa.

SANTOS, M. L. E. DA V. A. DOS (1972), *Arqueología romana do Algarve II*, Lisboa.

SAVÈS, G. y VILLARONGA I GARRIGA, L. (1975), "Les monnaies de la Peninsule Ibérique trouvées en France dans la région Midi-Pyrénées (III)", *AN* 5, pp. 91-135.

SAVÈS, G. y VILLARONGA I GARRIGA, L. (1978), "Les monnaies de la Peninsule Ibérique trouvées en France dans la région Midi-Pyrénées (VI)", *AN* 8, pp. 27-45.

SCHUBART, H. (1979), "Morro de Mezquitilla. Informe preliminar sobre la campaña de excavaciones de 1976", *NAH, Nueva Serie Arqueología* 6, pp. 175-218.

SCHULTEN, A. (1928), *Castra Cecilia, Archäologischer Anzeiger*, Berlín, pp. 12 y ss.

SCHULTEN, A. (1929), *Numantia IV: Die lager bei Renieblas*, Munich.

SCHULTEN, A. (1930), *Castra Cecilia, Archäologischer Anzeiger*, Berlín, pp. 54 y ss.

SCHULTEN, A. (1932), *Castra Cecilia, Archäologischer Anzeiger*, Berlín, pp. 346 y ss.

SERRANO, E. y ATENCIA, R. (1980), "Hallazgos numismáticos en el "*ager antikariensis*"", *Numisma* 165-167, pp. 167-185.

SIBÓN OLANO, J. F. (1992-1993), "Informe de la excavación del solar de la calle J. R. Jiménez", *Bol. MusCád* 6, pp. 83-88.

SILVA RUIVO, J. DA (1995), "A Circúlaçao da moeda hispânica na Estremadura portuguesa. Uma primeira adordagem", en GARCÍA-BELLIDO, M. P. y CENTENO, R. M. S. (eds.), *Actas del I EPNA. La moneda hispánica. Ciudad y territorio (Madrid, 1994)*, Anejos AEA XIV, Madrid, pp. 155-160.

SIRET, L. (1907), "Villaricos y Herrerías. Antigüedades púnicas, romanas, visigóticas y árabes. Memoria descriptiva e histórica", *MRAH* XIV, pp. 379-480 (+42 figuras y 27 láminas).

SOTO-JIMÉNEZ Y ARANAZ, L. (1978), "El triángulo defensivo de Tres Forcas", *Jábega* 22, pp. 61-65.

SOTOMAYOR MURO, M. (1964-1965), "Excavaciones en la Huerta de la Facultad de Teología de Granada", *NAH* VIII-IX, pp. 193-199.

SOTOMAYOR MURO, M. y ORFILA PONS, M. (2004), "Un paso decisivo en el conocimiento de la Granada romana (*Municipium Florentinum Iliberritanum*)", *AEA* 189-190, pp. 73-89.

SOTOMAYOR MURO, M. y ORFILA PONS, M. (2006), "Juan de Flores y el "Carmen de la Muralla" en el Albaicín", *FlorIlib* 17, pp. 411-431.

SOTOMAYOR MURO, M., SOLA, A. y CHOCLÁN, C. (1984), *Los más antiguos vestigios de la Granada ibero-romana y árabe*, Granada.

STYLOW, A. U., ALFÖLDY, G. y GONZÁLEZ ROMÁN, C. (1995), *Corpus Inscriptionum Latinarum, vol. II. Inscriptiones Hispaniae Latinae (reedición). Pars VII. Conventus Cordubensis*, Berlín.

STYLOW, A. U., ATENCIA PAÉZ, R., GONZÁLEZ FERNÁNDEZ, J., GONZÁLEZ ROMÁN, C., PASTOR MUÑOZ, M. y RODRÍGUEZ OLIVA, P. (1998), *Corpus Inscriptionum Latinarum, vol. II. Inscriptiones Hispaniae Latinae (reedición). Pars V. Conventus Astigitanus*, Berlín.

TABVLA IMPERII ROMANI (2000), *Hoja J-30: Valencia*, Madrid.

TAFFANEL, O., TAFFANEL, J. y RICHARD, J. C. (1979), "Les Monnaies de Mailhac (Aude) (1931-1977)", *Gallia* 37, pp. 1-53.

TARRADELL, M. (1974), "Ibiza púnica. Algunos problemas actuales", en *Prehistoria y arqueología de las Islas Baleares. VI Symposium de Prehistoria Peninsular (Palma de Mallorca, 1972)*, Barcelona, pp. 243-267.

TARRADELL-FONT, N. (1982), "Notícia del tresor d'asos de la República Romana de Torelló d'en Cintes (Maó, Menorca)", *Fonaments* 3, pp. 200-208.

TAVARES DA SILVA, C., SOARES, J. y FARINHA DOS SANTOS, M. (1973a), "Moedas Hispánicas do Povoado do Pedrão (Setúbal)", en *Actas das II Jornadas Arqueológicas. I*, Lisboa, pp. 7-13.

TAVARES DA SILVA, C., SOARES, J. y FARINHA DOS SANTOS, M. (1973b), "Ocupaçao do periodo proto-romano do Povoado do Pedrão (Setúbal)", en *Actas das II Jornadas Arqueológicas. I*, Lisboa, pp. 245-305.

THOMPSON, M. (1973), *An inventory of Greek Coin Hoards*, Nueva York.

TORNERO RASCÓN, A. (1998), "Restos arqueológicos hallados en el área de influencia de *Cástulo*", en MANGAS MANJARES, J. y ALVAR EZQUERRA, J. (coords.), *Homenaje a José María Blázquez*, Madrid, vol. 5, pp. 393-398.

TORRE CASTELLANO, I. DE LA y FUENTES VÁZQUEZ, T. (2004), "La colección de moneda ibero-romana del Museo Arqueológico y Etnológico de Granada", *AAA* 2001, Sevilla, vol. II, pp. 151-157.

TORRECILLAS GONZÁLEZ, J. F. (1985), *La necrópolis de época tartésica del "Cerrillo Blanco" (Porcuna, Jaén)*, Jaén.

TOVAR, A. (1952), "Las monedas de *Obulco* y los celtas de Andalucía", *Zephyrus* III, pp. 219-221.

TOVAR, A. (1974), *Iberische Landeskunde. Die Völker und die Städte des alten Hispanien, Band 1. Baetica*, Baden-Baden.

TUÑON DE LARA, M., TARRADELL, M. y MANGAS, J. (1983), *Introducción. Primeras culturas e Hispania romana*, Barcelona.

UNTERMANN, J. (1975), *Monumenta Linguarum Hispanicarum I. Die Münzlegenden*, Wiesbaden, 2 vols.

UNTERMANN, J. (1995), "La latinización de *Hispania* a través del documento monetal", en GARCÍA-BELLIDO, M. P. y CENTENO, R. M. S. (eds.), *Actas del I EPNA. La moneda hispánica. Ciudad y territorio (Madrid, 1994)*, Anejos AEA XIV, Madrid, pp. 305-316.

VAQUERIZO GIL, D., MURILLO REDONDO, J. F. y QUESADA SANZ, F. (1991), "Protohistoria y romanización en la subbética cordobesa. Avance de los resultados obtenidos en las prospecciones arqueológicas desarrolladas hasta 1990", *Antiquitas* 2, pp. 3-17.

VAQUERIZO, D., MURILLO, J. F., CARRILLO, J. R., MORENO, M. F., LEÓN, A., LUNA, M. D. y ZAMORANO, A. Mª (1994), *El valle alto del Guadiato (Fuenteobejuna, Córdoba)*, Córdoba, pp. 194-205.

VIDAL BARDÁN, J. M. (1981a), "La circulación monetaria de Villaricos según los fondos del Museo Arqueológico Nacional", *Museos* 2, pp. 15-23.

VIDAL BARDÁN, J. M. (1981b), "La aportación a la circulación monetaria en Arcóbriga, Aguilar de Anguita y Luzaga", *AN* 11, pp. 67-76.

VIDAL BARDÁN, J. M. y CASA MARTÍNEZ, C. DE LA (1985), "Catálogo de moneda antigua del Museo Numantino de Soria", *AN* 15, pp. 77-95.

VIDAL GONZÁLEZ, P. (1989), "Los hallazgos monetales del catálogo de J. Gaillard", *Saguntum* 22, pp. 343-361.

VILA FRANCO, M. I. (2005), "Aproximación a la circulación monetaria en el área occidental de las vías romanas XVII y XVIII", *Numisma* 249, pp. 17-82.

VILLARONGA I GARRIGA, L. (1977a), *Los tesoros de Azaila y la circulación monetaria en el valle del Ebro*, Barcelona.

VILLARONGA I GARRIGA, L. (1977b), *Los tesoros de Azaila*, Barcelona.

VILLARONGA I GARRIGA, L. (1980a), "Tesorillo de bronces de El Saucejo (Sevilla)", *QuT* IX, pp. 175-179.

VILLARONGA I GARRIGA, L. (1980b), "Sistematitzaciò de les monedes de bronze de *Ikalkusken*, *Kelin* i *Urkesken*", *AN* 10, pp. 41-59.

VILLARONGA I GARRIGA, L. (1984), "Las primeras emisiones de monedas de bronce en *Hispania*", *Papers in Iberian Archaeology, BAR* 193, pp. 205-215.

VILLARONGA I GARRIGA, L. (1987), *Numismática antigua de Hispania: iniciación a su estudio*, Barcelona.

VILLARONGA I GARRIGA, L. (1994), *Corpus Nummum Hispaniae ante Augusti Aetatem*, Barcelona.

VISEDO MOLTO, C. (1959), *Alcoy. Geología. Prehistoria*, Alcoy.

VIVES Y ESCUDERO, A. (1926), *La Moneda Hispánica*, Madrid.

ZABALETA ESTÉVEZ, M. M. (2000), "Hallazgos numismáticos de los comienzos de *Bracara Augusta*", en *Actas del III Congreso de Arqueologia Peninsular (Utad, Vila Real, Portugal, 1999), vol. 6. Arqueologia da Antiguidade na península Ibérica*, Porto, pp. 395-399.

ÍNDICE DE ABREVIATURAS

ABREVIATURAS BIBLIOGRÁFICAS

Fuentes Clásicas[442]

Caes., *bell. civ.* = CAYO JULIO CÉSAR, *Commentarii Belli Civili*, ed. S, Mariné Bigorra, *CHAGL*, Alma Mater, Barcelona, 1959.
Cic., *fam.* = MARCO TULIO CICERÓN, *Epistulae ad familiares*, ed. L. A. Constans, Les Belles Lettres, París, 1950.
Estr. = ESTRABÓN, *Géographie*, ed. F. Lasserre, Les Belles Lettres, París, 1966.
Itin. Ant. = ITINERARIO DE ANTONINO, ed. J. M. Roldán Hervás, *Itineraria Hispana. Fuentes para el estudio de las vías romanas en la península Ibérica*, Madrid, 1975, pp. 19-101.
Liv. = TITO LIVIO, *Ab urbe condita*, ed. G. Weissenborn y M. Müller, 6 vols., Teubner, Leipzig, 1898-1906.
Marcian., *peripl.* = MARCIANO DE HERACLEA, *Periplus maris Exteri*, ed. C. Müller, París, 1855, pp. 515-576 (reed. Hildesheim, Olms, 1965).
Mela, *Chro.* = POMPONIO MELA, *Chronographia*, ed. Frick, Teubner, Leipzig, 1880.
Plin., *nat.* = CAYO PLINIO CECILIO SEGUNDO, *Naturalis Historiae*, ed. C. Mayhoff, Teubner, Leipzig, 1906.
Ptol. = CLAUDIO PTOLOMEO, *Geographica*, ed. C. Müller, 2 vols. (Libros 1-5), París, 1883-1901.
Ravenn. = ANÓNIMO DE RAVENA, ed. J. M. Roldán Hervás, *Itineraria Hispana. Fuentes para el estudio de las vías romanas en la península Ibérica*, Madrid, 1975, pp. 111-142.
Sil., *pun.* = SILIO ITÁLICO, *Punica*, ed. J. Delz. Teubner, Stuttgart, 1987.
St. Byz. = ESTEBAN DE BIZANCIO, *Ethnika*, ed. A. Meineke, Graz, 1958.

Epigráficas

AE = *L'Année epigraphique*, París.
CIL. = *Corpus Inscriptionum Latinarum*, I-XVI, Berlín.
CIL. II^2/5 = STYLOW, A. U., ATENCIA PAÉZ, R., GONZÁLEZ FERNÁNDEZ, J., GONZÁLEZ ROMÁN, C., PASTOR MUÑOZ, M. y RODRÍGUEZ OLIVA, P. (1998), *Corpus Inscriptionum Latinarum, vol. II. Inscriptiones Hispaniae Latinae (reed.). Pars V. Conventus Astigitanus*, Berlín.
CIL. II^2/7 = STYLOW, A. U., ALFÖLDY, G. y GONZÁLEZ ROMÁN, C. (1995), *Corpus Inscriptionum Latinarum, vol. II. Inscriptiones Hispaniae Latinae (reedición). Pars VII. Conventus Cordubensis*, Berlín.
CILA = *Corpus de Inscripciones Latinas de Andalucía*, I-IV, Sevilla.
ILPGranada = PASTOR MUÑOZ, M. y MENDOZA EGUARAS, A. (1987), *Inscripciones Latinas de la provincia de Granada*, Granada.
IRCPacense = ENCARNAÇAO, J. DE (1984), *Inscriçôes romanas do Coventus Pacensis*, Coimbra.
LOSTAL, *MilTarr.* = LOSTAL PROS, J. (1992), *Los miliarios de la provincia Tarraconense (Conventos tarraconense, cesaraugustano, cluniense y cartaginense)*, Zaragoza.
Vicar. = Los Vasos de Vicarello, en ROLDÁN HERVÁS, J. M. (1975), *Itineraria Hispana. Fuentes para el estudio de las vías romanas en la península Ibérica*, Madrid, pp. 149-160.

Numismáticas

Arévalo, *Obulco* = ARÉVALO GONZÁLEZ, A. (1999), *La ciudad de Obulco: sus emisiones monetales*, Sigüenza.
ARÉVALO GONZÁLEZ (2005), *Sylloge Nummorum Graecorum* = ARÉVALO GONZÁLEZ, A. (2005), *Sylloge Nummorum Graecorum. Volumen 2. Hispania. Ciudades del área meridional. Acuñaciones con escritura indígena*, Museo Arqueológico Nacional, Madrid.
CNH. = VILLARONGA I GARRIGA, L. (1994), *Corpus Nummum Hispaniae ante Augusti Aetatem*, Barcelona.
G-B, *Diccionario* = GARCÍA-BELLIDO y otros (2001), *Diccionario* = GARCÍA-BELLIDO, M. P. y BLÁZQUEZ CERRATO, C. (2001), *Diccionario de cecas y pueblos hispánicos. Vol. I. Introducción a la numismática antigua de la península Ibérica. Vol. II. Catálogo de cecas y pueblos que acuñan moneda*, Madrid.
G-B, Las monedas de *Cástulo* = GARCÍA-BELLIDO, M. P. (1982), *Las monedas de Cástulo con escritura indígena. Historia numismática de una ciudad minera*, Barcelona.
HMHA = ALFARO ASINS, C., ARÉVALO GONZÁLEZ, A., CAMPO DIAZ, M., CHAVES TRISTÁN, F., DOMÍNGUEZ ARRANZ, A. y RIPOLLÈS ALEGRE, P. P. (1997), *Historia monetaria de Hispania antigua*, Madrid.
NAH. = VILLARONGA I GARRIGA, L. (1987), *Numismática antigua de Hispania: iniciación a su estudio*, Barcelona.
NAVASCUÉS, *MAN* = NAVASCUÉS, J. M. DE (1969 y 1971), *Las monedas hispánicas del M.A.N. de Madrid*, II vols., Barcelona.
UNTERMANN, *MLH.* = UNTERMANN, J. (1975), *Monumenta Linguarum Hispanicarum I. Die Münzlegenden*, Wiesbaden, 2 vols.
V. = VIVES, *MonHisp.* = VIVES Y ESCUDERO, A. (1926), *La Moneda Hispánica*, Madrid.

---

[442] Para la elaboración de este índice se ha tomado como referencia el apartado de fuentes clásicas recogido en las abreviaturas bibliográficas del *TIR*.

Publicaciones periódicas[443]

AA = *Archäologischer Anzeiger*, Berlín.
AAA = *Anuario Arqueológico de Andalucía*, Sevilla.
AAC = *Anales de Arqueología Cordobesa*, Córdoba.
AAH = *Acta Arqueológica Hispánica*, Madrid.
AEA = *Archivo Español de Arqueología*, Madrid.
AN = *Acta Numismática*, Barcelona.
APL = *Archivo de Prehistoria Levantina*, Valencia.
BAR = *British Archaeological Reports*, Oxford.
BASE = *Boletín Arqueológico del Sudeste Español*, Murcia.
BIEA = *Boletín del Instituto de Estudios Almerienses*, Almería.
BIEG = *Boletín del Instituto de Estudios Giennenses*, Jaén.
Bol. MAN = *Boletín del Museo Arqueológico Nacional*, Madrid.
Bol. MusCád = *Boletín del Museo de Cádiz*, Cádiz.
BRAH = *Boletín de la Real Academia de la Historia*, Madrid.
BSEAA = *Boletín del Seminario de Estudios de Arte y Arqueología de la Universidad de Valladolid*, Valladolid.
CEHJ = *Centro de Estudios Históricos Jerezanos*, Jerez de la Frontera.
CPAM = *Cuadernos de Prehistoria y Arqueología de la Universidad Autónoma de Madrid*, Madrid.
CPUG = *Cuadernos de Prehistoria de la Universidad de Granada*, Granada.
EA = *Extremadura Arqueológica*, Mérida-Cáceres.
EAE = *Excavaciones Arqueológicas en España*, Madrid.
ETF = *Espacio, tiempo y forma*, UNED, Madrid.
FlorIlib = *Florentia Iliberritana. Revista de Estudios de la Antigüedad Clásica*, Granada.
GN = *Gaceta Numismática*, Barcelona.
Inf. y M. = *Informes y Memorias de la Comisaría General de Excavaciones Arqueológicas*, Madrid.
MCV = *Mélanges de la Casa de Velázquez*, Madrid.
MJSEA = *Memorias de la Junta Superior de Excavaciones Arqueológicas*, Madrid.
MMAP = *Memorias de los Museos Arqueológicos Provinciales*, Madrid.
MNE = *Memorial Numismático Español*, Madrid.
MRAH = *Memorias de la Real Academia de la Historia*, Madrid.
NAE = *Noticiario Arqueológico Español*, Madrid.
NAH = *Noticiario Arqueológico Hispánico*, Madrid.
NH = *Numario Hispánico*, Madrid.
NC = *Numismatic Chronicle*, Londres.
QuT = *Quaderni ticinesi di numismatica e antichità classiche*, Lugano.
RArq = *Revista de Arqueología*, Madrid.
REE = *Revista de Estudios Extremeños*, Badajoz.
TP = *Trabajos de Prehistoria*, Madrid.

Congresos, encuentros y simposios

CAEC = *Congreso Andaluz de Estudios Clásicos*.
CAME = *Congreso de Arqueología Medieval Española*.
CIEFP = *Congreso Internacional de estudios fenicios y púnicos*.
CIEG = *Congreso Internacional "El Estrecho de Gibraltar"*.
CNA = *Congreso Nacional de Arqueología*.
CNN = *Congreso Nacional de Numismática*.
EPNA = *Encuentro Peninsular de Numismática Antigua*.
SNB = *Simposi Numismàtic de Barcelona*.

Colecciones

CHAGL = *Colección Hispánica de autores griegos y latinos*, Ediciones Alma Mater, Barcelona-Madrid, 1953 y ss.
TIR = *TABVLA IMPERII ROMANI*, Comité español de la Unión Académica Internacional, Instituto Geográfico Nacional, Madrid, 1991 y ss.

ABREVIATURAS NUMISMÁTICAS

Anv. = Anverso.
Cr. = Cronología.
em. = Emisión.
grs. = Gramos.
Ref.: Referencia.
Rev. = Reverso.

ABREVIATURAS COMUNES

a. C.= antes de Cristo.
c/ = calle.
Cf. = Confrontar.
Coord. / coords. = coordinador / coordinadores.
d. C. = después de Cristo.
E = Este.
Ed. / eds. = editor / editores.
Km. = Kilómetro/s.
Lám. / Láms. = Lámina / Láminas.
m.= metro/s.
N = Norte.
Nº / núm. = número.
p. / pp. = página / páginas.
Reed. = Reeditado.
s. / ss. = siglo / siglos.
TSH = *Terra Sigillata Hispánica*.
Vol. / vols. = volumen / volúmenes.
W = Oeste.
y ss. = y siguientes.

ÍNDICE GRÁFICAS

Gráfica 1: Distribución de los ejemplares de *Castulo* por tipo de hallazgo.
Gráfica 2: Distribución del monetario de la ceca de *Castulo* por series.
Gráfica 3: Número de ejemplares y porcentaje de piezas de la ceca de *Castulo* por valores.

---

[443] En todos aquellos casos en los que ha sido posible hemos seguido el listado de abreviaturas utilizado por *L'Année Philologique*.

Gráfica 4: Evolución del monetario de la ceca de *Castulo* a lo largo del periodo republicano.
Gráfica 5: Número de ejemplares castulonenses según su procedencia.
Gráfica 6: Distribución de los ejemplares de *i.l.tu.ŕ.i.ŕ.* / *Iliberri* por tipo de hallazgo.
Gráfica 7: Distribución del monetario de la ceca de *i.l.tu.ŕ.i.ŕ.* / *Iliberri* por series.
Gráfica 8: Evolución del monetario de la ceca de *i.l.tu.ŕ.i.ŕ.* / *Iliberri* a lo largo del periodo republicano.
Gráfica 9: Distribución de los ejemplares de *Obulco* por tipo de hallazgo.
Gráfica 10: Distribución del monetario de la ceca de *Obulco* por series.
Gráfica 11: Evolución del monetario de la ceca de *Obulco* a lo largo del periodo republicano.
Gráfica 12: Número de ejemplares obulconenses según su procedencia.
Gráfica 13: Distribución del monetario de la ceca de *Salacia* por series.
Gráfica 14: Distribución del monetario ibérico meridional por cecas.
Gráfica 15: Distribución del monetario de las cecas ibéricas meridionales por valor.
Gráfica 16: Evolución del monetario de las cecas ibéricas meridionales a lo largo del periodo republicano.
Gráfica 17: Número de ejemplares de cecas ibéricas meridionales según su procedencia.

ÍNDICE MAPAS

Mapa 1: Localización de las cecas ibéricas meridionales.
Mapa 2: Circulación monetaria de la ceca de *Abra*.
Mapa 3: Tesorillos con presencia de ejemplares de la ceca de *Castulo*.
Mapa 4: Circulación monetaria de la ceca de *i.l.tu.ŕ.i.ŕ.* / *Iliberri*.
Mapa 5: Excavaciones arqueológicas con presencia de ejemplares de la ceca de *Obulco*.

www.ingramcontent.com/pod-product-compliance
Lightning Source LLC
Chambersburg PA
CBHW061545010526
44113CB00023B/2810